口述历史

我的一九七六

1976

联合主编：广东省委党史研究室　广州市委党史研究室　南方都市报
执行主编：王　钧

南方日报出版社
NANFANG DAILY PRESS
中国·广州

图书在版编目（CIP）数据

我的一九七六 / 《南方都市报》主编. —广州：南方日报出版社，2007.12
ISBN 978-7-80652-686-6

Ⅰ. 我… Ⅱ. 南… Ⅲ. 广州市—地方史—史料—1976 Ⅳ. K296.51

中国版本图书馆 CIP 数据核字（2007）第 170244 号

我的一九七六

主　　编：南方都市报
出版发行：南方日报出版社
地　　址：广州市广州大道中 289 号
电　　话：（020）87373998-8502
经　　销：全国新华书店
印　　刷：广州市番禺市桥印刷厂
开　　本：787mm×1092mm　1/20
印　　张：14
字　　数：252 千字
印　　数：1-5000 册
版　　次：2008 年 1 月第 1 版
印　　次：2008 年 1 月第 1 次印刷
定　　价：28.00 元

投稿热线：（020）87373998-8503　读者热线：（020）87373998-8502
网址：http://www.nanfangdaily.com.cn/press　http://www.southcn.com/ebook

我的一九七六 编委会

序　言

一次对于历史真相的寻访和记录

尝试作 1976 年的叙事，对于大多出生自 20 世纪 70 年代后的南都人来说，更多是补课。进入 2006 年，适逢粉碎“四人帮”30 年之际，这样一个特殊的年份，我们产生对这段历史浓厚的窥视欲，而这种欲望，可以穿破一切禁忌，抱着对生者轻叩心扉的小心和慰问，抱着对无辜遭难者探询追忆的缅怀和敬意，开始试图去还原历史的真实。

很巧的是，在这个操作的团队中，除了我算是个 70 年代初出生的人，其他创作人员，包括编辑和记者，都是 70 年代末和 80 年代初人。于我而言，在搜肠刮肚了一番早年的碎片记忆后，发觉只剩下毛主席逝世那段，全家人围桌折小白花，戴印有“毛主席永垂不朽”黑袖套的印记。靠我的经验和阅历，不能为这个专题提供应有的素材。倒是大学时代，由于伤痕文学的接触和早年北岛、舒婷、顾城一类诗人的熏陶——“黑暗给予我黑色的眼睛，我却用它寻找光明”，我很想探究，是什么力量，能产生这样的文字和对于自由的欲望？对 1966 年到 1976 年那一段历史叙事，我一直满怀叩开门扉的激情。而今，是个好时机。1976 是我们叙事的起点，但不是终点。

魏海波也是这个题材的始作俑者，他正好生于 1976 年。2006 年于他是而立之年。出这个点子，我揣摩也是他对自己安身立命、身处传媒求达真相的一次表达和释放。他身后有一个 70 多人的采编团队，只要有好想法，不怕没人响应。当然，我们最初的野心是放眼中国的大叙事，但受阻于战线过长和历史档案渐进开放进程中仍然存在的禁忌，于人脉资源于大历史把握都有相当的难度，我们最终选择把视线放在广东广州。

张纯，现在北京，是作为南方报业传媒集团派出的一名媒体从业人员支持奥运，做一名服务于奥运新闻报道的新闻官。但 2006 年时，这个题材得力于她把想法落实成方案。我们认为 1976 年是中国历史的拐点，也是不少人命运的转折点，人们对 1976 年有深刻的集体记忆。30 年前那一系列波及全国、影响深远的重大政治、社会生活事件，广州人是如何见证、亲历的？1976 年的广州，社会生活各方面正在发生什么变化，有哪些值得重温的片断？找寻有意思的话题，复活个人的记忆，从微观的角度着手，见微知著，从人物切入，寻访合适的口述者，他们可以是政要名人，也可以是普通百姓，但必须是具体事件的亲历者，有口述价值。

是的，既然历史我们都无知，更不能说书写。但可以口述和记录，我们选择了倾听和口述的形式，在历史的亲历者和见证者仍健在时，留下它。选择口述，应该说它本身提供了一种现场感，也不受第三方转述的限制，是最易于让受众产生“在场感”的一种表达。你可以轻易地进入当事人设定的场域里，走进历史，有自己的理解和想象。有一个问题或许应该提及，作为一张新闻纸，为什么会花大力气去整理历史？新闻和历史其实有天然的联系，今天的新闻就是明天的历史。对于过往历史的重述，无非是想获得更接近真实的新闻事实，而这个，不可讳言，每一代人都有努力澄清和重新关照历史的任务，它既是历史学者的职责，也是作为当下历史记录者的新闻工作者的职责。

在口述人物的选择方面，应该说，我们煞费苦心。那些拥有历史的良心、曾经在危难时刻坚守正直原则、曾经遭遇过不公正境遇的善良人们，他们或在当时权倾一时，或用生命经历坎坷，但都本着面对垂垂老去的生命和已经消失的青春年少，愿意说出历史的真相，呼唤历史的良知和正义。

刘丽君、许黎娜、王海军、王瑾、方夷敏，他们都是南都一线采编工作人员，在全年的投入中，一方面是日报大量的烦琐工作，另一方面要抽出业余的时间来完成这样一个兴趣采访和专题执行。他们翻阅有限的资料，联系受访者，也一次次在倾听中无限震撼感悟生命并更珍惜职业带来的荣耀和使命感。所以，这个题材，于年轻的新闻工作者，更是一次寻访历史真相的教育。“不管这个‘真相’是存在于新闻还是存在于历史，甚或是存在于‘风险’中。而这种追索中的勇气与智慧，也正是我们常常说的南都的‘风骨’”（引自南方都市报执行总编辑庄慎之在南都新闻评奖中对“1976·广州口述史”的意义评价）。

这一批报载口述作品，采编人员历时8个月时间，分33期刊载在南方都市报《广州新闻》版“人物”栏目里。能够出版付印成书，则要归于南都自身的价值评判体系：那就是愿意为记录历史担当使命，作出承诺并付诸实施。感谢南方报业传媒集团副总编辑江艺平女士作为受人景仰的报人给予我们的信心，感谢南方都市报执行总编辑庄慎之先生这一路走来的过程中与我们一起分担。

既要还原历史的真相，又要避开政治敏感难题，确实也是当下语境下绕不开的难题。感谢广东省委党史研究室副主任叶文益和广州市委党史研究处处长黄穗生，还有毛泽东农民运动讲习所原所长陈登贵提供的专家支持和审稿把关。也特别感谢省档案馆允许我们去查阅刚开禁的史料。这不是一本赚钱的书，甚至要筹备它的出版经费也颇费周章。将这一批口述作品辑录成书出版，得力于广东省和广州市党史部门的推动。省委党史研究室主任陈俊凤、副主任叶文益，市委党史研究室主任禤兆强专门召开会议，讨论本书出版事宜，审读书稿，并用他们的经费给予了出版支持，在此表示感谢。

最后需要说明的是：因为个人工作烦琐的原因，本书更多的编辑工作是由南方都市报部门首席编辑刘丽君女士代为打理。一年巨制，33期专题、20万字实录承载80个广州人回忆的“1976·广州口述史”，在南方都市报2006年新闻大奖评选中获得新闻策划类银奖，而广东省档案馆也以“南方都市报”为名将160个小时的访谈录音作为史料收藏。

新闻前行的力量正来自对历史的感知和现实的努力！

王　钧

2007年10月10日

（作者系南方都市报总编辑助理）

第一篇

数风流人物

讲述背景

"没有老虎就抓只猫"，回忆起自己1976年在"反击右倾翻案风"运动中，差点被抓出来当批斗对象，林若幽默地打了这个比方。

老人的笑声背后，却透出了在那个荒谬年代，他的无奈、压抑，还有战战兢兢。

林若在"文革"十年中的经历，波折起伏。"文革"一爆发，他就被打成"走资派"。一直到1971年才恢复工作。这段受冲击迫害的经历，令他一度不敢脱稿讲话。

当报人，他如履薄冰，时刻要与上头"对口径"。

管广州郊区农业工作，他坦承"成绩很一般"。

"遗憾"——这是老人谈起"文革"时，说得最多的一个词。假如没有这十年，他相信自己可以为人民作出更多的贡献。

以史为鉴。"文革"的历史应当让国人了解、反思。这是老人在八秩之年的希望。

广东省委原书记林若忆"文革"岁月：我常常感觉身不由己

■讲述人·林　若

82岁，广东潮安人。青年时代就读于中山大学文学院，积极投身抗日运动。1949年10月，到东莞参加土地改革，任中共东莞县委宣传部长，后任县委副书记、县委书记。

20世纪60年代，任中共湛江地委第一副书记；70年代，任南方日报社党委副书记、中共广州市委书记、中共湛江地委书记。1982年至1991年，任广东省委书记（1985年9月前设省委第一书记）；1991年至1996年，任广东省人大常委会主任、党组书记。

说起1976年，令我最难忘的事，该是周总理去世后，掀起了一股"批邓、反击右倾翻案风"。

我那时当广州市委书记，运动一来，有人又想抓我的辫子做"运动对象"。我赶紧找了市委领导反映。可能是市领导的话起了作用吧。也是十年动乱，上上下下搞运动都搞得很疲惫，最终这件事不了了之。

"文革"是我们国家和人民的不幸，经历了很多挫折。直到最后，对我个人来说，才明白过来：

这条弯路，我们不能再走。

▲ 年轻时的林若。

“自投罗网”被打成走资派

我从东莞调到湛江（1966年林若调任中共湛江地委第一副书记）没多久，“文革”开始了。

我刚离开东莞，东莞的造反派就起来了。可是斗来斗去，没有斗争对象怎么斗？当时东莞的新领导刚到不久，而我在东莞工作那么久，缺点肯定是有的，一一罗列搜集起来就不得了了。有人提出要到湛江去抓我。

我那时思想太单纯了。毛主席号召领导干部要接受群众的教育。在这种形势下，我写了封信说：我工作有缺点问题的，需要我回来做检讨，也可以啊。哈，这不就是“自投罗网”了？接到我的信以后，东莞方面马上来抓我。

人家给我扣的“帽子”，名字很唬人——“三反分子”，说我是“走资派”、“保皇派”，反党、反社会主义。

解放后，我在中山县、东莞县搞土改，当队长。土改时，我认为某些人出身不纯、包庇地主，不能参加土改队。那些被开除出队的人不就恨死我了？到“文革”的时候，那些人便拿这些事来批斗我。这不就是坚持阶级斗争为纲的产物？（苦笑）

我在东莞，先是被拉到县城礼堂开批斗大会，完了，又拉到下面的公社去斗。斗了几个月，“靠边站”到东莞干校劳动，一直到林彪出事了，1971年，我才被“解放”。

一度受压抑不敢脱稿说话

被批斗之前，我在湛江当地委书记，再调回去当湛江地委常委。这是上面要考验我一下，看我表现怎样，会不会趁机叛党，会不会口出怨言，还能不能当书记……

说实话，我被批斗了那么一段时间，生理心理都有压力。我本来讲话很随便的，经常临场发挥脱稿讲话。而“文革”中，受“四人帮”影响，咬文嚼字很厉害，专门抠字眼。因为讲错一句话，就要抓人辫子，讲深一点、讲浅一点，都有危险。

因为这个，我倒退了，梗塞了，表达不舒畅了。开会的时候，我只能拿着一个稿纸结结巴巴地念，表达不出思想感情，也表达不了思想观点。

在湛江工作不到一年时间，我一直感觉自己很不适应，不能挥洒自如。

后来，回到广州市工作，我第一次讲话，就跟同事们申明：我这个人讲话的习惯是不念稿纸的，因此有时候，语言讲得过火或者讲得不够，是经常发生的，请大家原谅。我这么说，是希望大家不要一句话一句话去抠，那样就没有意义。

如履薄冰当报人

1971 年底，我调到《南方日报》工作。这叫“没有马就找头牛来”。（笑）

组织上安排我到报社，主要是当时没有合适的人选。我比较年轻，还有点文化基础。进报社工作之前，我一直从事农村的行政工作，管农业。我不懂办报，也不适合文字工作。我是很不愿意的，而且当时搞舆论宣传工作，很难。

在当时的政治形势下，报纸宣传面广，影响也很大，我只能是如履薄冰，小心翼翼。办报政治敏感度要高一点，否则，糊里糊涂就会碰鼻子。

我和报社几个领导经常轮流上夜班。头版怎么排版，大标题、小标题怎么定，语言表达是否符合当时的形势，这个很重要。自己拿不准，就打电话问在北京的《人民日报》。快呢，晚上十一二点就定版了；慢呢，要等到凌晨三四点，甚至四五点才定版。

观察形势也非常重要，要和中央对口径，不能超越，更不能违反。要是出现另一个口径，那就要犯政治错误了。

幸好，在报社工作那 3 年，没有出过什么错。提高了文字水平，算是最大的收获。

管农业工作我成绩一般

1974 年，在广东省委运动办工作了半年。之后，我就被调到广州市委当书记，分管广州 7 个郊区县的农业工作。

我在广州管农业工作那 3 年，成绩很一般。因为当时的农业政策没有改变，我也是老思想，没有突破那个框框。

广州的粮食生产一直都在徘徊。年景好，增点产；年景不好就减产。还是靠天吃饭，突破不了那种沉闷的局面。这关键还是受政策上的束缚，缺少重大的措施调动农民的生产积极性。

那时，一个生产队里多少亩地种粮食、多少亩地种经济作物，都是规定死了的。少种还要追究责任。我发现，盛产粮食的大队，种得越多，反而越穷。粮食价格是管死的，生产多了，又要加重任务，种粮食是很吃亏的。而且，这对耕种制度来说，也是不合理的，良田不能增殖，土壤肥力不能增加。

“文革”后，我回到湛江去工作。这个时候，政治形势比较稳定、比较宽松，我下去农村调查时，发现湛江有 1000 多个生产队的农民偷偷摸摸搞“包产到户”，粮食总产量明显提高。

那时省里还是公开指示，反对搞“包产到户”、搞“责任田”。我因此不跟上面声张，睁一只眼闭一只眼，暗中支持。

“文革”虽然结束，但还是有相当多的基层干部还是过去的老一套，思想僵化，多少年习惯走集体化道路，一下子接受不了“包产到户”。有人形容这是“辛辛苦苦几十年，一夜回到解放前”。让农民分田单干，这不就又回到解放前了吗？有些基层干部还有失落感——农民自己干，就不需要干部来指手画脚。

一直到 1980 年 9 月，中共中央发出文件，对包产到户的形式予以肯定，这种偷偷摸摸的局面才结束。

广州一直观望北京的动向

1976 年初，周总理去世后，掀起了一股“反击右倾翻案风”。“文革”闹了十年动乱，从上到下都很疲惫，但是运动来了，不跟上形势，没有抓出几个斗争对象，又交代不过去。那时，广州一直在观望北京的动向，思想上比较混乱。

“反击右倾翻案风”很明显就是“四人帮”搞的阴谋。这场运动没有持续很长时间，“四人帮”就垮台了。

在官场中，利用政治运动搞打击报复、倾轧其他人的毕竟是少数。“文革”中各种运动，历来都是这样：人家搞起来了，你搞不起来啊，那就说是不是你本身有什么毛病、还是在包庇什么人。不反右倾，就说你本身就是右倾。那个年代，上面一有什么指示，哪怕不愿意搞，下面都要做个样子应付一下，没有“老虎”也要找只“猫”出来。

不反思“文革”后果难料

“文革”那10年，我变化起伏很大，回过头来看这10年，如果不是经历那个时代，我想我的工作可以做出多一些成绩来。

我当时正是40多岁，对个人来说，是黄金时期，精力最充沛、最想有所作为的时候。结果这个运动、那个运动，一天到晚“搞搞震”，时间消磨掉了，人的命运也改变了。

我常常感觉身不由己，觉得一些做法不是很妥当，但却只能跟着政治形势走。有想法也不能透露出来，只能藏在心底。回头再想想，该做的事情、想做的事情，都没有完成。这是我的遗憾，也是经历过那个时代的老百姓的共同遗憾。

现在我们国家的路线是走对了。但是对“文革”这一段历史，有必要让后人去了解它。有句古语：“秦人不暇自哀，而后人哀之；后人哀之而不鉴之，亦使后人而复哀后人也。”如果不反思“文革”历史，很难说以后会不会重演。

张根生：1976 年，我任广东省委书记

老领导张根生总结在粤工作 20 多年经验教训：我们也干了很多傻事。

■讲述人·张根生

1923 年生，原籍河北安平。1938 年参加革命，同年加入中国共产党。建国后，长期在广东工作。1956 年后任广东省委秘书长、省委常委、候补书记。“文革”中一度被监护审查。1970 年后，任广州市革委会副主任，市委常委、副书记。1972 年后，任省革委会副主任、省委书记。1977 年后，任国家计委副主任、农林部常务副部长。1979 年后，任吉林省委书记、常务书记、省长。1985 年后，任国家经济发展研究中心副主任、国务院农村发展研究中心副主任、七届全国人大财经委员会副主任。

讲述背景

30 年前，张根生任广东省委书记（时设省委第一书记）。作为广东省最主要的领导人和决策者之一，他往返于北京和广州之间，在国运兴衰的转折点，亲身见证了省内乃至国家高层各色人等在生死关头的表演和挣扎、抉择和抗争。

他说，1976 那一年中国灾难深重。关于这一年的印象就是乱，整个国家动荡不安。而到了年底终于迎来“四人帮”倒台，又是一件大喜事。“文革”中“左”的思想终于开始得到批判，中国又逐步走上正轨。

老人以 1957 年为界，将自己的一生一分为二，并称后半生的前 20 年为“坎坷二十年”，他诚恳地说，“我们党成了执政党，我们都做了官，为老百姓做了许多好事”，但是，“也干了很多傻事，犯了许多错误”，究其原因，在于民主和法制的严重缺乏，在今天，这依然是国家建设的努力方向。

广东包产到户流产

1976 年，我任广东省革委会副主任、省委书记。关于这一年的印象就是乱，整个国家动荡不安。而到了年底终于迎来“四人帮”倒台，又是一件大喜事。“文革”中“左”的思想终于开始得到批判，中国又逐步走上正轨。

其实，“左”的思想有个逐步发展的过程，只不过在“文革”中达到了顶峰。要是问我一生革命中经历的最大困难是什么，那还是1959～1961年的“三年困难时期”。

全省水肿病人上百万

当时，我任广东省委常委、秘书长、候补书记，分管农村工作。因为要高举“总路线、大跃进、人民公社”这三面红旗，就出现了严重的高指标、瞎指挥、浮夸风和共产风。广东的农田减少了几百万亩，耕牛死了1/5，粮食亩产降到了1952年的水平。有些农村每人每月只有20斤口粮。

有一次，我到龙川县龙母公社搞试点，亲眼看到公社的医院、学校都住满了水肿病人，有二三百人。全省的水肿病人更是高达上百万。

面对这种情况，陶铸（时任广东省委第一书记）和省委商量，决定召开一次扩大会议，商量对策。会议于1959年5月在汕头召开，会上气氛较宽松，大家畅所欲言，集中批评了高指标、浮夸风等。

我记得赵武成（时任广州市委第二书记）的发言最尖锐，也最具有代表性。他说大跃进“一是脱离实际，一是脱离群众”，说“是一马当先，万马奔腾，实际上却是万马齐喑”。

会议最后，陶铸和省委常委都作了自我检讨。会后，陶铸还写了两篇文章。《松树的风格》，强调要有革命坚定性；《太阳的光辉》，说太阳也有黑点，比喻我们工作中也会有错误，但要有正确的认识。谁想到这篇文章后来成为他反对毛主席的罪证。这就是后话了。

对广东来说，这次会议是个转折。省委开始大力纠正共产风，拿出3.5亿元退赔损失。还连续发出好多文件，放宽自留地，开放自由市场，逐步停办集体食堂，使广东在全国较早度过了困难时期。

但是，纠“左”仍有局限性，当时没敢触及人民公社等所有制问题。而且，刚过两个月，中央就召开了庐山会议，又来一个全党大反右倾。省委召开扩大会议，传达会议精神，气氛很紧张。尤其是在汕头会议上发言批评大跃进的人，更是胆战心惊。赵武成赶紧写了一份检讨书给陶铸，请求省委处分。陶铸把检讨书交给我，说退给赵武成同志，并让我转告，工作中有缺点就应该纠正，在党的内部会议上，就是讲错了也不需要写检讨。陶铸的这一举措才让干部们比较放心。但随着反右倾深入，还是伤害了不少同志。

清远洲心公社试点无疾而终

不过，随着大跃进过去，政策一有放宽，包产到户就出现。当年，清远县洲心公社就实行了超产奖励责任制：由生产队统一制定生产计划、产量指标，把田间管理交给个人，收获时，农民可在超产部分获得提成或奖励。我听说后将情况反映给省委。陶铸立即过去查看，认为这种方式更能调动社员的生产积极性。

1962 年夏，中央在北戴河开会。陶铸专门把洲心公社的情况带到会上，交给了毛泽东。经请示，毛泽东还同意了在花县等其他 7 个县试点。会议中间，刘少奇、邓小平、邓子恢等人都提出搞包产到户，得到了广泛的响应。但是，很快毛泽东又提出要“以阶级斗争为纲”，要天天讲、月月讲、年年讲，把包产到户的问题提到“两条路线斗争”的高度。邓子恢还被批成“资本主义农业专家”。

所以，陶铸他们回来后，虽然毛主席同意了试点，但是气氛不同

△ 1976 年 2 月 20 日，耿飚（左六）与张根生（左五）等在海南兴隆农场。

了，包产到户就是走资本主义道路，谁还敢认真搞？干部有顾虑，不敢放手干，成绩也显不出来，搞了两年自动停止了。

造反派夺权　省委领导受冲击

“小四清”升级到“大四清”

其后，“左”的思想还是在不断干扰。1964 年，“小四清”（即“清工分、清账目、清仓库、清财物”）改成“大四清”，就是“清思想、清政治、清组织、清经济”。这一次，在我看来就是一场政治运动了，省委动辄组织几千人甚至是上万人的工作团，下乡蹲点搞运动。中央对农村基层问题估计过分，错误打击了一些基层干部。

紧接着，中央又发布“二十三条”（即《农村社会主义教育运动中目前提出的一些问题》，在 1964 年 12 月召开的中央政治局常委扩大会议上，根据毛泽东的讲话制定，共 23 条），就更“左”了，提出重点打击“党内走资本主义道路的当权派”，说“走资派”有在下面的，有在上面的。这已经开始把矛头对准高层了。我当时就有疑问：“走资派”是怎么划分的？问身边的人，谁也说不清。

“文革”开始，省委变接待站

不等我们搞明白，“五一六”通知就下来了，“文革”开始了。广州开始出现红卫兵、造反派，学校里停课闹革命。

当时，我还在海陆丰蹲点，被省委紧急调回来，成立了一个文革办，让我任主任。主要负责接待上访者、造反派、红卫兵，传达省委的意见。我回来一看，才知道这回问题大了。本地的、加上外地串联的，一拨又一拨的红卫兵冲击省委大院。我要负责他们的吃饭、住宿。省委各机关办公室都变成了接待站。

造反派夺权，省委陷入瘫痪

1967 年 1 月初的一天早上，省委正在军区礼堂召开处以上干部会议，我正在作发言。一帮造反派突然冲进来，夺去我的讲稿，并宣布陶铸垮台了，会议也被迫中止。不久就是“一·二二”夺权，省委公章险些被造反派抢走。

从那之后，我们都彻底不能工作了。红卫兵开始来抄家。我们晚上都不敢在家睡，随时都可能被抓走。只好东躲西藏，到相熟的老乡朋友家借宿。因为家里住了十几个红卫兵。

广州开始军管，省委领导受“监护”

社会秩序也开始混乱。但由于广州是中国的南大门，还有交易会等活动召开，秩序不能太乱。所以，在1967年，广州开始军管。

记得没多久，我和几个省委领导正在一个车库里学习。突然，军管会来人将我们几个统统抓起来了，一起送到西村监狱。同时抓去的有40多人，其中有三四个省委书记、几个副省长，剩下的全是厅局长以上的干部。因为事发仓促，我什么都没带。在监狱里，还是找了当时的卫生厅长借了几块钱，买了牙刷、毛巾和其他生活用品。直到前几年，我才从省委党史研究室编写的大事记里知道，当年被抓的我们这些人的名单，是由军管会拟定，然后报中央审查批准的。

在西村监狱关了几天后，我们被分散关押。我被押送到白云山上的军区后勤部营房。在这里一关就是三四个月，然后又被转到学习班学习，七八个人住一间房。还是不能出去，和外面完全断了联系。每天就是搞早请示、晚汇报那一套形式主义。

这样一直关到1969年，直到我承认自己是“走资派”，才被解放出来，先是下放到省梅田矿务局。1970年后，又让我到广州市工作，任革委会副主任。因为我以前是搞农业的，担心我“穿新鞋走老路”，所以，改让我管工业。

因为已经乱了好几年了，秩序有所好转。不过，市场供应依然极度困难。买什么生活用品都要票证。尤其是有些老同志，陆续有被解放的，像李嘉人、红线女、毛文书等人。他们的家早就被抄过很多遍了，他们出来之后，锅碗瓢盆都没有，来找我，我一律给他们批。

借地震对付“四人帮”反扑

1976年这一年更是灾难深重。我当时任省委书记。年初，周总理去世。不久，余秋里（时任国务院副总理兼国家计委主任）因为被打压，无法工作，只好到广州来“养病”，住在小岛（珠岛宾馆）8号楼。我每隔五六天就会去看他一次，陪他聊聊天。

二三月间，顾秀莲（时任国家计委副主任）代表国家计委来看他，详细讲述了北京的很多情况。我也曾在迎宾馆2号楼和她深谈了两三个小时，她说江青等人更加肆无忌惮了，北京的情况很不好，可以说是剑拔弩张，一触即发。这都让我们忧心忡忡。

第一次听说“四人帮”

不久，新西兰共产党主席威尔科克斯来访，由耿飚（时任中共中央对外联络部部长）陪同去三亚休息，省委派我同去。在一起聊天的时候，耿飚告诉我和李尔重（时任海南区党委书记），毛主席其实对江

1977年6月，张根生（左五）与王永章（左六）、秦和珍（左七）、王首道（前排右一）于山东省黄县视察小麦高产田。

青他们也不满，批他们为“四人帮”。这还是我第一次听到“四人帮”的说法。

“四人帮”最后一次反扑

其实，在前一年邓小平复出后，国家经济形势大大好转，但是中途杀出的“批邓、反击右倾翻案风”，又使得形势恶化，1976年上半年，国家的工业生产和财政经济情况都很不好。为了扭转这种情况，国务院决定召开一次全国计划工作座谈会。会议7月6日召开，我代表广东全程参加了会议。在这次会议上，“四人帮”进行了最后一次大反扑。

会议由谷牧（时任国务院副总理）等主持。我和湖南省委书记于明涛是中南组的召集人。分组讨论时，大家发言都是针对具体工作展开的。但是，“四人帮”势力却在会上大谈“批邓”、“翻案”。眼看着他们把矛头直接指向了李先念、余秋里等人，妄图把他们都打入邓小平“右倾翻案风”集团。

得知毛泽东已经病危

大家本来想认真讨论工作，对于他们这一套都很反感。这时，我们又得知毛泽东已经病危，心情更加沉重。会议期间不准外出，大家每天散会后只能在院子里散散步。我和于明涛也经常分析形势，都认为这又是一场严峻的考验，一定要站稳立场。

但是，那时正是“四人帮”势力嚣张的时候，本来定的14天的会议被这样一直拖到了20多天。

谷牧说唐山地震救了他

7月28日，唐山大地震。7月30日晚上，再次召集会议，华国锋简短讲了结束语，马上宣布会议结束，全力去救灾，没给“四人帮”说话的余地。就这样，会上批了半天，没有解决任何问题。

直到2000年，我在深圳见到谷牧，又旧事重提，他说：“是地震救了我。”谷牧说，当时会议越闹越凶，北有辽宁毛远新，南有上海黄涛，相互配合，矛头直指国务院。“四人帮”步步紧逼，会议没法结束，而时间拖得越长，危险就越大。直到唐山大地震，谷牧对华国锋说，“会议必须结束了，我要去救灾”。华国锋说，怎么个结束法呢？谷牧说，很简单，你只需要简单讲个话，宣布结束就行了。谷牧随后帮他起草了讲话稿，华国锋才在次日晚上强行宣布结束会议，没有让“四人帮”的进攻得逞。

胡耀邦被强行带走批判

那次会议还有一个细节，让我印象深刻。会议结束第二天，我们到机场准备回来。一进候机室，就看见了胡耀邦同志，一个人提个小包，正准备出机场回家，看上去就像个工人。我们赶紧上前握手问好。才得知几天前，大连一个研究所将他强行带走批判去了。他这是刚刚接受完批判回来。

怕“四人帮”夺权，赴京找叶帅

那时，社会上对“四人帮”的愤恨确实到了极点。而他们又大造舆论，说江青要接任总书记，张春桥要任总理。

“千万不能让江青任总书记”

早在我去北京参加计划工作会议之前，有一天，中山大学校长李嘉人（曾任广东省副省长）突然给我打电话，要和我谈谈。我知道他是个好同志，但过去并没有个别谈过话，我立即表示欢迎他来。不过，谈话内容更让我意外，他给我提出了个极大的问题，说千万不能让江青任总书记！我说你的观点我完全赞成，但我也没有办法啊。

当时，“四人帮”把控大权，我连给中央写信都不能。就是写信，结果也只能是我被抓起来。我只能说，争取找到能说上话的领导反映。

“千万不能让张春桥当总理”

几天后，海南区党委书记李尔重也打电话给我，说千万不能让张春桥当总理！又过没几天，湛江地委书记邹瑜也打电话来了：可不能让张春桥当总理啊！呵呵，我给他们说，我们的观点都一致，但我也没办法，只能等待机会反映吧。

向叶帅汇报广东的呼声

在北京开计划工作会议期间，我去找了当时广东省委最主要的领导人，他因身体不好，在北京休养。我向他反映了这次计划工作会议上，要转向专批“右倾翻案风”的人。他听了一句话也没说。我看他无动于衷，就更不敢提李嘉人、邹瑜等人的意见了。

后来，我就和当时的广州市副市长林西一起去找叶帅。林曾任叶帅办公室主任。到了叶家，刚好空军司令张廷发正在谈工作，见我们到了，就走了。叶帅留我们吃晚饭，我就趁机把李嘉人、李尔重、邹瑜等人的呼声给他讲了，还汇报了一些广东的情况。叶帅听后只是笑了笑，说：“北京也有不少这样的议论，就说我们都注意到了。”

回到广州之后，不久，毛泽东去世。再不久，“四人帮”倒台。后来才知道，华国锋和叶帅在粉碎“四人帮”中起到了决定性作用。1976 年这一年，真是动荡不安，大悲大喜。

第二年，我调到国家计委工作，参与了拨乱反正、平反冤假错案的工作。后来又在吉林、国务院和全国人大工作，长期关注农村问题。

此前在广东工作 20 多年的经验教训，让我意识到，我们那时的很多做法，实际是剥夺了农民的经营自主权，严重侵犯了农民的利益。而导致这种情况产生的原因，在于“左”的思想和个人崇拜，更深一步说，在于缺乏民主和法制。这种意识后来被进一步放大，导致了完全错误的“文化大革命”。

一个政党，特别是执政党，如果没有民主的政治生活，必然产生腐败。敢于叫全体人民监督，才是得人心的。

周秉钧：伯父周恩来亲自签署我父亲的逮捕令

讲述背景

1976年1月8日，周恩来总理逝世。这个灾难深重的国家陷入了更加巨大的悲痛之中。在当年的清明节，更有无数人拥向天安门广场，追思伟人，声讨乱权。巨星陨落，民众觉醒，8亿人的愤怒终于在极度压抑中集体爆发，让乱权者看到了民意的不可漠视。

在国家命运如此风雨飘摇的关口，对于周恩来的亲属来说，除了失去亲人的悲痛，他们又遭遇了怎样不为人知的内情隐忧、委屈彷徨？周恩来总理的侄子周秉钧讲述了他的1976年，以及他与总理夫妇交往的点滴，展示了亲人眼中大国总理的风范与艰辛。

■讲述人·周秉钧

周秉钧，周恩来胞弟周恩寿的长子，1942年生于哈尔滨，1949年到1955年间，一直跟随周恩来、邓颖超夫妇生活在中南海西花厅。1961年入伍，1967年分到广州空军做飞行员，后任师副政委、广空司令部参谋长助理。1992年转业，任广州市保税区管委会副主任。2003年退休后，一直生活在广州。

周秉钧一生严遵总理夫妇教诲，踏实做事，低调为人，从不张扬。在广东工作生活40年，鲜现公众视野，总理侄子的身份少有人知。老人的两个儿子也都从事着技术工作。在周总理逝世30周年时，周秉钧才应邀回忆了30年前那些难忘的日日夜夜。

初见伯父

开始中南海西花厅的6年生活。

1949年，我7岁。当年8～9月，跟随母亲从天津到北京，只记得那天下着大雨，胡同里积水很深。一位何叔叔过来接我，说是要带我见伯伯，但伯伯是谁我根本不知道。坐着一辆黑色的轿车到了中南海。一个大院子，中间一个天井，四周都是长廊和很老的房子。迎面过来一个人，身材高大，浓眉大眼，皮肤白白的，走路很快。何叔叔介绍说："这是同宇（周恩寿字同宇）的儿子。"来人冲我温和地笑了，还跟我拉了拉手。这是我第一次见到伯父。从此，我就在中南海住下来了。开始住在丰泽园，不久随伯父搬到西花厅。

周恩寿。

在此之前，我姐姐已经到了北京，与伯父伯母住在一起。后来，我父亲被分配到北京钢铁工业局工作，按他的级别，分到的房子很小，家里住不下，所以，我妹妹也被伯父接到了西花厅住。我们平时在学校寄宿，周末回西花厅。住在东屋的一个大房间，四张床一溜摆开。

那段时间，伯父给我的印象是非常忙，走路都是风风火火的，有时连卫士都要一路小跑才能跟上。一年放寒假的时候，我早上七八点钟起床后，在院子里玩，兴致一高就叫起来。伯伯的卫士长成元功赶紧过来说："可不敢吵，总理才刚刚睡下！"我从那以后就留意到伯伯经常熬夜。七妈（即邓颖超，周恩来在家族中排行老七，周秉钧们按淮安风俗呼之）曾说：你伯伯不是不能睡，是没有时间睡，如果可能，他一睡能睡十几个小时。

因为伯伯工作特别忙，所以，在西花厅见到他的机会不是特别多。偶尔会在一起吃饭，也会和我们聊聊外面的一些情况，尤其是在我们大了之后。但是，从来不许我们过问他工作上的事情。

大部分时间，我们的教育和生活都是七妈负责。七妈对我们照顾很周到，但在教育上的原则性从来都很强。我记得有一天，我妹妹还在上幼儿园，好像因为要个什么东西没有得到满足，就大哭，后来干脆在地上打滚。我姐姐去劝她，但被七妈拦住了，说："都不要理她，让她哭。等她哭够了，哭累了，她自然就不哭了。"果然，不一会，妹妹听周围没有动静了，拿开捂着脸的小手，看周围已没有人了，也就停止了哭声，自己从地上爬了起来。

我在中南海生活了 6 年，开始几年都是在西花厅吃饭。稍微大了点后，七妈就给我买饭票，让我和妹妹到中南海饭堂吃，并告诉我，李敏、李讷也都是每天吃饭堂。1955 年，我读初中了，自己家离学校更近，而且房子也大了一点，我就搬回去和父母住了。

被动员参军

伯父希望干部们带头送子女参军。

1961 年，我即将高中毕业，参加了空军来校招飞行员的体检，但是，我想自己的身体条件难以合格，所以还是加紧准备考大学。但是，没想到体检居然过了一关又一关。就在这时，一天，姐姐突然告诉我："伯父明天请你去谈话。"我一愣，当时刚刚 19 岁，这是伯父第一次对我用了"请"这个词。会是什么事呢？

次日上午，我赶到西花厅。午饭时，伯父回来了，和我边吃边谈。问我："高考准备得如何了？打算考哪里？"我如实回答，准备报考清华无线电系。"有把握吗？"我说："应该问题不大。"就在这时，伯父突然话锋一转："你想参军吗？"我脱口而出："想啊。我从小都想当兵，现在正在参加飞行员的体检。"伯父说："嗯，好，如果飞行员做不了就去做海军，海军不合格就去陆军服兵役。"我说"好！"这时伯伯说："那大学就不考了吧？"

△ 1961 年 7 月，周秉钧（左二）参军前与伯伯、维世姐姐、金山在中南海西花厅。

我一愣，不考大学实在没想过，说："考还是要考一下吧。"伯父说："既然决心参军，为何还要高考呢？不要以为只有上大学才有前途，我就没上过大学。我知道你喜欢无线电，但是，到了部队也一样可以学啊。”接着，他才告诉我，国家刚刚经历三年自然灾害，为了保证恢复农业生产，今年国家决定，不再从农村征兵，只从城市征。这样一来，就可以保障农村的劳动力，减轻城市给农村带来的负担。我这才大致明白了，也同意了伯父的建议。

但是伯父为何如此郑重其事地动员我参军，背景我一直不太明白。直到到了学校，军委空军司令部军校部的张孔修副部长见到我，说：“你就是总理动员参军的侄子？”我这才知道，原来，在当年召开的恢复生产发展的会议上，伯父讲话希望干部们带头送子女参军，以保证农村劳动力。他说：“不要以为我没有儿子才这样说，我有侄子，而且我还可以动员两个。”会后他就兑现了自己的诺言，我是其中之一。

旁白：在周秉钧兄弟姐妹6人中，有4个都参军了。其中两人还去了最艰苦的内蒙古和新疆。但是，由于参军时周恩来夫妇并不知情，担心两人是“走后门”入伍的，还曾派人前往部队调查两人。周秉钧航校毕业后被分到广州空军。正在延安插队的秉和以及在内蒙古插队的秉建，在1970年分别参军，到了新疆和北京，但是伯伯、七妈还是让他们回到了原来插队的农村和牧区。伯伯、七妈对周秉钧及两个弟妹参军的事处理方式截然不同，但是原则却是一个，那就是要符合国家的政策和需要！

我也“批”过伯父

为让伯父休息七妈让我敲他办公室的门。

“文革”开始后，我一直在外地，但是，能够明显感觉到伯父实在太难了，太多事情完全身不由己了。这十年对他的身体影响也非常大。1967年9月，我从航校毕业去广州报到，路过北京，再次去探望伯父伯母。一进西花厅的走廊，七妈已经在等我，说：“你先别到客厅，先去看这张大字报。”在伯父办公室门口，贴着一张工作人员写的大字报，要求总理根据他心脏出现早搏的情况，爱惜身体，改变他不分日夜过分繁忙的工作状况。（注：大字报原文为：周恩来同志：我们也要造你一点反，就是请求你改变现在的工作方式和生活习惯，才能适应你的身体情况，从而你才能够为党工作得长久一些、更多一些。这是我们从党和革命的最高的长远的利益出发，所以强烈请求你接受我们的请求。）很多前来汇报工作的中央领导，叶帅、聂老总等人也都在上面签了名。七妈问我："你对大字报同意吗？"我说："同意。""同意就签字。"所以，这张大字报上也有我的签名。

到了客厅，七妈讲到了伯父忙的程度，说最严重的一次是接待红卫兵，连续 36 个小时没有休息。因为红卫兵来了一批又一批，轮番找他辩论。这次辩论对伯父身体摧残很严重，因为他不仅累，而且生气。

这段时间，伯父每天从外面回来都是先进办公室。我与七妈都坐到饭桌边了，让卫士和服务员轮番去叫，都不出来。七妈没办法，说："秉钧，你去叫。每次吃饭不是三顾茅庐，他不会出来的。"一次我临走时，对七妈说："伯父太忙，我不去与他告别了。"七妈却说："不不，我就是让你去敲敲他的门，顺便把他拉出来散散步。"我只好去敲门，因为伯父的办公室我们是不能进的。接下来这个镜头我印象特别深：我开了半扇门，伯伯正拿着笔在桌前看文件，眼睛从老花镜上面看着我。七妈说："秉钧要走了，你起来送送他吧。"伯父看看表，放下眼镜，这才起身陪我往外走，总算是能散散步，透口气。

父亲被捕

七妈让我连夜住进西花厅。

伯父除了应对全国的混乱局面外，不久，也必须面对自己家中的意外情况了。1968 年 1 月，我正在北京参加空军系统学习毛著积极分子大会。会开完了，我准备第二天就回部队。所以，当晚买了条中华烟回去看父母。到家，却发现爸爸不在。问 15 岁的小妹妹秉建，她支吾着说出去了。"这么晚了还能去哪儿？出远门还是见朋友？"我接着问，秉建忍不住了，说爸爸昨晚被人带走了。

我大吃一惊。因为家里没电话，赶紧跑到外面用公用电话打电话给七妈。七妈说："这事我已经知道了，你现在马上来我这一趟！"我赶到西花厅时，天已经黑了，大冬天的，很冷，七妈正穿着一件大衣站在走廊外面的台阶上等我。我上台阶，敬个军礼。不等我说话，七妈就开口了："秉钧，你回答我，你对这事是什么态度?"

我也不愧是学毛著积极分子，（笑）说毛主席在1955年"肃反"的时候讲过："这次肃反不同以往，可捕可不捕的不捕，可杀可不杀的不杀。"这次既然抓了，看来是非抓不行了。但是我搞不清楚事实，没法进一步表态。七妈说"好吧"，转身和我一起进客厅，又说了一句："你知道我为何在此等你？就是要在你没有进入客厅，脑子来不及转圈的情况下问你。你这时说的才是真心话。你的态度是对的。"然后又告诉我："你今晚就住我这里，不用回去啦。"我说明天要回部队，行李都在家，而且刚才还没有见到妈妈，我得和她谈谈。七妈说："应该和你妈妈谈谈，但再晚也要回我这里来。"我明白她的意思，在我爸爸刚被抓的情况下，我在家里住，日后万一审查起来也说不清楚。住在七妈处，就不会有人说什么了。

1974年4月，周秉钧（左一）去看望七妈（邓颖超）。

我又马上赶回家里，向母亲详细了解情况。母亲说，昨天晚上，是北京卫戍区的政委黄作珍亲自来家里带人的。我妈问怎么回事，黄说还要了解才能真正搞清楚，只是要她相信群众相信党。该上班上班，教育好孩子，此事不能外传，就连对儿子也不能讲。还交代说，父亲的退休金照发，但我们家人不能动，每月会有人按时来取30元作为他的生活费用。

一家人愁云惨淡。我对母亲说，咱们都等等情况再说吧。母亲还说，她在我爸的抽屉中发现了500块钱，问我怎么办。我说要问七妈，然后给母亲留了200块钱，拿上行李，穿上大衣，就又去了西花厅。

这时已经10点多了，伯伯也回来了。我对他说：飞行员要忠诚老实，既然父亲出了问题，我就不能隐瞒，回去要向组织怎么说？伯伯说，不要给你们的基层组织说了，直接给吴司令（吴法宪）说吧。我又提到500块钱的事。伯父说，告诉你母亲，看看是不是新票子，号码是否连起来的，如果是，就不能动。

次日早上7点，我起床到客厅，伯父已经从外面办事回来了，告诉我："不要再找吴司令了，我昨晚见到他了，已经说了此事。你何时能向你们基层组织讲，我会告诉你的。"说完这些，又进了他的办公室。

七妈说："这事要尽快让秉德（周秉钧的大姐，时在西安工作）知道。我马上写一封信，你给小六（周秉钧的小妹周秉建，时年15岁，读中学）送去，让她马上去西安。"我拿信找到小妹，因为学校里不方便说话，就到了西单电报大楼大厅，将信给她，让她马上坐火车到西安去了。

随后，我也回到广东。再也没有父亲的任何消息。只是听母亲说，每个月都有一个叫王金岭的干部到家里来拿爸爸30元的退休金，或者一些换洗衣物。但父亲具体关在哪里，一直不知道。直到1975年夏天，父亲才被释放，整整关了7年半。

伯父亲自签署逮捕令

伯父去世后我们才知内情。

但是，对我父亲究竟为何被抓，我们一直不是很清楚，直到1981年，有一次七妈把我父亲、母亲和我们几个孩子叫到了西花厅，专门讲述了这件事情的经过。七妈说："你们伯伯到后来"，——七妈说话不喜欢用极端的词语，"后来"也就是临终前的意思——"拉着我的手说了一句话：'一切都拜托你了！'我想，党和国家的事情也不可能拜托我啊，只能是家里的事，而家里也只有同宇这件事最大了。我这两年专门调材料来看，才弄明白怎么回事。"

原来，我父亲当年有几个比较投缘的朋友，其中一个是王光美的哥哥王光琦，此外还有两个老教授。四人经常在一起吃饭聊天，也难免有些牢骚。刘少奇一倒台，王家也要清查。红卫兵在王家抄家时发现一沓请柬，上面有我父亲和另外两个教授的名字。很快，除了我父亲，王光琦他们三个都被红卫兵抓了。但是，在这个过程中，其中一个教授自杀了。红卫兵一看死了人，不好办了，就将所谓的案卷统统送到了中央文革。江青看到有我父亲的名字，就批了一句：请总理阅。这等于是将了伯父一个军：你的亲弟弟，我看你怎么办！

伯父就此给主席写了报告，并提出两个建议：一、交给红卫兵办；二、先由卫戍区部队控制起来，再由组织查证。并说明“我以第二种为宜”。而主席的批示也很简单：请总理酌办。事情到了这个份上，伯父就亲自下令批捕了父亲。此事交由当时的公安部部长谢富治执行。但是，父亲被关押的地方是北京卫戍区一个营房腾出来的地方。所以，并没有像关在秦城监狱里面的人受到很大的摧残。这里气氛相对平和，每人一个房间，可在走廊散步。

讲到这里，七妈也说“幸亏是在北京卫戍区”。我父亲接着说“否则就死无对证了”。七妈说：“‘文革’中，你伯父也是用这种方法保护了一批人。”

到了1979年，我父亲得到平反。后来，我与当年主管我父亲的干部王金岭成了好朋友。他告诉我：你父亲不愧是总理的弟弟，甚至可以说是伟大的弟弟。因为那时经常有人过来审查他，就是想从他话中找漏洞，“抓一句话就能置总理于死地！”开始问不出来，后来就想各种办法，比如说审问连轴转，或者跳着年代问，试图把我父亲的思想搞乱。但是，他在里面没有说过一句错话，没有给人抓住任何把柄。

周秉钧先生接受采访中，不经意间的坐姿与墙上周总理像契合。

不过，从另外一个角度看，伯父亲自下令抓自己的亲弟弟，这该有多难啊！我父亲不过是个小人物，退休前也只是一个内务部的专员。

旁白：周秉钧保存的当年那份逮捕令上写着“立即逮捕周同

宇”的字样，周恩来还在旁边用蝇头小楷注明：“其妻：王士琴；三女：周秉德、周秉宜、周秉建；三子：周秉钧、周秉华、周秉和，家住北京机织卫胡同 27 号”。

关于此事，周秉钧的姐姐周秉德曾经在一篇《伯父周恩来与父亲周恩寿》的文章（刊于《人民日报·海外版》2001 年 8 月 17 日第七版）里有专门回忆。周秉钧的妹妹周秉宜也曾经在《北京晚报》的连载文章《周家有男当劳模》中提及。

“文革”中，我们都能够感受到伯父的艰难处境，但是谁也不能说什么。因为他绝对不允许我们问他工作上的事情。所以，即便父亲被抓，我们谁也不再在他面前提及，更不敢说求情释放的话。而且，在那个年代，连国家主席都被抓了，总理的弟弟又算什么呢?

对于“文革”中的种种荒唐，伯父也很少在我们面前有所表示。我只记得有一次，是 1973 年 12 月，我在《人民画报》上看到章士钊的大作出版的消息。但是，没几天，上海《文汇报》就刊登了批章的文章。中央媒体都推荐他的作品了，《文汇报》怎能如此搞对立呢？那天我在西花厅和伯父聊天，就很随意地说起这件事。他当时在沙发里坐着，很吃惊地说：有这种事？然后就去办公室了，不知道是否去处置此事了。这可能是他在我面前最明确的一次表示对《文汇报》的不满。

平时，我们是绝对不能介入他的工作的。他定的家规中就有一条：不要替别人带信、告状、求情。“文革”中，我也因为这个得罪了不少老首长。

最后一面

伯父说：你爷爷一辈子没做过坏事。

我最后一次见到伯父是 1974 年。当年 4～5 月，我回京休假，断断续续地和他见了几面。其中有一次，我走进西花厅，他正穿着睡衣、戴着老花镜在客厅里看文件。这是我第一次看见伯父在客厅里穿睡衣。他同我握手聊天。坐得时间长了，就起来走动走动，双手抱着臂，突然就说起了爷爷：“我对你们的爷爷一直抱着同情和敬重的心情，他为人老实，但是本事不大，一生只做了一个小职员，每月收入不过 20 块钱，但他一辈子没做过坏事，还掩护过我……”

我也不知道，他为何突然说起这些往事。后来慢慢琢磨，一来是当时他暂时把工作交给了邓小平，暂时相对得到一些放松，有时间和我聊天了；同时，他也很清楚自己的病情，希望我能知道一点自己家族的历史。

我5月中旬离京。伯父6月1日就住院了。这消息我当时根本不知道。只是在报纸上见不到他的消息了。后来姐姐来信说伯父情况不好。当年11月，我又赴京参加一个空军会议，在西花厅见到七妈，她看上去也很疲惫。我问她身体怎么样，她只回答了一个字“累”。我提出来：“您什么时候去医院看伯伯时，我想和您一起去看望他。”七妈说：“为了你伯伯的健康，中央规定只有政治局委员以上的负责同志因工作需要才能探望，对于我也规定每天只能见半小时。你要去的话，必须要请示中央。”我说：“那我就不去了。请您代表我向伯伯问好，祝他早日康复。”同时把带来的山东大枣送给七妈。七妈见了说：“这么大的枣！正好伯伯喜欢吃脆枣，我让桂师傅烤一烤，带给他吃。”

1975年夏天，“批邓”活动又闹得沸沸扬扬，明显能感到“四人

周秉钧仍保留着1976年他与爱人从广州赶回北京参加周总理丧礼时佩戴的黑纱和纸花。

帮”（当然，当时还不知道这个称呼）的气焰日渐嚣张。和普通老百姓相比，除了担忧国家外，我们还有对个人安危的忧虑。我曾对我妻子说过一段话：“现在中央又开始‘批邓’了，内情我们不了解，但是，能明显感到伯伯在与他们的矛盾中处于不利的位置。虽然我现在还在飞（做飞行员），但是今后的情况很难预料，你要有思想准备。”妻子只说了一句话：“不管发生什么，我都跟你在一起。”

送别风波

七妈发电报不让我们进京。

1975年底，我休假回京探亲，这次不再提去看伯父的事了。七妈见到我带的广东小蜜橘，连声说好，“可以拿去给你伯父榨汁喝”。其实，这说明伯父已经不能吃东西，只能进流食了。

然后，七妈起身去里间点眼药。这时，她的秘书赵炜神态凝重地对我说：“你要有思想准备，你伯伯的状况很不好。七妈嘱咐，如果有那么一天，你们都要守在自己的岗位上。她是没有儿子，即使有儿子，如果在外地，也不会让他回来的！”我听着听着眼睛就湿了，点了点头。

从那之后，我的心情就非常压抑。1976年1月7日晚上，我经广州回到部队。第二天晚上开会，师长安排我发言。8日晚上，我正在开会，一个参谋突然叫我接电话。在这个时候，我最怕的就是电话电报了。还好，电话是我老婆打来的，但是她劈头一句就是：“你接到电报没有？”我心里又“咯噔”一下：“哪里来的？衡阳还是北京？”当时我儿子在衡阳外婆家。直到此时，我还心存侥幸。但是，我老婆说：“北京的，只有一句话——听到消息后，千万不要来京！”我的心一下子就沉了下去。老婆问我怎么办，我说一定要回，让她赶紧托人买机票。回到会议室，师长让我发言，我说我讲不了。他很奇怪，跟我回到宿舍，我如实说了，师长的眼泪就下来了。他马上准了我的假，还和我聊到凌晨两点多，都是忧心忡忡，不知道国家接下来会变成什么样子。

师长走后，我开始收拾东西，一夜未眠。9日凌晨5点半，我正躺在床上眯眼，师长打来电话，让我马上听广播。打开收音机，传来的就是哀乐。

我搭乘我们空军的便机到了广州。见到我老婆，她却说没有买机票。此时，广州空军的领导也来了，直接把我拉到军区礼堂。原来，我老婆先是找到广空的一个处长，他本来说没问题，不必买票坐客机，直接搭乘空军的便机就行。但是得知事情原委后，就不敢做主了，去请示广空的朱云谦政委，因为有这份电报，朱也不敢定夺，只好请示空军司令张廷发。张司令最终还是问到七妈秘书赵炜那里。

在军区礼堂，广空的领导们说，赵炜再次转达七妈意见：按电报意思办。我说："我一辈子听他们的话，但是老人都去了，我一定要去见他一面！"说到这里，连朱政委他们也都哭了。又代我再次请示空军司令，张司令的回答还是按电报意思办，并且说，总理有遗嘱："不留骨灰，外地的孩子不要回来，尤其是秉钧，要坚守岗位！"我一听伯父有这样的遗嘱，无论如何不能违背，马上要回部队去，但是广空朱政委说："你心情不好，就在广州休息几天吧。"就把我和爱人安排在招待所。

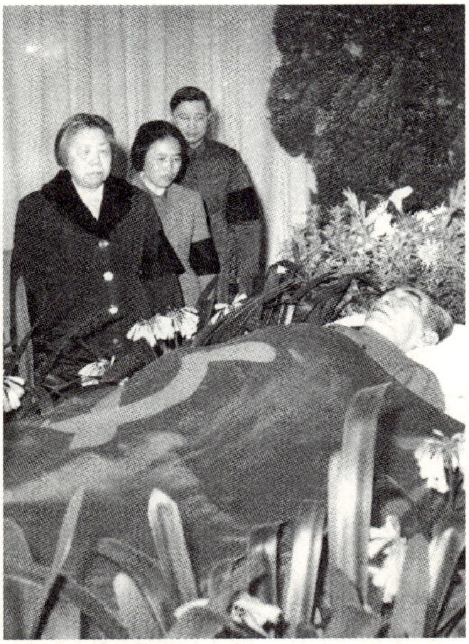

邓颖超在周恩来遗体前。灵堂设置在北京医院的车库里。

回到招待所，我躺在床上想来想去，觉得伯父不可能考虑得这么细了，还交代，"尤其是秉钧，要坚守岗位"，那么，这话如果是七妈说的，还有商量的余地。下午一点多了，我还是给七妈打了个电话。是秘书赵炜接的，我说，我现在休的是自己的探亲假，不是请事假。赵炜在请示过七妈后说："你七妈意思是，如果征求她的意见，她仍旧不能同意你过来，但是你们组织上有什么安排，她不管了。"赵炜还补充说："如果你来，必须11号之前到，否则看不见了！”

我和妻子终于乘坐1月9日下午4点45分的航班去了北京。

旁白：周秉钧保存的众多关于伯父伯母的照片中，其中一张是周恩来去世之后，躺在灵堂里，身上覆盖着党旗，邓颖超含悲站在旁边。很多人都以为这张照片摄于人民大会堂。但是，周秉钧说，当时的场地是北京医院的车库，临时改成了一个灵堂。

1月11日下午，周恩来总理出殡。从北京医院一直到八宝山，道路两侧挤满了自发前来送别的群众，无数人在寒风中哭泣甚至晕倒。这一“十里长街送总理”的悲壮场面被载入历史，为中国人所熟知。

亲历十里长街

七妈扑到棺材上大喊一声“恩来，我再也见不到你了！”

当天，送葬的车队没走正门，从北京医院的一个侧门出来。但是，没想到，一出门口，就看见很多老百姓已经在此等候。车队最前面是开道车，其后就是灵车，紧跟着是王洪文的车，随后是七妈和秘书的车，接下来是我们坐的面包车。当天非常冷，寒风凛冽。但是，一上长安街，人更多了，路两侧的人群挤得水泄不通，从东单到八宝山，一直没有中断过。人虽然多，但是很安静，只有哭声，气氛很压抑。

在长安街上，由东往西方向，除了车队外，是没有车辆通行的，但是由西往东方向并未进行交通管制，车辆照行不误。不过，有一个感人的细节是，对面所有的车辆，不论是公交车还是机关的车，遇到车队都会自发停下来，等我们通行。

就在这时，我突然看见前面车上的赵炜隔着后窗向我摆手，我不明其意，以为他在给我打招呼，也摆了摆手。下车后，他才告诉我，七妈让他通知我们：不要哭！

到了八宝山，秩序完全乱了，因为人实在太多了，都要再看总理最后一眼。赵炜一下车，就拉住了七妈，然后告诉我们：一个抱着一个的腰，不然非冲乱不可。于是，我姐抱着赵炜的腰，我抱着我姐的腰，后面结成一串，但还是给冲散了。

在最后告别时，我看到伯父的样子，脸特别特别瘦。据说，他死时体重还不到80斤。从出事后，我一直没见七妈掉过一滴眼泪，直到这时，她才一下扑到棺材上，大喊一声“恩来，我再也见不到你了！”就泣不成声了。

良苦用心

七妈：伯父追悼会上江青不脱帽，是因为有病不方便。

12日，骨灰被送到故宫一个大殿里供人吊唁。15日，在人民大会堂开了追悼会。在追悼会结束后，七妈让我们这些亲属、医务人员和身边工作人员留下，就在大会堂台湾厅开了一个短会。她首先肯定了一点：医务人员已经尽了最大的努力和责任。然后，又说：“中央对你们伯伯的评价已经高过了实际，你们不应有任何意见，在后事上我一句话没说，没提任何要求，中央怎么安排，我就怎么办。”然后，她和我们这些人逐个握手。轮到我时，问何时回部队。我说想在北京多陪她几天。她说：“那好，18号那天，你和姐姐到我这里来，就你们两人，弟弟妹妹就不要来了。”

18日，我和姐姐如约前往西花厅。一进门，七妈就说我们：“怎么还戴着黑纱？纪念没必要通过这种方式，你看我们这里的工作人员都不戴了。”我们也只好把黑纱取下。

七妈先讲了伯父的病情，说从发现癌细胞到去世，大大小小做了十几次手术。1975年9月20日，在膀胱底部又发现了一种新的、更毒的癌细胞。这种癌细胞在2000例病人中才会出现一例。因此，就没有再动手术，病确实是治不好了。因此，“外面有任何传言都不要相信！”——当年，在其他领导人去世时，确实有一些传言，比如陈毅去世时，就有传言说是因为林彪授意医生手术不做干净等。七妈特意解释，是怕医务人员承担压力。

此外，七妈又解释说，追悼会那天，我让你们站在工作人员后边，是不想让你们出现在镜头上，太过张扬。后来，我们自己在琢磨，当时，“四人帮”正是嚣张的时候，七妈此举也是想保护我们。

然后，她又说：“你们还有什么问题，可以问我。”我是军人，不敢随便乱问。我姐姐比较大胆，她第一个问题就是：“伯父病重时，主席究竟有没有去探望？”七妈说：“你们都知道主席和伯伯是多年的战友，对伯伯是多么器重。但是，你们不知道伯伯病重时的样子，而且，主席身体也不好，见了面刺激太大，对两人的心情和身体都没有好处。因此，中央不让主席去看。”

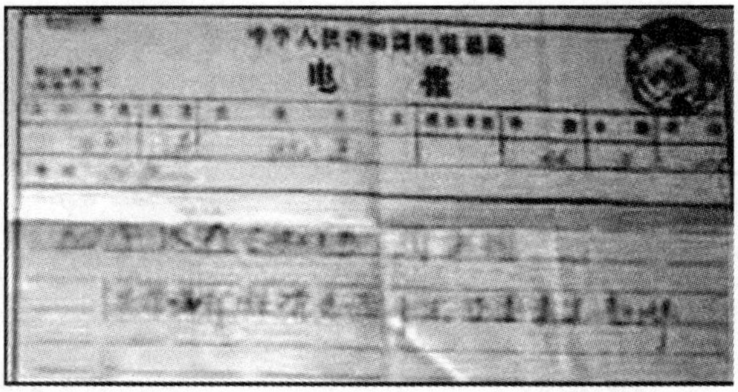

邓颖超秘书发电报嘱咐周秉钧不要进京。（电报原文：伯母嘱听到消息后千万不要来京。赵炜）

我姐的第二个问题是：追悼会上，江青为何不脱帽？朱老总那么大岁数了，都还敬了个军礼。七妈解释说：江青同志有病，不方便脱帽。

我们离京返回广东后不久，就传来“四五运动”的消息。我们家人没有参与这事，因为群众的感情已经让我们非常感动了。不久，部队也要求查曾经在“四五”期间去过北京的人，气氛搞得很紧张，都被我们应付过去了。“批邓”风潮也愈演愈烈，上级指示必须开会学习。我拿着文件找到师长，他说：“我是军事干部，这是你们政工干部的事！”我说上面说必须一把手亲自抓啊，他问我具体哪天开会，然后说“那天我肚子疼！”——大家对这些都很反感了。

接下来，天灾人祸不断，不过，最终粉碎了“四人帮”。所以，现在回头来看，1976 年真是一个重要的年份。伯伯、朱德委员长、毛主席先后在这一年逝世，又发生了唐山大地震，这是大悲；但 10 月 6 日中央在华国锋同志主持下，粉碎了“四人帮”，中国又在这一年慢慢走上正轨，又是大喜。这几十年来，伯父伯母的教诲，我时刻也不敢忘记，并用这样的原则教育自己的后代。

链接

周恩来弟弟被捕内情

爸爸被捕的真正的内情，直到“文革”结束后，王金岭（周同宇被拘捕后主管他的人，周恩寿字同宇）才原原本本地告诉了我。

那天，公安部长谢富治递给他一份文件，是周恩来总理的亲笔批示的逮捕令：立即逮捕周同宇。

王金岭按谢富治的指示找到傅崇碧。傅崇碧司令员态度明朗：“周同宇就是与王光美的哥哥一块吃过几次饭，红卫兵就说是什么阴谋‘聚餐会’，是特务活动！完全是无中生有，无限上纲嘛！谁知案子报到江青那里，她动作倒快，不问青红皂白，一下送到了总理办公室。

“周总理找我去商量，我立即向他建议，与其让红卫兵乱来，不如由卫戍区出面用拘留的形式把周同宇保护起来，总理接受了我的建议，不过他提笔批示时想了想，把‘拘留’改为‘拘捕’，这是总理想得周到，拘留不能时间太长，拘捕当然就不同了。”

王金岭非常专注地听取傅司令下达命令：“这案子是红卫兵弄起来的，人抓起来后，还要他们继续介入调查，但你必须左右局面，这是难点之一；第二，拘捕周同宇的事，只能你知我知，绝对保密！”

7年后，爸爸出狱。他含泪对我说：“你知道我和什么人关在一起？都是部长以上的大人物！多亏有你伯伯，把我这小舟拴在了大船上，这才闯过险滩，要不早就翻船沉没了！他们整我，目的就是为了整你伯伯，所以，天大的压力，我也要坚强地活下去。”

——据周秉德的《伯父周恩来和父亲周恩寿》，转自《人民日报·海外版》（有删节）

周恩来三兄弟

周恩来（1898—1976）：字翔宇。妻：邓颖超。

周恩溥（1899—1945）：字博宇。妻：王兰芳，子：荣庆。

周恩寿（1904—1985）：字同宇。妻：王士琴，子女：秉德（女）、秉钧、秉宜（女）、秉华、秉和、秉建（女）。另有一子秉哲（早逝）。

“岭南词宗”之子、语言学家詹伯慧：我与父亲的运动劫

詹伯慧说，不能服侍病重的父亲令他至今感到难受。

讲述背景

父亲是“岭南词宗”，儿子是语言学泰斗，詹安泰和詹伯慧父子在岭南语言文学界堪称翘楚。回顾往事，詹伯慧说：“我比父亲幸运多了，起码我还能在现在社会，发挥所长，父亲却只能在‘文革’初期孤独离世。”

当年，詹安泰被戴上“右派”的帽子，不能上课，只能到资料室打杂；患上淋巴癌后，被医院拒收。当詹伯慧接到病危通知从武汉大学的“牛棚”赶回广州时，父亲已经不能说话了。

青年时期就显现语言研究才华的詹伯慧于“文革”初期就被打入“牛棚”，随后被安排到农村做泥瓦匠。直到“文革”后期，才重返学术。

往事如烟，詹伯慧说，希望人们能够反思历史，不再犯错。

■讲述人·詹伯慧

1931年生，著名语言学家，暨南大学中文系教授，博士生导师。

父亲詹安泰（1902—1967），广东潮州市饶平人，有“岭南词宗”称誉，著名古典诗词研究家、文学史家和书法艺术家。生前为中山大学教授。

这几年，我在香港大学上课，与父亲詹安泰当年的一些好友和学生叙旧。谈到解放前夕，父亲到香港探望老友，朋友们曾力劝他留在香港工作。父亲当时是中山大学的教授。抗战期间广州沦陷时，中山大学西迁云南，岭南词家陈洵辞去教席，文学院院长吴康想起尚在韩山师范教书的父亲，决定破格求贤，以“名士”的身份聘他为教授。由于对中大一往情深，父亲还是毅然决定回到广州来。

我曾想，如果当时父亲留在香港，会是什么样子。解放后的每一场运动，作为知识分子的父亲称得上是“优秀运动员”，每每小心翼翼，却总会有

些莫须有的罪名加在头上。“文革”开始后的第二年他就溘然长逝。现在回过头来看，如果解放后对知识分子采取像今天的崇贤政策，那么很多不可思议的事就可避免了。

父成“右派”

“岭南词宗”沦落资料室打杂。

祖父是医生，在那个什么都要论出身的年代，这个身份让父亲在很长一段时间里谨小慎微。

解放初期，他曾立志“三年不读线装书”，改而研读马列著作，一心希望能够跟得上变化的时代。“反右”前，父亲参加了民主党派，成为当时中大中文系五大民盟委员之一，还当上了广东省政协委员。可就因为这两个组织的关系，在1957年的“大鸣大放”中，他在省政协和民盟的会议上，本着参政议政的态度对党的知识分子的政策提出了自己的看法，不久父亲便被戴上了“右派”的帽子。

多年以后，我也以民盟委员的身份参加了省政协，我母亲还对此颇有意见，说你父亲如果当年不去省政协会议上发言就什么事都没有，为什么你现在还要当政协委员?

我耐心跟她解释，告诉她时代不同了，邓小平时代的知识分子政策完全变样了，父亲的悲剧不可能重演了，可她老人家总是不太放心。

当年，父亲已经被尊为“岭南词宗”。戴上“右派”的帽子之后，他被降为四级教授，不能上课，只能到资料室打杂。

1961年，“反右”的狂风刮过，政治上开始出现少有的平息。父亲得以“摘帽”，但仍然领取降级的待遇，直到离开人世。父亲并不计较这些，听说要他重新给学生上课，并让他培养研究生，就喜出望外，马上又投入到研究和教学中来。有时候，我想，如果不是“文革”，父亲可能会多活几年。

1966年10月，在“文革”的第一张大字报贴出来之后，65岁的父亲被发现患了淋巴癌。父亲成了一只“死老虎”，逃过了红卫兵的打击。

1959年，詹伯慧（后排中）与父母及弟妹们合影。

子入牛棚

青年才俊变“牛鬼蛇神”。

我至今感到最难受的是，父亲病重的时候，我不能在他身边服侍他。1953年，我从中山大学中文系毕业后，被分配到武汉大学中文系做助教。父亲虽然逃过了“文革”的劫难，但是由于他的影响，我变成了“黑五类”，被关进了“牛棚”。我的罪名是“只专不红”、搞“裴多菲俱乐部”毒害学生。

我的专业（研究成果）一直是不错的，早在中山大学读大学时，我就已经发表了语言学的一些文章。到武汉大学当助教后，曾经被王力教授举荐到北京大学进修，师从著名的语言学家袁家骅教授。但是在这期间，我竟然一次也没有想过入党！“文革”开始后，大学里很快开展了“拔白旗、树红旗”的运动，青年教师不能只搞学问，思想上也要红。我自然就被“拔了白旗”做典型。

学生宿舍就是我的“牛棚”，只有星期六晚上和星期天可以回家。到了过年过节，我们这些“牛鬼蛇神”，还会被转移到乡下县城的仓库里，因为怕我们闹事！管我的那个红卫兵一个口袋里装着武汉大学中文系的公章，一个口袋里装着武汉大学中文系党总支的公章，任何教师、学生要到哪里去，都要找他盖章。

那个年代的批斗会也让人大开眼界。有一次，大家在斗我的时候，突然有一个系里的教授在下面说：“詹伯慧，把你的手表拿出来!”刚好这天我老婆的手表坏了，我把手表拿给老婆用了。“你看，不敢拿出来吧，藏到哪里去了?”马上，工宣队代表站起来，吼道：“手表拿出来!”那位教授接着说：“他的表是发报机，国民党的飞机在解放后不久炸白云机场，就是他发报的。”工宣队一听，那还得了，又怕我通知老婆把表藏起来，马上就押着我到了老婆工作的武钢医院，把手表取回来检查。过了几天，手表还回来了，我还不敢问他是不是发报发不出去。(苦笑)

说我毒害学生，也是很可笑。我刚到武汉大学时，还没有结婚，几个潮州老乡喜欢周末到我这里来，吃东西，拉二胡，有时还打麻将。“文革”开始了，我的家就被说成是“裴多菲俱乐部”，说我是资产阶级的孝子贤孙，专门毒害学生。

系里有一个研究现代文学的教授刘绶松，早年中国有三个版本的《现代文学史》，其中一个版本就是他所著的。“文革”开始后，他们夫妻俩分别被红卫兵在外管制。星期天两夫妻回家，一商量，刘绶松是地主出身，老婆是三民主义青年团的骨干，两人觉得前途渺茫，没有出头之日，就把床竖起来，一边吊一个，吊死了。

卖书养家

“一代词宗”寂寞辞世。

在这种情况下，自身的自由尚且不保，又何谈在父母身边尽孝!

1967年春节，家里告诉我，父亲病重。我向红卫兵请假，回到广州。其实那时候父亲的身体已经不太好，在做电疗。那年的春节，家里气氛沉重，大家都不敢多想未来。父亲也知道自己的时间不多了。

我在家里只待了一个多星期，便回到“牛棚”继续改造。4月初，我接到了父亲病危的通知。此时肿瘤医院已经不肯接收父亲，家人只能在中大护养院找了一个小房间。父亲住进去，没几天就不行了。4月5日我赶回广州，父亲第二天早上去世。父亲走后，中大只有几个老教授来送行。

父亲去世后，家里除了我以外，就没有人赚钱了。那时候我一个月有 60 多元钱，每个月的钱都分成三份，一份自己用，一份给在武汉水利学院读书的弟弟，一份寄回广州给妈妈。父亲一生清贫，没有剩下什么财产，母亲决定把他的一些藏书卖给古籍书店。我听说古籍书店派了一辆三轮小汽车来到家里。父亲的书 90%不用讲价钱，按照一本书一元的价格，总共卖了 2000 多元钱。在动荡的日子里，母亲就靠着这笔钱，度过时艰。

自学盖房

大学教师变泥瓦匠。

(20 世纪) 60 年代末，武汉大学响应毛主席的号召，把文科院系搬到了襄樊，在农村搞分校，100 多个老师都下放了。分校为教师的孩子们办了一所小学，我半天就到小学里教英文。英文课一堂就教一句话：Long life chairman Mao（毛主席万岁），我把全校的 100 多个学生都“包”了。

教英语算是兼职，当泥瓦匠才是我的正职。我和陆耀东（武汉大学中文系教授，博士生导师——笔者注）盖房子，也没有人教，完全靠自己的摸索。冬天很冷的时候，我们穿着单裤跳到泥浆里用脚和泥。大家都只能接受命运的安排。外文系有个教授一到襄樊，马上就买了一套理发的工具，他以为从此再也不会回学校，要赶紧学一门手艺。

1974 年，全国各地掀起了一场“批林批孔”的运动，中央下发的文件上有一些孔老夫子的话，造反派看不懂，就想到了我们。我被派到由武汉开往上海的船上待了一个月，辅导船员学习中央文件。

一年后，学校开始在全国各地招收工农兵学员。我做梦也没有想到，一纸调令，让我回到了武汉参加《汉语大字典》的编撰工作。这项工作一直持续到 1980 年。1976 年，“文革”结束，我的父亲不久获平反。以后，国家的政策在潜移默化中不断变化着。1985 年，受教育部的推荐，我作为“文革”后第一位到日本长期讲学的专家，受聘为国立东京大学的客座教授。

回想起那10年的遭遇，真是往事如烟。“文革”的功过不由我们来评说，对于千千万万个经历过那个时代的家庭来说，都有各自不同的遭遇。这是一场悲剧。现在国家迎来了太平盛世，从抓阶级斗争到以人为本，这个过程值得我们反思。

讲述背景

作为长期主抓农村工作的领导，杜瑞芝非常熟悉基层情况。早在20世纪五六十年代，就在农村尝试包产到户；改革开放后，更成为坚定的农村改革拥护者和执行者。杜瑞芝性格耿直，胆大敢言，在广东省的老干部中，被公认为“说话从来不拐弯的人”。他不仅在“大跃进”中公然反对浮夸风，甚至当着毛泽东的面也直言群众对大食堂的不满。

30年前，杜瑞芝以“刚刚回到革命队伍”的干部身份，在广州这座城市亲历了那个动荡的时代。他说，在那一年看到了人民的力量。

广东省委原常委杜瑞芝：不瞒产死人更多

杜瑞芝天性乐观豪爽，忆起当年坎坷，像在讲述别人的故事一样。

■讲述人・杜瑞芝

1920年生于山西，1937年参加八路军。1955年由广州市委调任粤中区党委常委、农村部部长，1956年区划调整后，先后任佛山地委（辖区远大于现在的佛山行政区，一度包括番禺、从化、花都、增城等地）第二书记、第一书记。“文革”中被监禁。1974年重新工作，任广东省农委副主任。1980年至1985年任广东省委常委兼省农委主任，1986年任广东省顾委副主任，1991年离休。

旁白：杜瑞芝说，他就是喜欢说“怪话”，而且有话都是在大会上讲，从不个别讲。“有些人后来吓得将讲话稿烧掉，我从来不烧，我讲的话我就敢负责。”此言不虚。在保存下来的一份当年造反派编印的《杜瑞芝罪行录》中，就汇集了他的诸多“惊人之语”。他曾在佛山地委市桥（扩大）会议上公然批评人民公社“搽粉搽得太多了”，“这就叫浮夸”；在对《人民日报》编辑谈话中更直言：“几年来‘一大二公’的不良后果，是群众对集体不相信”，因此，他主张一个“包”字，“三包落实，指标降低，可以吃饱；粮食到户，加上自留地，可以吃好”。“群众怕我们‘左’，我们怕群众‘右’”，“干部思想问题，不公开反‘左’，大概不成”。这些言论让他在后来的“文革”中，难逃一劫。

1976 年，我任广东省农委副主任。虽然已经“解放”一年多了，但还没有全面平反。问题到底是哪一年彻底解决的，我忘了，也不在乎。只记得，1976 年这一年确实发生了很多大事。不过，3 个老人去世、唐山大地震，在我看来，都属于自然规律事件。30 周年要好好纪念和歌颂的，还是“四五运动”和粉碎“四人帮”。前者证明历史是人民写的，“四人帮”倒台后，中国也逐步走上了正轨，渐渐恢复了说真话的传统。我能活到 86 岁，按说不应有怨言了，但是，当时又有多少好干部因为说真话而惨死啊！

大炼钢铁谎报产量

炼铁前几名的地市奖励汽车，我满心希望能获奖。结果一听报告，人家湛江 30 万吨，我们忙了几个月才 6 万吨。我明白了，全都是假的。

1966 年，“文化大革命”一开始，我就被批斗。后来，从 1967 年 4 月到 1973 年 3 月，又一直被“监禁”。给我定的罪名很多：反对突出政治、反对学毛著、反对人民公社、主张包产到户、陶铸死党……

我有过这些言行吗？确实有。事情都可以追溯到“大跃进”时代。当时我已经是佛山地委书记。我到下面生产队时总说：你们晚上学白求恩（毫不利己，专门利人），白天去抢工分，都是假的！

我之所以说这些话，是因为我知道他们都在作假。陶铸等领导都说过我这个人自由主义、乱讲话。不过，我还是觉得自己都已经“左”得不行了。佛山大炼钢铁时，是我主管的。因为各地事先都要报产量，我们当时研究了一个晚上，觉得报到 4 万吨就很不错了。不过，当时的省长蹲在我们那里不走，说指标太低，一定要增加到 6 万吨。

没办法，我直截了当提出两个方案：第一，每个县都炼一点，大家一起倒霉；第二，牺牲台山、开平、恩平三个县，让它们毁灭性地炼钢铁。最后，地委通过第一个方案，让大家都分点。我那时蹲点在台山，天天守着看炼出来的铁。

几个月后，省里在中山纪念堂搞表彰大会，炼铁前几名的地市奖励汽车，我还满心希望能获奖。结果一听报告，人家湛江 30 万吨，我们忙了几个月才 6 万吨，一辆汽车也没有！我明白了，全都是假的！

好铁也被炼成“牛屎铁”

冶金部长说只要能有 70%含铁量的就是铁。有个县委书记就说，海南有的铁矿含铁量就有 70%，那挖出来直接用不就行了吗，还炼什么？

后来才知道，其他地方都是把老百姓的窗户、铁锅收走去炼，但炼出来的都不是铁，掉到地上就碎了，实际上是氧化铁。还有一种本来是好铁，化成铁水后扭结在一起，成了烧结铁，我称为“牛屎铁”，就是牛屎一堆，没用。

其实，那个时候，大家都很清楚这种方法炼出来的是假铁，但是，没人敢说出来。省里也很下力气，经常召集我们开会，开会时大家都随身带一块炼出来的铁，研究到底什么是铁。有一次，陶铸（时任广东省委第一书记）亲自在电话会议里问当时的冶金部长，什么叫铁。部长说，只要能有 70%含铁量的就是铁。有个县委书记就说，海南有的铁矿含铁量就有 70%，那挖出来直接用不就行了吗，还炼什么？

当时，佛山有两个地方号称“两匹骏马”，一是番禺，一是新会。番禺大石有一个村被树为典型，说是亩产番薯 30 万斤。后来，林彪、陈毅都来参观过。一个县委书记给我打电话，说都是假的。第二天早上 7 时，我就一个人骑车到了大石，直奔这块田。第一句话就是“你们昨天晚上担了多少番薯进来？”看田的老人吓得说“上面不准讲的”。我说，尽管说，没关系，他也搞不清楚我是谁，就承认昨晚刚担了二三十担进来，都在田里，还没来得及埋呢。

不瞒产死人更多

1959 年，东莞划归佛山不久，发现了瞒产现象。事实上，确实有一个生产队瞒了一点产量没上报，私自留下来一点粮食。

整个“三面红旗”时期，我没有参观过任何一个地方。有一次，有省领导让我到四会去参观，说那里很高产。我说，让我过去参观也行，但我可是要带老百姓去收割、过秤的啊。他就不让我去了。我天天跑那些山区，还不知道产量有多少？

后来又发明一种“小株密植法”，本来只能种一行番薯的空间要种两行，起个名字叫“双龙出海”。“大跃进”中间有一段时间提出“每天三餐干饭，放开肚皮吃”。我积极响应，这有什么，三角洲这些地方向来都是干饭随便吃的。我哪里知道，当时的水稻亩产只有 300 来斤。种得太密，都烂在地里了。

1959 年，东莞划归佛山不久，发现了瞒产现象。事实上，确实有一个生产队瞒了一点产量没上报，私自留下来一点粮食。但说实话，不瞒产死人更多。所以，在全省范围又掀起了一场“反瞒产”运动。省领导反不出更多粮食来，就到我这里来，增加调一亿斤粮食的任务。我只能开会将任务布置下去。有县委书记问：死人了怎么办？我说：死人是一定的啦，先死农民，后死工人，再死干部！

在所谓的三年自然灾害期间，佛山上报的死亡率是 2.7%。当时中央规定，死人 3%就撤县委书记。佛山的情况确实要比其他地市好一点。

百姓对“共产风”意见大

有个村民将好牙打掉换了满口金牙。我问他怎么回事，他说，害怕钱财都要交公，花钱镶了金牙放到嘴里，就没人能拿走了！

我的罪名中还有一条“反对毛主席”。1959 年庐山会议时，我们这边正在反“左”。过了两三天，来了一份电报：谁要看不清右倾是主要危险，谁就是瞎子。过了两天，在佛山地委全体会议上，我就公开讲了：中国除了一个人不瞎，全都是瞎子！“文革”开始后，上面来人调查，问我讲这句话到底是什么意思。问下面的县委书记，他们都替我打了掩护，这事就算稀里糊涂过去了。

“反右”我是很不理解的。让我罢官，我一个都不罢。我亲自提拔上来的，自然是好的！还有一些年轻人被说成是“右倾”。我一看，都是十八九岁的孩子，什么是“左”什么是“右”都还不知道，怎么可能是右倾？经我了解，都只不过是对党委有一点意见罢了。所以，经我的手，佛山一个右倾也没有划成。

对于“共产风”，其实老百姓意见也是很大。我到中山调研时，斗门县的领导告诉我，有一个村民将好牙打掉换了满口金牙。我就找到这个农民问怎么回事。他说，害怕钱财都要交公，花钱镶了金牙放到嘴里，就没人能拿走了！

向毛主席汇报“包死产”

毛主席对当时的省领导说：你们那个地委书记胆子很大啊。不过，对我提出的包死产和生产小队还是有兴趣。

1961年，“南三区”会议在广州召开，华东、中南、西南三个中央局和省、市、自治区党委负责同志参加，毛主席亲自主持。会议讨论修改“六十条”（注：《农村人民公社条例（草案）》），毛主席搞得也睡不着觉。汪东兴就劝他出去散散心。他就来了佛山，和我谈了一个小时的话，睡了一个小时的觉，吃了一餐饭就走了。他问我群众有什么意见，我就直说群众意见挺大，有句顺口溜：得罪了队长，多干一点；得罪了（食堂）堂长，少吃一点。干群关系很紧张！其实，还有一句没说完：得罪了老婆……这个话太粗俗了，没出口。

我还向毛泽东汇报了我们在佛山农村作的一些举措：实行“包死产”和生产小队。就是把生产队划小，同时对每个生产队包一定产量上缴，超产部分归自己小队所有，这样，每个社员的劳动多少和生产队的收入都很清楚，不会再出现平均主义的情况。农民有句

1961年，杜瑞芝（左二）陪同邓小平（左五）、陶铸（左三）视察佛山。

话很形象：单眼仔看老婆——一眼看清。事实也证明，试点当年，农民的生产积极性就大大提高了。

毛主席回去后，对当时的省领导说：你们那个地委书记胆子很大啊，有些思想应该批判。不过，对我提出的“包死产”和生产小队，还是有兴趣。省领导向我转达了毛主席的话，并让我写一份报告。

我就整理了一份材料，题目就叫“单眼仔看老婆——一眼看清”。毛主席阅后亲笔批示：印发会议参考。

一纸调令也难保被批斗

陶铸他们都了解我，还是想尽力保我的。于是下了一份调令。但是，没等我过去上任，陶铸本人也被打倒了。

“文革”开始后，广东全省的第一个万人批斗大会就是专门针对我的。当时，我先是收到一封信，部队造反派写来的，说是要先批斗佛山下面一个县委书记，然后批斗我，再接下来就要向纵深发展。我就把信给了中南局。不久，造反派就到中南局请愿批斗我。中南局明白，他们真正的目的不在我，就派当时的公安厅长寇庆延带我到顺德大礼堂接受批斗。实际上是“假斗真保”，造反派一上来，就有二三十个年轻人先冲上来围住我，怕把我打死。

其实，陶铸（其时已任中央政治局常委、国务院副总理）他们都了解我，还是想尽力保我的。于是下了一份调令，让我调任中南局副秘书长。但是，没等我过去上任，陶铸本人也被打倒了。

当时，中央有规定，批斗地委书记级别的干部不能点名上报纸，但我上了报，广东唯一的，“提拔”了我。（哈哈）随后，我的一切工作都被停了。

“批邓”过程中又差点吃亏

“我说，邓小平向毛主席建议搞抗战时期的减租减息，毛主席接受了邓小平的建议。有人就说我拥护邓小平，要批我。”

1967 年 4 月，给我定了性：敌我矛盾，连开会都不能和革命派在一起。我先是被关在佛山澜石的精神病院，被单独监护。后来，又被送到鹤山的“五七”干校。一开始生活很苦，干的都是重活。两三年后，才改为放牛、放羊这些轻劳动。我老伴也受了牵连，被下放到干校。整整四年，夫妻没有见过面。

老伴的罪行轻点，还可以偶尔回家看看，我就一直不能回去。14岁的大女儿待在城里，实在是怕了，就下乡插队了，一个劳动日给8分钱。家里只剩下11岁的二女儿带着个9岁的妹妹，靠我老伴每月18元的工资生活。9岁的小女儿还好点，年龄太小，没人认识，不知道是我的孩子。二女儿就不行了，学校不让读书了。单位里一开走资派家属大会，也是我这个11岁的女儿过去，作为家属接受批判。

一直到1973年3月，军管会（当时还在实行军管）通知我回城治病。我说我没病，但是他们非要说我有病。我后来才知道，当时形势已经有变化，有意“解放”我了。不过，对我的批判并没有结束。一回城，军管会的领导先找我谈话，说“你灵魂深处还没有爆发革命”，让我继续作深刻检讨。然后让我去医院做检查，没想到，我居然真得了病，肺上有三个窟窿，住了8个月的院。之后我被安排重新出来工作，任省农委副主任。我记得参加的第一个会就是清远的一个养猪会议。后来，又让我兼学大寨办副主任。但是，我从来没去学过大寨。因为到了大寨不准与老百姓谈话，而且，大寨那个地方还不准老百姓养猪，这不是胡闹吗？

一直到1976年，“批邓”活动还是声势浩大。“批邓”过程中，我又一次差点吃大亏。因为在一次小组会发言，我又放了炮，说了邓小平的好话。我说当年解放军在大别山站不住脚，邓小平就给毛主席发了电报，提议要搞抗战时期的减租减息，不能搞土改，毛主席接受

1960年左右，杜瑞芝（左二）和杨德元（左一，时任佛山地委副书记）在南海群众夜校。

了邓小平的建议，说明邓这个人能够从实际出发。有人说我拥护邓小平，要批我，但是没批起来。（哈哈）

活到现在有时感到惭愧

几十年来，比我们优秀的干部不知道牺牲了多少，我们按说不应该再有意见了。但是，很多人、很多事还是不能忘记的。

1976年前后，我的主要工作是调查农村工作情况。哪里增产就到哪里去，一定要搞清楚为什么增产。结果发现，凡是增产的地方都是在搞包产，只不过是秘密的。

我将这些情况都写成材料，反映给了省委。但是省委不可能对包产到户松动。因为毛主席早就定了调子，这是方向问题。一直到邓小平复出后，在他的推动下，包产到户才实行。1980年，我任省委常委兼省农委主任，就向省委写了一份报告《必须主动积极地领导双包到户》。我后来又主持编写了一部《广东省农业合作史》，记录了广东农村改革的争斗和政策变化过程。

但是，毛主席反对包产到户也是有道理的。实行包产到户，接下来就会有贫富差距，就会两极分化。

亚当·斯密曾经写过好几本书，但大部分人只看过两本，只知道那个“无形的手”理论。他还有两本书，专门讲了市场经济的弱点。所以，完全搞市场经济行不行？就像凯恩斯说的，国家不能不干预。但是，怎么干预，这又是个问题。

说回我自己，像我这样的，都超过毛主席了——他才活到83（岁），我都86（岁）了，没什么可惜的啦。相反，我还感到非常惭愧，比我们优秀的干部不知道牺牲了多少！我们这些人都是幸存者，按说不该再有意见了。但是，很多人、很多事还是不能忘记。很多历史也不能重演啦。

马鼎盛：因为母亲红线女我差点上不成大学

讲述背景

30年后，研究历史的马鼎盛对母亲红线女在“文革”中的遭遇这么评价：“文化人嘛，很容易被利用。你站错了线，就拿出来斗一下，折腾完了，该干嘛干嘛。”

1955年，6岁的马鼎盛随父母——著名粤剧表演艺术家马师曾、红线女从香港来到广州。

作为文化名人之后，马鼎盛在“文革”十年中，也随着母亲的命运起落而起落。

母亲被斗成“黑线女”，他在北京没资格当红卫兵，在“知青办”连一本《毛主席语录》也领不到。

母亲被发配到干校劳动，没戏唱时，他在东莞农村排演革命样板戏《红灯记》。

母亲重新恢复演出的权利，却不主张在粤北山区当工人的儿子回城，叫他好好建设共产主义。

“四人帮”倒台后，母亲再次受到审查。他因此在高考政审时，差点上不了大学。

一直到1978年，他才回到广州，在中山大学历史系学习。马鼎盛说，在“文革”中他是个热血青年，思想比较“革命”。直到“文革”结束了，他才发现自己是“不由自主地被运动了”。

■讲述人·马鼎盛

著名粤剧表演艺术家马师曾、红线女之子。1949年出生在香港，1955年随父母从香港回到广州。1957年到1968年在北京读小学、中学。1968年到1972年在东莞农村插队当知青。1972年到1977年在韶关山区当工人。1977年考入中山大学历史系，1982年进入广东省社会科学院历史所工作到1989年。1989年后返港定居。现为凤凰卫视军事评论员、主持人，也是多年的报刊专栏作家。

有人觉得，到了1976年，“文革”的氛围淡了很多。我不这么看。1976年，革命还是很火热的，那一年发生了那么多大事，是够折腾的，折腾得人不知所措，甚至有点麻木。

我活了20多年，哪儿听说领袖是可以变的？主席就一个姓毛的，总理就一个姓周的。小农经济基本是停滞不变的。国内邮票一张就8分钱，布料一人一年能分到的就一丈三尺六。我在北京读了12年书，从北京到广州，火车票学生半价一直就是14.9元。

1976年，毛主席逝世时，我在韶关的省煤矿机械厂，当时参加工人阶级理论队伍写了一篇评论文章。没想到，这篇文章，再加上“文革”结束后，全国清查“与‘四人帮’有关的人和事”，我母亲红线女也受到审查，我还差点上不了大学。

哥们义气闹武斗

我是莫名其妙挨了打，带着去报仇的那种心态。

1966年，“文革”开始，我在北京钢铁学院附中读高二。我们本来就是书生，忽然停课闹革命，全国兴起斗老师，红卫兵学生打人杀人。

在北京王府井的一个天主堂里，有几个修女被说成是“美蒋特务”，革命小将就把她们活活斗死。这种行为很残忍，但是在当时，却是被认可的、被鼓励的。这是我第一次看红卫兵杀人，不是亲眼所见，是当时看到教堂外的照片。

学校的“黑帮”斗得差不多了，革命小将打得还不过瘾，跑到社会上去找，到处嚷着：“你们这儿有没有黑帮？有没有牛鬼蛇神？拉我们那儿斗去。”城里斗完了，他们又到农村去找地主斗。天天就干这种事。

“文化大革命”是把人最卑劣、最残暴、最不人性的东西激发出来，而且告诉你：这是革命的，这是好的东西。

学校武斗的时候分为两派，有一派是学校排球队的，我也在排球队，出于哥们义气加入这个派。这不是说什么观点相同，那个年纪哪有什么观点？武斗时，我是莫名其妙挨了打，带着去报仇的那种心态，并不是说我有“捍卫毛主席路线”这样的觉悟。

母亲被剃“阴阳头”

我妈取下帽子让我看她的头发，从前额用理发剪一直推光到头顶。我愕然，说不出话来。

母亲红线女“文革”一开始就被打倒，我也成了“黑五类”，当时根本没资格当红卫兵。有很长一段时间，我是“逍遥派”。

1966年秋天，母亲是广东重点批斗对象，在省粤剧院被监督劳动。我获准去探望，她看上去还健康，精神还好。

我听说她被剃了个“阴阳头”。我妈取下帽子让我看她的头发，从前额用理发剪一直推光到头顶。我愕然，说不出话来。

▲ 马鼎盛的家庭照。（右起：马鼎盛、马鼎盛的外婆、母亲红线女、马鼎盛的哥哥）

我妈平静地说：“我相信群众，相信党，我没有事。你不用老是跑回家来看我。在学校，要好好参加‘文化大革命’!”我家在华侨新村，大门是日夜敞开着。粤剧院的红卫兵搬走戏服戏箱，包括毛主席写给我母亲的亲笔信。批斗“牛鬼蛇神黑线女”的大字报，贴满了每个房间。斗大的黑字、红字标语刷在墙上，连厕所都不放过。

回到广州，我天天看大字报，从省粤剧院看到省委大院，专挑有关我母亲的看，赤裸裸的人身攻击，无所不用其极。

揭发人包括朝夕相处的同事、学生，甚至亲生女儿。我一份一份看过去，脖子仰酸了，眼睛看痛了，脑子也看木了。我顺便看了一些省、市委领导干部，文化战线的社会名流的大字报，写得好像一个比一个坏。我当时的想法是：既然有这么多妖魔鬼怪窃取了国家领导权，“文化大革命”真是“完全必要的，非常及时的”。

全国各地串联的红卫兵络绎不绝到我家。北京101中学红卫兵到我家找不到我妈，就拿我外婆出气。那些高干子弟，一口咬定我家有金银珠宝，我外婆本来就听不懂几句普通话，凶神恶煞似的革命小将，将皮带抡起来，瘦小的老人两下子就给抽蒙了，跪在地上苦苦哀求，革命小将们却哄堂大笑。

红卫兵还从我家翻出一块黄油，胡乱涂在我外婆头上，划着火柴，一根一根地朝我外婆头上扔去，把我外婆吓得心惊胆战。这些是听我外婆说的。

我在破碎的家里睡了一夜，外婆在我窗前站了一夜。她不停地合十念叨："毛主席，求求您，救救我女儿。"

投亲靠友到东莞插队

东莞是个"鱼米之乡"，吃饱饭是没有问题的，不过日子也挺苦。

我妈后来就被发配到干校，去养鸡养鸭。1968年底，我灰溜溜地离开了待了12年的北京。走之前一天，去"知青办"领路费，人人都能领到一本《毛主席语录》，偏偏我没份，这可是关系到政治待遇问题。我自己心里明白，我是"受群众专政"的对象。

我同校的哥们被分到内蒙古锡林郭勒盟当知青。1967年，我大串联时去过那儿，天寒地冻的。我不愿意再去，所以选择"投亲靠友"，跟着我哥到东莞县长安公社去插队，也算是不幸中的万幸。

东莞是个"鱼米之乡"，吃饱饭是没有问题的，不过日子也挺苦。我身体还不错，插秧、除草、收割，农活能弄得下来。那时号召要过"革命化春节"，冬天也要干水利。水都淹到裤腰带了，小腿完全扎在泥泞里边，我一天干几个小时，晚上在水库旁边搭个小铺，漏雨，垫子又湿，到天亮浑身还是冰凉的。我苦熬了一礼拜，结果发烧40℃。

贫农诉苦大骂"大跃进"

插秧的时候还让我们唱革命歌，我们在干活呢，弯着腰怎么唱？

在东莞插队的很多知青都偷渡到香港去了。我非常好的朋友也走了。我虽然是香港出生的永久居民，但那时我的思想还是很"革命"，根本没想走。偷渡香港，叫"叛国投敌"，是有罪的，要坐牢。

记得1972年初，有一个文件，凡是珠江三角洲水边的地方都不能再留知青，就是为了防知青偷渡。在东莞农村，文化也是极其匮乏，生活很枯燥。有一回，一个知青不知从哪儿借到一本金庸小说《射雕英雄传》单行本，大家都当成是宝贝。我们6个人，把那书拆开，分为6份。你看这几页，我看那几页，看完了就换。没头没尾的，还是看得津津有味。

后来，我被挑上来当公社宣传员。别人干活，我在那儿采访，到处问产量，回来写稿，吹牛瞎扯呗，照报纸抄，也是大放政治卫星。

在农村接受贫下中农再教育，贫农跟我们诉苦，说着说着就骂起"大跃进"。他们还骂上级工作队的，"插秧的时候还让我们唱革命歌，我们在干活呢，弯着腰怎么唱?"老百姓对那种瞎指挥很反感。

各生产大队要排演革命样板戏，因为我在北京待过，普通话没问题，就教他们唱京剧。一天到太平镇看八场电影《红灯记》，回去还要教大伙上台表演，这都是记工分的，总比干活好玩。

我们到各公社去巡演，我演李玉和，我哥演日本兵。这是我唯一一次上台演戏经历。别人还说我演得好。（笑）

总理让母亲恢复演出

组织上马上找裁缝，赶工给她做一件衣服，让她上台清唱。

1970年4月，周总理到广州，祝贺在广州举行的三国四方（越南、越南南方、柬埔寨、老挝）首脑会议成功，并举行盛大宴会。

总理听说我母亲从"五七"干校回来，剧团仍不让她演出，在团里干杂务。他便提出，让我母亲在文艺晚会上演出节目。我知道，周总理是借这个由头，让我母亲重新出来演出。通知发得很突然，跨过好几级，连下了好几条指示。我母亲很多年没唱粤剧了，忽然接到任务，她身上一件见人的衣服、一双好鞋也没有，家里的衣服都被抄光了。组织上马上找裁缝，赶工给她做一件衣服，让她上台清唱。从此，我母亲恢复了演出的权利。

一篇广播稿差点惹祸

他们说我有"天线"，不然在"四人帮"倒台前，怎么就会知道"有人搞分裂"。

在东莞当了4年农民，之后我到韶关一个煤矿机械厂当工人。那个厂距离韶关市区非常远，从"河边厂"火车站再往山里走一公里才能到厂区。在粤北的生活，确实非常清苦。一个月从头到尾，吃的不是苦麦菜，就是萝卜、椰菜，吃几片肉就两三回。

我到韶关第一天起，就希望回广州。我跟母亲说了，她却说："工人阶级是领导阶级，你都当上领导阶级了，还想怎样？"身为广东省文化局副局长的她却叫我待在韶关，好好建设共产主义。一听这话，我绝望了。

那时户口是死的，想把一个边远地方的户口转成广州市户口，那比登天还难。农村那 4 年，我有过女朋友。在工厂那 6 年，我不敢交女朋友。一看别人成家了，完了，一辈子就在这儿了。我始终抱着一线希望，试一试有什么办法能脱离这里。

我在车间当统计员，还参加了工厂工人阶级理论队伍，主要是组织工人学习马列主义毛泽东思想，经常要写些理论文章在广播上读。1976 年，一会儿"批林批孔"，一会儿批《水浒》、反投降派，后来又是批邓。事情还真不少。

我是厂篮球队的专职裁判，还是女子篮球队的教练，跟着球队到处去比赛。1976 年全国掀起"批邓、反击右倾翻案风"那阵，正好全国有个青年篮球大赛在韶关举行分区赛，我还作为裁判组的发言人上台批邓。写批判稿不就是抄吗？我从报纸上抄得像模像样的。（笑）

"文革"中，马鼎盛和同学在颐和园的合照。

1976 年 9 月 9 日，毛泽东去世。我写了很多广播稿，其中有一篇差点惹祸。我是这么写的："现在全国全党全军面临一个重大的时刻，那就是主席去世了。我们得防止有人搞分裂。如果不警惕的话，国家可能会陷入一个动荡的状态。"没过几天，"四人帮"倒台。1977 年初，全国开始清查"与'四人帮'有关的人和事"。

厂里保卫组政工组下令我不准上班，亮出我写的那篇广播稿的照片，叫我老实交代与“四人帮”有何关系。他们说我有“天线”，不然在“四人帮”倒台前，怎么就会知道“主席去世，有人搞分裂”这么机密的事情。

我赶紧把《人民日报》、《解放军报》、《红旗》杂志这两报一刊找来，把那原话翻出来。给保卫组的一看，我那话基本是中央的意思。这事才不了了之。

学历史才开始质疑“文革”

我想从历史中去找答案，为什么要革命斗争？为什么要搞知青上山下乡？

可能是觉得冤枉我了，后来1977年第一次恢复全国高考的时候，厂里对我特殊照顾，让我可以只上半天班，其他时间都用来复习，准备考试。

我们厂里有60多人报考。那一年高考，地理、历史合算一门，语文、数学、政治各算一门，物理、化学合算一门。考外语专业的考生还要加考外语。满分是400分，280分上线，就能去参加体检了。我报了两个志愿，中山大学和华南师范大学，专业都是历史系和中文系。

体检回来后，我们厂里陆续有两个人接到录取通知书。我一看急了。我一直觉得自己考得还不错啊。我赶紧给我母亲写信说这事。她给我回信，叫我去查查分数。

拿着厂里开的介绍信，我到韶关考试中心一查，334分。当年中大录取分数线是325分。我上中大，肯定是没有问题。再一看，我的名字前面有个红色的符号。我想，这符号八成是和我母亲有关系，因为她那时卷入了“与‘四人帮’有关的人和事”，还挂着呢，不能恢复工作。我因此也受到了“株连”。

1977年底、1978年初，“四人帮”倒台后，政治气氛还是很浓厚，高考还要政审。让一个和江青随时能见面的人的孩子上大学，可能上头有人觉得这样不妥。

但我不服气，决心要讨个说法。我当了10年农民、工人，想争取的就是两样东西：一是读书的权利，第二是做回城里人的权利。考上大学，我才能争取回这些权利。

那时候已经是1978年春节后，考上大学的已经开始上学了。我母亲给我出了个主意，叫我找杨康华。

杨老是个老革命，当年是管文教的副省长，和我们家交情不错。他给中大和华师都写了封信，说我是“粤剧名演员马师曾的儿子”，不说是红线女的。呵，这还挺有政治斗争艺术的。

如果不是杨康华的信，我肯定就上不了大学。去报到的时候，已经晚了三个月，因祸得福，不用军训了。我进了中山大学历史系。“文化大革命”的时候，历史是一个很热门的学科。我想从历史中去找答案，为什么要革命斗争？为什么要搞知青上山下乡？

在那十年的革命风暴中，我看到一些跟我们家交情还不错的领导被批斗，比如陶铸，心里也觉得莫名其妙、不可理解。但是当时对毛主席的那种崇敬，是绝对的，谁反他，都不行。再说，“文革”时也不允许任何人有独立的思考。那时流行一个口号叫“狠斗‘私’字一闪念”。我还没到质疑这场革命的超前境界。

“文革”时，我读“毛选”，是怀着一种近乎读圣经、读神话的崇拜心态。从我懂事开始，毛主席就是一个神，神怎么会错？毛主席死后，把“四人帮”揪出来，我说不上是高兴，应该说是震动。我是下了工夫去学习“文化革命”的文章，推翻他们那是把原来的那套理论给否定了。

一直到1979年，我才开始思考。我在大学里写了一篇论文，谈太平天国的“天京事变”。从这个时候起，我对个人崇拜心态才开始转变。

有人说“文革”是“群众运动”，其实呢，就是“运动群众”。我们这些人就是被运动的，不由自主地卷进去了。

讲述背景

你读过小说《欧阳海之歌》吗？

也许很多年轻人会问："欧阳海是谁？"

对于成长于20世纪六七十年代的人来说，《欧阳海之歌》是当时的"红色经典"。

小说作者金敬迈的经历，也许比他塑造的这位共产主义战士，更具有"戏剧性"和"悲剧感"。

凭借《欧阳海之歌》金敬迈一夜走红大江南北。1967年，他当上了中央文革文艺组负责人，仅仅过了4个多月，就被投入监狱。直到1976年才恢复自由身，回到广州。

77岁的金敬迈现在和妻子住在广州军区的干休所里。他每天用电脑写作。日子过得平静。

"我希望，人尊重人的这一天早日到来。"金敬迈说，这是他古稀之年最大的愿望。

金敬迈：《欧阳海之歌》把我推向权力的顶峰

■讲述人·金敬迈

1930年8月17日生，江苏省南京市人。1962年任广州军区战士话剧团创作员，开始专业写作。1963年创作出长篇小说《欧阳海之歌》。1967年5月，被中央任命为中央文革文艺组负责人，相当于文化部长。4个多月后，因"收集中央领导的黑材料"和"企图绑架毛主席"两个罪名，在广州被逮捕。之后，在监狱关了7年之久。1975年5月，被释放出狱，又在河南农场劳改1年半。1976年10月，正式回到广州。1978年，金敬迈被彻底平反。

1963年，我写了30万字的长篇小说《欧阳海之歌》，用了28天。

这本小说在1965年出版，我这么一个连班长都没有当过的小兵，从此大起大落……

先是被召进京，当上了中央文革文艺组负责人；仅仅过了123天后，我因为"收集中央领导的黑材料"、"企图绑架毛主席"等罪名，在秦城监狱被单身监禁了2684天。

1975年5月20日，我被释放出狱，又被带到河南农场去劳改。

这一年 10 月，我第一次回到广州。这中间，隔了 7 年多。

1976 年 10 月，我正式回到广州，自由了。

“四人帮”倒台，江青和我“交换场地”，她进了秦城监狱。

到 1978 年，我彻底平反，折腾了 11 年。

《欧阳海之歌》是和领导赌气写的

写《欧阳海之歌》之前，我在部队文工团。

唱过歌，跳过舞，吹过黑管，还搞过舞台灯光，都干得不怎么样。

有一回我演《南海战歌》里一个战士，结果摔了一跤。这一摔，没法演出，就调到“广州军区战士话剧团创作室”正式学习写作。这是 1962 年 10 月 25 日。

到湖南基层体验生活时，听到了这么一件事：一个普通战士，因为和指导员闹矛盾，越级给军区一位领导写了信。信中详尽讲述了他和指导员闹矛盾而产生分歧的由来和发展。后来这位战士被火车轧死了。这个战士就是欧阳海。

回来后，我就跟团里说，我想写个话剧。团里说：“很好啊！”

但就是这火车上不了舞台，我想，能不能写个小说呢？

我提出来后，领导劈头盖脸一顿批，说我好高骛远，还不会跑，就想飞，还是老老实实走吧。又说我这人是有点小聪明，但就是过于自信。

我说是。很难为情的，结果就没写了。

欧阳海的事，开始是作为一个事故，到后来要命名他为英雄，这下急了。47 军的政委听说军区话剧团有个姓金的采访过这个事，就想让我写点什么，转告军区首长，首长通知剧团让我写。领导又找我谈话。

“你不是想写小说吗？现在机会来了。”

“我？不不不，我连走都还走不好，我怎么敢飞？我不会写。”

“你不会就学嘛，实践出真知嘛。”

“不不不，我没写过，我不能好高骛远。”

领导发火了："你严肃点好不好？别东扯西扯的，这是政治任务。作为任务来写，那就不能不写了。"既然是任务，我不敢不答应。

领导又问，你看看，大概要多长时间？我心想，从来没有写过小说，总得给我两三年时间吧。没想到，领导说："你看，一个月总够了吧？"

我以为听错了，不过我故意说："哪用得了一个月这么长时间？不就是写个小说吗？"

我那时 30 多岁，写这个小说，一个是和上边赌气，一个是欧阳海里有我的故事，我把欧阳海写成一个对领导的某些作风有不同看法的人物。我还把我的童年也写进去了，欧阳海四妹子的原型就是我最小的妹妹。

我没日没夜地写，用了 28 天，写了差不多 30 万字。写完了，就被调去演话剧。小说就搁下了。到了这年的 9 月份，《解放军文艺》杂志社的副主编鲁易来广州约稿。买好了车票第二天就走，临走时，他听说我在搞一个东西，就把我叫去。

我跟鲁易说，那小说是我瞎写的。把稿子给他看，他说我写的字不是中国字，他猜都没法猜。鲁易叫我选几段读给他听听。一开始，我读得磕磕巴巴，这小说写得匆匆忙忙像鬼画符，很多字我自己也不认识。

但鲁易这老头还是"上当"了，我是演话剧的，越读越来劲，抑扬顿挫，拿腔拿调。遇到不认识的字，临时改一下，编一个出来。

我很投入。把第一节读完了，鲁易哭了，我自己也泣不成声。我被自己感动了。

鲁易退了车票，一连听我读了三天。他说，初稿就这么吸引人，这肯定是个很不错的作品。但要好好改一下。

请人抄好后，我就把稿寄到北京去了。鲁易把它印成一本征求意见本，不少领导都看了。

成了红笔杆子是歪打正着

要出书了，我的一个首长发话了：小说的后半部分要改，欧阳海不能反他的指导员。指导员是“党的化身”，不能有品质上的问题。

我很不情愿改，这一改，不就改变了我创作的初衷了？但是不改，就没法出书。

我只好硬着头皮，一气改了6万多字：把那个指导员“品质”上的问题，改成了仅仅是一场“误会”。

1965年7月，这部小说先是发表于文学刊物《收获》，同年10月由解放军文艺出版社出版。

《欧阳海之歌》出来了，确实很出名。很多人为了买这本小说，出了很多故事。

听说上海有个姓王的小姑娘，把自己的辫子卖了，去买了一本。还有听说一个女孩，身体特别单薄，她没事就到一个小桥上给人家推车，推完车后人家给她两分钱，攒钱买了一本《欧阳海之歌》。

广播里头长篇累牍地播放，有些杂志从头到尾地刊载。我到各地去作报告，读者到处抓着我签名啊，围着我照相啊、采访啊。

我听说，刘少奇主席说这本书印1500万册也不算多，解放军总政治部确认印数没有超过领袖著作的数量后，才同意再版。

《欧阳海之歌》为什么会成为畅销书？

1962年4月，中共中央批转中宣部定稿的“文艺八条”，提出要“百花齐放”、“百家争鸣”等等方针；那年9月，毛主席在党的八届十中全会上发出了“千万不要忘记阶级斗争”。《欧阳海之歌》就恰恰适应了这个政治需要。

我写了这么一个奋不顾身的共产主义战士形象，还多少写了一些阶级斗争，特别是还写了党的思想，后来就变成了以毛主席语录来教育年轻的一代。这本小说就成为批判当时错误文艺思想的一个样本，一下子就等于为“正确路线”说了话，正好可以借助它来讨论文艺界的所谓“修正主义”、“黑笔杆子”。我就成了“红笔杆子”。这是我始料不及的，这是歪打正着。

1966年初春，我在从化温泉见到了陈（毅）老总、陶铸（时任广州军区政委）等几位领导。

我汇报说，总政文化部部长传达了江青的指示：一、不要把欧阳海写成职业乞丐。乞丐不劳而获，是“寄生虫”，和贫雇农有本质不同。我们不能歌颂流氓无产者。二、欧阳海的哥哥不要被国民党拉去当壮丁。他当了国民党兵，那欧阳海不就成了反动军人的亲属了？我们能歌颂反动军人的家庭吗？三、“最后四秒钟”的描写不好，很不好，一定要改掉。

出乎我的意料，陶铸却说，这最后四秒钟的描写很好嘛，我看很精彩嘛，为什么要改呀？他又说，不要改。不要一听到什么意见就改。文艺作品哪有十全十美的？今后，关于这本书的修改，你要先通过我。你是我的兵，我说了算！

初稿中只引用了几段“语录”，后来越加越多。我担心过于突出个人，肉麻，于是又加进了刘少奇的《论共产党员的修养》里面的两段引文。我原意想稍稍“平衡”一下。

我没有料到，正是这件事，埋下了几乎置我于死地的祸根。

我有预感，我肯定要完蛋

你说，我在这种荣誉的光环下，高兴吗？不！那个时候，我跟我老伴说：“我想死。”

1966 年，“文化大革命”开始。

我还没调到中央去，但我就有预感，我肯定要完蛋。“文化大革命”的整个酝酿过程，我是亲自参加的。江青主持的部队文艺工作会议，我都参加了。

1966 年、1967 年，我的处境很好，“文革”还没有波及我。当时几乎所有的文学艺术作品都是“毒草”，我的小说《欧阳海之歌》很“红”，畅通无阻。

但我看到，身边不断有人自杀，包括我的好朋友，包括我不熟悉的，包括知名的、不知名的。

老舍一直在写歌颂党的作品，北京市委把“人民艺术家”的名誉赠给老舍。他是怀着这么一种淳朴的感情来歌颂新中国。可他在“浩劫”开始不久，就自杀了。

那个时候，我之所以想死，是与这个有关。我没有别的本事，我只想用死表明我的清醒。

1967年“五一节”，金敬迈在天安门城楼受到毛主席接见。

1967年4月11日，我被召进京去了，等候首长接见。在京西宾馆的会议室，还没等我坐下，江青说话了：“金敬迈，怎么，我提的那几条意见，你不改？你真是个大作家呀！这么大的架子？”

这劈头几句，真把我吓傻了。

江青接着又说，我看你还是个解放军，想保一保你，才没有对红卫兵小将们讲。只要我说一声，他们早就来揪你的人，烧你的书了！

在江青眼中，这“最后四秒钟”，就是当时被批判的苏联电影《雁南飞》在中国的翻版，写了英雄临死前对生命的留恋，是修正主义的大毒草……

我把“最后四秒钟”毫不痛惜地割掉了。

在江青等人的一再敦促下，我把小说里刘少奇的《论共产党员的修养》的两段引文给删了，还进行了批判，我还加了一段“黑《修养》在窗台上被风刮到垃圾箱里”的情节。

江青看后说比过去的好，可以先发行，她还要组织人写评论文章。

1967年“五一节”，我以“解放军负责人”的身份，在天安门城楼受到毛主席的接见。江青亲自向毛主席介绍我，毛主席说：“金敬迈，大作家。”

旁白：“文革”开始，整个文艺口的“当权派”都被打倒，所有文化单位都已瘫痪。1967年5月23日，金敬迈被中央任命为中央文革文艺组负责人，负责主持文化部的工作。

我夹着尾巴做人，“风光”了123天

《欧阳海之歌》把我推向了权力的顶峰，对我来说，却是一种负担，我猝不及防，我诚惶诚恐。

我在部队文工团里平时不是那么驯服的，走路不看人。到中央主管文艺口以后，我夹着尾巴做人，见谁都先敬礼。凡是去见我认识的人，我总是隔着老远就下车，步行前往，绝不屁股冒着烟去。

我当时就有了车了，当时还准备把某个领导的车配给我，我死活都不要，我说这是领导人坐的车，我怎么敢要呢？我不过是一个连班长都没有当过的小兵。

我“风光”了123天。这4个月零3天里，通常工作到两三点钟、三四点钟，有时候天亮了我才能从钓鱼台回住处去。稍微迷糊一会儿，我又该吃早饭去了，我又得上班去了，我又得把人员集中起来传达昨天晚上我请示的结果，布置第二天的工作。

一直就处在这车轱辘转的状态、昏昏沉沉的状态，哪有不完蛋的？

所以，我自己就暗自拿定主意：在我脑袋瓜不清醒的时候，绝不匆忙作任何决定。很多事放一放也就明白了。

4个来月，我肯定干过错事，但是我没有干过任何不可告人的事。中央有人（指当时公安部部长谢富治）找了我们组的两个人，追问谁让收集江青30年代在上海的黑材料。我就去找了他，说这事与他们无关，是我叫他们去办的，我请示过，如果有问题由我来负责。我负责了，我也就完蛋了。

1967年底，我从北京回到广州，住在军区创作室的一个小楼里，新南路3号。我就在那个地方被抓走的。从此，我再也没有回去住过。

1968年1月14日，晚上大概十点钟，专案组到我家搜了6个小时，他们把我屋里所有带字的全部拿走，所有写给我的信、我的书、我的稿纸、我的采访笔记和有些未完成的初稿等等。他们不是说我“搜集江青黑材料”吗？

其他的东西，衣服啊被子啊床单啊，堆得满地都是。搜完了，已经是凌晨3点来钟。

他们说，你跟我们走一趟吧。我没有反抗，我没有做过什么亏心事嘛。

妻子送我到楼下，那总得说几句话吧。

中国人也没那习惯说我爱你不爱你的。

我就对妻子说："记得把鸽子喂好，别让它们饿着了。"

我很大声说，让周围的人都听见。这不是耳语，耳语不是害人吗？

那时，我在楼顶上养了一群鸽子。我是想跟我妻子表示，我很轻松，用这个话来安慰她。我没想到，这一走就是 7 年多。在监狱里，我一直梦着我的鸽子被饿死了。现在，我还会做这样的噩梦。

我当然不认罪，认了也是死啊

我被严刑逼供了两年。1970 年 1 月 29 日，以我"收集中央领导同志黑材料，阴谋反对毛主席"和"趁主席南巡时，阴谋进行绑架"等罪名，投入了秦城监狱。

长达 7 年被单身监禁，有人迟钝了，有人疯了，我是变敏锐了。我觉得我是坐牢坐聪明的，坐牢让人没有欲望。

1966 年 6 月 2 日，金敬迈在北大广场支持第一张马列主义大字报。

有人说，金敬迈，你当年坐牢时是不是考虑到哪一天要如何如何？鬼啊我。我没想到，我会活着出来，我肯定是坐死拉倒。

我的罪名很大，肯定是死罪了。我当然不能认罪了，认了也是死啊。

我在得意时就想到死，但是没试过。我研究过各种死法，都没死成。后来我发现我不能死，我死了，就害我妻子，害我两个孩子，再难我也要活下去。

旁白：金敬迈后来在自己的纪实小说里，描写了身陷囹圄的那段日子：变着法子找人说话、找书看。在室内踱方步，将各国首都的名称、中国驻各国大使馆大使的姓名一个一个回忆背下来。偶尔背不出来，就自己揪自己的头发，抓自己的衣襟，骂自己没用，但还是告诫自己“千万别疯”。

我被抓了，《欧阳海之歌》肯定也不能再出版。但是没人公开批判它。为什么？

以前他们不是说这小说宣传毛泽东思想，是“典型”、是“教科书”吗？

《欧阳海之歌》有败笔，我做人很少败笔

我在秦城监狱待到1975年5月被释放出狱，然后又被拉到河南农场去劳改，许昌郊区。我给妻子写信，她很快带着钱来看我，很快我的两个儿子也来河南看我这个多年不见的老爹了。

我们这个家庭在“文革”中没有被拆散，这也算一个奇迹。

这年夏天，河南发大水。我给农场留了个广州的地址。我说，我得带着老婆孩子回去（广州）。你们要抓就到那儿去抓我。我不会跑，要跑我早跑了。

1975年的秋天，隔了7年多，我回到广州。

在劳改这一年半时间里，我在河南和广州来回三次。1976年10月我才正式回到广州。

又耗了两年，待在家里头，就做家务活，也没心思写作。

一直到1978年，“实践是检验真理的唯一标准”的讨论已经展开了，“两个凡是”已经被否定了，否则我不可能被平反啊。

我自己写了一个2000多字的平反申诉材料，在邓小平的过问下，彻底平反了。我是秦城放出来的那伙人里头，唯一一个获得彻底平反的。

平反的这一年，解放军文艺出版社再版《欧阳海之歌》，我做了第四次修改，也是最后一次修改。恢复了那“最后四秒钟”，删去了对刘少奇《修养》的不敬之辞，也把“林副统帅”的名字勾去。

1979年，我和作家赵寰合写了话剧剧本《神州风雷》，直接写了

"四人帮"。在一个晚会演出，在北京轰动一时，所有的领导人都来看了。但《神州风雷》没有达到《欧阳海之歌》那个轰动程度，《欧阳海之歌》在某种程度上是阶级斗争的产物。到1979年，人们已经略为理智一些了。

我1988年离休，到现在已经18年了，一直在写，写我自己想写的东西，包括别人的约稿，也得过奖。去年（2005年）人民文学出版社又出版《欧阳海之歌》，列入"中国当代长篇小说藏本"丛书。

熟悉我的人都说："老迈的水平，不止写《欧阳海之歌》。"不少人还是佩服我做人的执著。我做人比做文好。

《欧阳海之歌》里头，有精彩之处，也有败笔。我做人的败笔不多。至少我自己是这样认为的。

当然，我什么也不是，能力不高，水平很低，一块油盐不进的铁疙瘩，不是什么"料"。

你问我，假如没有《欧阳海之歌》，我会不会这么大起大落？这个没法"假如"。我这个性格，与当时的社会是格格不入的。到现在也还是这样。

链接

《欧阳海之歌》

《欧阳海之歌》是一部描写解放军战士欧阳海从童年到参军，直到为抢救一列火车去推惊马而牺牲的成长历程的小说。

陈毅说："描写社会主义时代人物的长篇小说中，写得像《欧阳海之歌》这样好的，还是第一部。和平时期部队题材不好写，可以说这是一部带有划时代意义的作品，是我们文学创作史上的一块新的里程碑。"

欧阳海的"最后四秒"

在这四秒钟内，欧阳海都想了些什么？

短短的四秒钟里，也许他想起了他二十三年的一生……是共产党从风雪中把他救了出来，是毛主席拨亮了他的眼睛，使他懂得了，人为什么才受苦，人活着应该怎样去斗争。

在这短短四秒钟内，欧阳海都看见了些什么？

迎着扑将过来的列车，也许他看见了一条英雄的大路……在这即将发生翻车惨剧的关键时刻，面对飞驰而来的列车，这不正是他的“桥形碉堡”吗？早就准备为革命献身的欧阳海，他还有什么可选择的哩！

在这短短的四秒钟里，欧阳海都听到了些什么？

隆隆的火车声中，也许他听到了毛主席的教诲。……当社会主义财产即将损毁，当上千名阶级兄弟的生命面临死亡的时刻，欧阳海，他还有什么可畏惧的哩！

在这短短的四秒钟里，欧阳海都说了些什么？

迎着危险而去的欧阳海，也许他正喊着参军时的誓言……除此之外，面对着祖国和敬爱的党，面对人民和战友，欧阳海，他已经一无牵挂，不需要再说什么了！

在这短短的四秒钟里，也许他什么也没有说，什么也没有想；也许他什么也没有看见，什么也没有听到。十多年来，他想的、看的、听的、说的，不就是这些吗！在这关键的时刻，他是不必重温一遍的。这时，只有一个信念在推动着他、召唤着他：决不能让人民的生命财产遭受损失！为共产主义理想献身的时刻到了！共产党员应该冲上前去！

——摘自人民文学出版社2005年出版的《欧阳海之歌》，有删节

是她把我送到天安门，也是她把我送进秦城。

——1967年金敬迈和江青在天安门城楼合影照片下金敬迈的题词

进了秦城一号监狱，在单身牢房里，我被严密关押了2684天。

出狱后，又劳改了485天。

然后，“挂起来”733天。

这三项相加一共是3902天。

3902天之后，我满头白发，拿着“平反通知”，步履蹒跚地从沙滩储蓄所取回739元5角8分。

——摘自金敬迈的纪实小说

谭元亨：《园丁之歌》送我劳改

讲述背景

因为一部戏，他告别知青生涯，四处巡回报告，他写作的小说在全国发行300万册，一时风光无限；同样因为这部戏，他被打成现行反革命，关进监狱。

回忆起一次次戏剧性的起落，作家谭元亨说当初写小说只为了尽快回城。

■讲述人·谭元亨

1948年生，广东顺德人。1987年毕业于武汉大学中文系。曾赴农村插队务农，1973年后历任湘潭市京剧团专业编剧，湘潭市文联文学干部，湘潭市作家协会副主席，湖南省作家协会专业作家，广州师范学院儿童文学研究所副所长，华南理工大学客家文化研究中心主任、教授。

曾多次应邀赴美、法、英、加拿大等国讲学。1972年开始发表作品。1984年加入中国作家协会。

写小说为的是回城

1973年告别知青生涯进城当编剧。

我还算幸运啦。（笑）

因为写了那部《新教师》，在农村当了4年知青就被招工回城了。那是1973年吧，当时我很红。

有多红呢？四处作报告，鲜花、掌声，被树成典型……这些就不说了。那时对知青而言，最风光的事莫过于——回城。

我是1968年到湖南省炎陵县当知青的。我是广东人，父母都是工程师，上世纪60年代他们从广州到湖南支援内地工业，我们一家都迁到湖南。因为“文革”刚开始时帮老干部写过申诉信，知青们被敲锣打鼓送下乡时，我还被关在学校察看，后来被工宣队单独送下乡时，戴着白花挂着黑布，很惨淡。

刚到农村那会儿，知青们的命运都一样，所以彼此之间的关系很和谐。但从 1971 年招工回城开始，知青内部分化就很厉害。

那些家庭出身好的知青，或者当干部，或者进工厂，都纷纷想办法“跳出了农门”。而我呢，父母是知识分子，祖上又是广州十三行的后代，在当时就是“臭老九”。招工、当工农兵学员这样的好事是轮不到我的。可我不能一辈子留在农村吧，只能想别的办法了。

说实话，我写那部戏，也就是为了回城。

当时我已经在湖南湘潭的农村当了整整 4 年知青。因为以前就喜欢写点东西，也小有名气了。在农村的大部分时间，我以知青的身份在农村学校代课。

1971 年，因为批判林彪反革命集团，“文革”风向向右转，教师的待遇地位有所提升，学校也开始注重抓教学质量。看着政治上的变化，我萌生了创作的灵感，拿起笔创作了小说《山花烂漫》，写了几位新教师如何用新的教学方法指导学生，小说中也有了“这也怕，那也怕，就不怕工农子女没文化”这样的话。

当时想，就试一试吧，说不定能成。没想到，还真成了。（低下头来无奈地笑了笑）

后来《山花烂漫》里的相关情节被改成了剧本《新教师》，内容很简单，就是一部歌颂教师辛勤劳动的小戏。说的是两位新教师在教育孩子的方法上发生了分歧，女主人公采用了启发式方法解决了教学难题。因为迎合了“批林整风”的政治潮流，剧本受到组织上表扬，随即被专业剧组改编为专业剧本。1972 年底省里调演，刚好在湘潭市汇演，还拿了个第一。

我的运气就像跳龙门，因改编者说起我是原著者，1973 年湘潭京剧团招工，我被招去当了剧团编剧。

只风光一年

江青列出《园丁之歌》三大罪状。

在剧团里的工作，就是跟着老编剧写些剧本，一个月工资有 30 多块，当时大学毕业的也才拿 40 多块的工资呢！比起待在农村当知青，我已经是心满意足了。

刚才我不是说了嘛，1973 年的时候，我很红，不仅自己招工回城了，剧本被搬上舞台四处演出，在湘潭我成了榜样式的人物，到各个乡镇巡回作报告，大家都很羡慕我。

谁知，才风光了一年多就倒霉了。

政治风向又变了！《新教师》经过一些老编剧的修改，被拍为电影《园丁之歌》推荐到北京。没想到，江青当时就对这出戏提出了三大罪状：教师怎么是园丁？教师就是“臭老九”，党才是园丁。再一个，戏里的一句台词“没有文化怎能承担革命的重担”，老红军里大字不识的多的是，你这样说就是反对老革命。最后一条罪状就是，你写教师这样对学生，就是“管、卡、压”学生。

连环画《园丁之歌》封面。

总之，按照江青的说法，歌颂老师就是歌颂“臭老九”，与毛主席的革命路线唱反调，是一部反动戏剧。

三条罪状就足以把我打倒，当年我就被关进农场劳动改造。在当时高压的政治环境下，我只有认命。

其实湘潭市的市委书记还是支持我的，他曾经对我说，觉得这出戏没问题，但是上面压下来，实在无能为力。本来我的罪名是足够被关进监狱的，因为书记的理解，才被送去农场。可惜这位市委书记不久竟死于非命。

毛泽东鼓掌

重拿笔杆，作品印了300万册。

在农场过了大半年的劳改生活后，政治风向又变了。邓小平复出了。湖南省委又传出消息说毛泽东在长沙看了这出小戏还鼓了掌，言下之意就是：“这部戏没什么问题啊，不错！”

一句话，我又幸运地被放出来了。

重新回到剧团，拿起笔杆子，我又开始激情万丈。当年就创作了长篇小说《鼓角相闻》，都是对知青运动歌功颂德的内容，现在看来太理想主义了，但在当时却很受欢迎。

这本小说与《分界线》、《剑河浪》等书一起，作为当年第一批的知青小说推出，在8个省陆续翻印了将近300万册。300万册啊！你说在今天，有哪本小说可以印这么多？300万册的印数，在今天我可是要发大财了，不过当时出版社也给了我800块补助，在1975年也算是一个天文数字了。

因为《鼓角相闻》，我又红得不得了。那时随便到哪个书店，这本书都被放在最显眼的地方，一排排的。到哪里演讲，都有读者拿着书过来找我签名，连我的弟弟，都沾了我的光被招工回城……当时的市委宣传部长曾经拍着我的肩说：“谭元亨不能入党，谁能入党？”

一句“小道消息”

从风光顶峰被送进监狱。

好运不长。

1976年周恩来逝世。后来爆发的“四五运动”使得政治空气骤然紧张。但我正在风光顶峰，并没有意识到。

有一次在剧团和其他人聊天时，我无意中提到毛泽东说的一句话：“我一生做了两件事：一件是打垮了蒋介石，把他赶到一个小岛去；第二件就是发动‘文化大革命’，但是支持的不多，反对的不少。我现在还没死，不过也可以盖棺论定了。”

当时这段话还没有公开发表过，只是“小道消息”。剧团里有个演员因此跑去告发我，说我散布政治谣言。

我再次被打倒。

1976年8月28日，我被正式立案审查。一句无心话，加上那部小戏，我和湘钢的一位老干部与一位老职工，被划为“反革命集团”，送去湘潭附近的一个防空洞隔离。专案组每天都有人找我谈话，要我交代问题。

整个防空洞除了我，就是一名看管我的公安局政治部主任。这人没什么文化，但是整天都捧着本《毛主席语录》，每天都在写学习心得，我看见了都哭笑不得，据说后来他还评上了学习《毛主席语录》积极分子。（笑）

1977年，我被关进监狱。

刚进去时，我真想自杀。觉得自己冤啊，所谓罪行都是子虚乌有的。除了心理打击外，在里面承受的折磨，也简直让人没勇气活下去。

湖南的冬天多冷啊！外面还下着大雪，我刚刚被毒打了一顿后，又被扒光了衣服带到冰天雪地里，一跪就是一整晚。

经常，只要专案组一句话，甚至一个暗示，就会有皮肉之苦。有一次，看守莫名其妙跑进牢房把我毒打一顿，那枪托砸得狠，我的脑袋肿了一圈，眼睛都睁不开。后来其他单位的人来调查我，根本连人都认不出。现在我大腿上一块肌肉萎缩，就是那时留下的后遗症。

挨批“好时光”

厕所里捡烟头回牢里换饭吃。

坐牢期间，我被拉去批斗大会上百次。

给我戴的帽子是“现行反革命犯”，而不是“反革命分子”。你们现在不能理解吧？“犯”字在当时表示你有可能是反革命，也有可能不是，就是不置可否。而分子就是定性你一定就是反革命。而我呢，算还没定性，称之为“犯”。

日复一日的批斗会，在自己的学校、在厂矿、在礼堂、在农场……那些批斗的地方往往都是我以前作报告的地方，辛酸吧？

有一次，我被拉去新华书店的门口前批斗，书架上还放着一排排《鼓角相闻》。因为专案组对我的调查还没有结束，所以我的小说他们还不敢撤下。

一边是被打成“反革命”，一边“反革命”作家写的书还在卖，好笑吧？

批斗多了，也就慢慢麻木了。

站在台上时，我已经学会不去听他们在讲些什么了，常常走神。有次在中学开批斗会，我站在一张乒乓球台上，刚好看到一个小孩在台下画画，画的就是我在台上挨批的样子。当时我就忍不住笑出声来。台上那些正在批我的人正讲得慷慨激昂呢，突然听到我笑，都觉得莫名其妙，他们肯定心想：“这人肯定疯了，挨批斗还能笑得出来。”

再后来，我还觉得挨批斗也蛮好玩。（笑）

因为每次挨批斗不仅可以到外面透透气，还可以赚点饭钱。监狱里没烟可抽，我就可以趁在外面挨批时帮牢里的人捡烟头，回来跟他们换饭吃。捡烟头收获最丰富的一次，是在市委的招待所里挨批，我在厕所里面捡了一大捧烟头，藏在衣领里带回去，在牢里换了好几天的饭吃呢。

白坐 20 天牢

获释后提笔反思知青历史。

1976 年毛泽东逝世后，政治形势又发生了微妙的变化。我虽然在牢里，也意识到风向变了。

我想自己可能有平反的机会了，不再想着寻死，我要申诉！

有一天，我在监狱里看报纸，刚好看到上面用黑体字引着毛泽东那段话，就是他们用来作为罪证的话。我马上就闹起来，我说你们看，现在报纸都登出来了，这千真万确是毛主席说的，不是我在造谣。但是他们当时的回答蛮横无理："你不要闹，这不算问题，你还有别的问题。"没多久，他们却作为"三种人"被揪了出来。

那时候整人就是这样。不过我没有放弃，开始写申诉书。后来周扬复出，我马上给他写申诉书，他也发了批复，就是说谭元亨不应该因为写作而获罪受批。省委书记对周立波的大儿子周健明（省文联执行主席）说湘潭关了个作家，周说作家是关不得的，快放人。

我真正获得释放，已经是十一届三中全会之后的事。

公安局正式下达释放命令是在1979年3月26日，而我离开监狱已经是4月14日。平白无故地多坐了将近20天的牢。

后来才知道，原来是单位没人肯接我出狱。剧团说没有将我送去监狱，是你们公安局来抓的人，剧团没权力把我接出来。湘潭市文化局也说人不是他们抓的，他们也不肯接，而公安局也没人接，我也不能放，最后还是市委宣传部来人把我接走的。三家单位打太极，害我白坐20天牢。

从牢里出来后，我陆续创作了《我的神女》、《我的圣女》和《我的倩女》三部批判反省知青运动的小说。

当时所有朋友都劝我不要再写了。他们说："谭元亨，你就是因为写东西被整得身败名裂，还写呢！"

可是，我们这一代青年人，全国1/10的人，最好的光阴都在那场运动中度过。

那个时代是应该被记录的，那场运动也应该被反思。

我自始至终没想过放弃手中的笔。

链接

电影《园丁之歌》剧情简介：

在毛主席革命教育路线的指引下，教师俞英忠诚党的教育事业，按照毛主席关于"教改的问题，主要是教员问题"的教导，她走出校门，虚心听取工人群众对教改的意见；她对后进同学，怀着无产阶级感情，遵照毛主席历来提倡的“启发式”教学方法，耐心地做好陶利的思想转变工作。在俞英身上，鲜明地体现出无产阶级革命教师用马列主义、毛泽东思想的阳光雨露培育新苗的优秀品质和模范行为。

《园丁之歌》，围绕如何教育学生的问题，展开了两条路线、两种教育方法的激烈斗争，鲜明、形象地阐明了“教育必须为无产阶级政治服务”这一主题，热情歌颂了毛主席无产阶级革命路线的伟大胜利。

老干部李美清：造反派逼我们交出省委大印

讲述背景

1976年，李美清在广东省委落实政策领导小组办公室工作，在“文革”尚未结束的情况下，参与平反了一大批冤假错案。

此前十年，对她而言惊心动魄：在造反派“逼宫”时，秘密转移省委大印；在干校劳动锻炼中，险些丧命……

在广州一个夏末秋初的午后，李美清老人缓缓忆起当年旧事。她说：“希望大家从对史实的回顾中求得共识，再也别那么疯狂和糊涂。”

■讲述人·李美清

74岁，北京人。1949年南下，1952年到广州，先后在中共中央华南分局、广东省委工作，担任省委常委秘书、机要室文电科科长等职，负责具体承办和管理省委文件、简报、会议记录、印章使用等。

1979年后，长期在广东省政府办公厅调研处（省府调研室前身）工作，参与制定了省内诸多文件，包括参与起草14个《政府工作报告》。1993年离休后，担任当代广东研究会常务理事、顾问。

我1952年随部队到广州，1955年3月转业调到中共中央华南分局办公厅（后改为广东省委办公厅），长期从事文秘和机要工作。上世纪五六十年代，我曾光脚下田种过水稻，也曾跟随陶铸、陈郁等老领导一起下乡蹲点。我这个人有个特点，认定的事就要做下去，想不通的事就没法执行。这样的经历和个性，使我在后来的“文革”中有了一系列的举动和遭遇。

秘密转移省委文件

几人深夜将文件装箱运走。

1966年，我任广东省委办公厅机要室文电科科长。

“文革”前夕，机要室与省委政策研究室合并，成立办公厅综合处。我继续管文电。这时，先是下发了“五一六”通知。8月，中央又公布了“十六条”（《关于无产阶级文化大革命的决定》）。省委向省直机关干部作了动员，学生也不上课了，开始到社会上串联，并冲击省委机关。我们综合处总共32个人中28人成了造反派。

一下子，感觉整个社会都变了，我想不通。尤其是，从省委领导到我们机要室主任都被说成是“三反分子”（反党、反社会主义、反毛泽东思想），那整个省委不就没好人了吗？

我们整个综合处里，只有我和另外三个同志没有参加造反派，结果被批为“铁杆保皇派”。

随着形势发展，很多红卫兵冲到了省委，就住在大院办公楼，已经无法正常办公。办公厅的领导找到我，说省委的机要文件必须转移走，转移任务就交给我来执行。我就组织了另外三位没有参加造反派的同志，偷偷把省委的机要文电分别整理装箱。那时，省委大院已经乱哄哄了，转移工作不敢公开进行，要么是白天关窗锁门，要么干脆就三更半夜偷偷进行。然后，我们又联系到“小岛”（珠岛宾馆），对方决定接收这些东西。

一切准备妥当后，我们开始准备转移。时间选择在凌晨，除了交通科的一位司机老米外，其余四个都是女同志。当时，我们办公室在省委办公大楼三楼，不敢开电梯，就两人抬一箱偷偷往下搬。总共有几十个大铁箱，里面又都是档案文件，大冬天的，我们几个女的个个都脱了外套、毛衣，还是累得衬衣都湿透了。将一辆中吉普车装满后，由老米开出省委大院。不敢直奔“小岛”，怕有人跟踪发现，而是直奔长堤，绕行一圈后，再驶向江边。最后送到“小岛”3号楼。这样运了一趟又一趟，运了三个晚上才将所有档案文件全部安全转移。

保卫省委大印

面对夺权，机要室人员机智应对。

旁白：1967 年 1 月 12 日，上海造反派刮起了所谓的“一月风暴”。夺权风潮席卷全国。当年 1 月 21 日，广东的造反派们将省委领导区梦觉、林李明等胁迫到中山大学，强令交出省委大权，次日又派人押着林李明回省委取省委大印。这就是所谓的“一·二二”夺权。其后，社会上一度流传，广东省委交出了大印。

将省委机密档案文件转移走后，社会越来越动荡。为了防止意外发生，我们机要室的 4 个女同志 24 小时轮流值班。

1967 年 1 月 21 日晚，我和另一个同事周琳在省委东一楼值班室值班。22 日凌晨，几个“省革联”（广东省革命造反派联合委员会）造反派押着林李明同志进来了，还有文电科另一名同志谢权勋在场，说要找保管省委印章的工作人员，交出大印。

省委大印哪能说交就交？就是平时使用也都有一套严格的审批、登记程序。当初，这个印章还是我亲自从北京中央机要局领回来的。为了保证这套印章的安全，当时还给我这个小科级干部包了一个软卧。

我们当时说，省委都没有权力处理大印，要我们交印，必须得有中央批准。说着，同事周琳就要往北京打电话。一个造反派上来就把电话按住了。双方于是吵起来了，相持不下。

这时，我和林李明出来了。我再次说明，这事必须请示中央。省委那边已经被造反派把持，我们俩一起到省军区。在那里，我直接打电话到中央机要局，把此事告诉了值班人员，并说明：请马上问汪主任（汪东兴，主管机要工作），让他请示周总理！——“文革”期间，一遇事，大家都是想到去找总理。

过了一会儿，对方就回电话了，说请示过了，大印不能给，并要求将大印“封好后交给广东省军区保管”。于是，我们又回到省委，偷偷将大印取出，按照交接手续，交给了省军区副政委黄业。所以，此事并不像社会上流传的“交印”。实际上，造反派并没有夺走省委大印。

维护密码电报扩密权

拨北京电话让汪东兴请示周总理。

“省革联”夺权后，省委的工作完全停滞。一天，省委当时的秘书长李子元来找我，说造反派头头进一步提出来要看省委的密码电报，“你过去管这项工作，提个办法吧！”密码电报的阅看是有严格的级别限制的，而且，其扩密权也在中央机要局。所以我说，此事还得请示党中央。

省委已经瘫痪，我和李子元一起到了当时省委办公厅副主任韩宗祐家。在他家里，我直接打电话给中央办公厅，让汪东兴请示周总理。

对方当时就说，一定要我们等他们请示后再办。大概只过了一两天，中共中央、国务院就发出了《关于无产阶级文化大革命中保护党和国家机密若干规定的通知》。明确规定，密码电报不能随意扩大知密范围，更不能以大布告的形式满大街张贴。此后，造反派们再也没人敢提要看密码电报的事了。

被讥讽为“走资派”流眼泪

下放“五七”干校“劳动改造”。

因为以上几件事，造反派说我是“铁杆保皇派”。我年轻时爱哭，他们就画丑化我的漫画到处贴。漫画上，两只眼睛流泪，每一滴眼泪上都写着一个名字，分别是：刘少奇、陶铸、杨应彬、方骏（省委办公厅机要室主任）。标题就叫：我为走资派流眼泪。

1968年，我和丈夫被分别下放到曲江干校两个连队“劳动改造”。两个孩子，一个读小学一年级，一个在幼儿园。只好一个跟我，一个跟我丈夫。干校里集中的主要是省委机关干部。生活条件差，要从事体力劳动，还要经常作检查批判。我后来得了肝病，肠胃出血严重，整个人瘦到了只有82斤。但是，到医院看病，还说我是装的……后来有同事因为受不了而自杀。

重返广州无家可归

被“专案组”领导诬为故意怠工。

旁白：1971年9月13日，林彪叛逃摔死在蒙古温都尔汗。林彪集团在广东的7名成员亦被逮捕。当年10月，省委机关下放到花坪干校的学员陆续得以返城，李美清也是其中之一。

后来，我被分到干校驻广州留守组，在“专案组”工作，对一些案件进行审查。

但是，回到广州后，已经一无所有。家彻底被抄了，连房子都没有。我带着两个孩子，一个10岁，一个8岁，借住在办公室里。孩子不懂事，别人来上班时还不起床，弄得我很尴尬。后来，分给了一间很小的房子，把三块木板拼凑成一张床，我们母子三人挤在一张床上，晚上睡觉，白天当书桌。

但是，只干了一年多，这个“专案组”我也实在待不下去了。因为对这些案件的处理，我和有关领导的观点差异太大。记得在写一份案件材料时，我认为当事人不足以定为“叛徒”，但是，“专案组”的领导却说我是“故意怠工”。他的叫嚷惊动了整栋楼的同事。我气得发抖，身体竟然出现了“血崩”。随后，我被调到别的单位。

参加甄别平反工作

广东先一步解放部分人群。

旁白：1972年，中共中央发出中发〔1972〕45号文，要求围绕“文革”中城镇遣送（起于1966年9月）、疏散（1970年戒备）中受处理的多类案件遗留问题。随后，广东省委成立了落实政策领导小组办公室，希望以此为契机，解放一部分人群，稳定社会秩序。

1974年初，我被调到落实政策办公室，任省委办公厅信访处副处长。我们每天都能收到几十上百封给省委领导的申诉信件。我们就先从这些来信、来访的“老大难”入手，解剖典型，梳理政策，提出落实建议，然后编写《情况反映》，报送省委常委和领导小组成员阅批。

就这样，使得一批发生在“清理阶级队伍”、“一打三反”过程中，以及其他非正常死亡的案件，予以甄别平反，摘掉了一些“反革命”帽子。在“文革”还没有结束的情况下，广东省委能有这样的举措，应该说是相当有勇气的，也为以后贯彻十一届三中全会精神作了重要铺垫。

其实，这些案子中有很多是很荒唐的。比如，在一个农村，一个农民的裤子本来就补了很多补丁，有的补丁断了线。另一个农民看见就开玩笑："三面红旗"在你屁股上飘。结果就因此被打成了"反革命"。

在1975～1976年，"四人帮"又掀起"批邓、反击右倾翻案风"，给我们的工作造成很大干扰，也使得一些案件没有得到彻底落实。

1976年，有一次我又突然大出血，险些丧命。加上国家领导人接连去世，国家动荡不安，觉得这一年挺惨的。好在到了10月份，粉碎了"四人帮"。否则，这些颠倒的历史还是没法颠倒过来。落实政策的工作，我一直做到了1978年。

回首过去，30年前的那段历史，有些写进书里了，有些还没写。但是，没写的并不等于不重要。现在把一些往事讲出来，就是希望大家从史实回顾中求得共识，再也别那么疯狂和糊涂了。

经济学家赵元浩：保全性命于乱世就是胜利

讲述背景

90岁高龄的赵元浩在“文革”中饱受摧残，然而他对人生、对中国的前途充满乐观。打倒“四人帮”，兴高采烈的他，与陈雨田、阳太阳、陈芦荻四人相邀喝酒以贺，并合作创作了一幅堪为佳话的诗画。

■讲述人・赵元浩

90岁，著名经济学家，暨南大学经济学院前院长。广州解放后，曾任广州市工商局局长、机电工业局局长、广州缝纫机器厂厂长。1960年，到暨南大学经济系任教。1970年，暨南大学停办，经济系并到中山大学，1972年到1976年，在中山大学教“政治经济学”、“企业管理”。暨南大学复办后，重回暨大任教。

1976年底“四人帮”垮了，人所共知，中山大学很快都传开了。我不知道那时广州有上街游行庆祝的活动，所以没有参加。要是知道了，我肯定会去。知道“文革”结束的消息，我和几个好朋友约好了，买酒来喝。

忘了是哪一天了。早上，陈雨田给我打电话，说：“粉碎‘四人帮’了，这是国家大事，我们来喝杯酒庆祝。”他还约了阳太阳、陈芦荻。陈雨田、阳太阳都是有名的画家，陈芦荻是诗人。我是教经济学的，我也爱画，我跟文艺界的人都很熟。我们以前碰到了，就打个招呼，很少在一起喝酒。

陈雨田当时住在小北路，我们4个人聚在他家里，从早上喝到中午，午饭也是在陈雨田家吃的。不记得吃了什么菜，喝了什么酒，喝了多少。我的酒量不行，那天我还是喝了一点，高兴嘛！

喝酒时，说起“四人帮”给国家带来这么大的灾难，大家都很愤恨，很心酸。我们这些知识分子，在“文革”中，都很倒霉，被斗得很惨。

1966年，我是暨大第一批被打成“牛鬼蛇神”的。从那一年到1969年，我被斗了53场：我在操场上跪过煤渣，跪得膝盖都流血了；春节的时候，我赤着手到厕所拉大粪；挨皮鞭挨了5次，红卫兵让我面壁脱掉衣服，用皮鞭抽我；红卫兵还给我剃头发，我一个人在房里，照镜子看到头发剃成像马路那样，十字形的，看得都想哭；红卫兵还抄我的家，把我好几柜的经济学研究资料当垃圾，烧了。我父亲在“文革”中死了，小儿子疯了。“文革”时，我小儿子才十六七岁，看到我被批斗，他哈哈大笑；他被人批斗时，他哈哈大笑说：“我也有资格被打倒？”他被送进医院，医院还要组织人去斗他，搞得他发狂。

我一个大学教授还成了杀猪佬，在干校劳动，我几个月里杀了50头猪。在牛棚的时候，我经常念这两句：“奴隶没有自由，奴隶没有欢笑。”他们几个画家、诗人在“文革”中都蹲过牛棚，不同程度受到冲击。

喝着酒，不知是谁突然提议画画留念。陈雨田拿出家里现成的纸和颜料，阳太阳提笔画画。他没有打草稿，画得很快，大半个钟头就画完了。先是画了一株红梅，代表胜利了，又画了一个酒壶、八个酒杯，代表我们在喝酒庆祝。他还画了四只螃蟹，一只母的、三只公的，这四只螃蟹用绳子绑着，哈哈，代表“四人帮”被抓起来了。

我们兴致很高，有人提议我们四个一起给这幅画配一首诗。第一句，是我写的，“螃蜞作蟹亦横行”，陈芦荻接着出“八亿人民愤恨深”，陈雨田出“双庆今朝争买酒”，阳太阳最后出“高歌胜利又春临”。粉碎“四人帮”的时候，还是冬月，不过春天已经不远了嘛。

那天，我们几个老人家都没有哭。都五六十岁的人了，能够保全性命于乱世，这是很大的胜利，怎么能不高兴呢？

有人曾问过我，“文革”中这么多人自杀，你受尽侮辱，怎么没有想到去死？我说，为什么要去死？不是我犯错误，是斗我的人犯错误。我用性命去陪他们错，不值得！我对中国的前途从不悲观，“文革”中，我从来都没有悲观。“四人帮”被打倒了，中国就更有希望了。

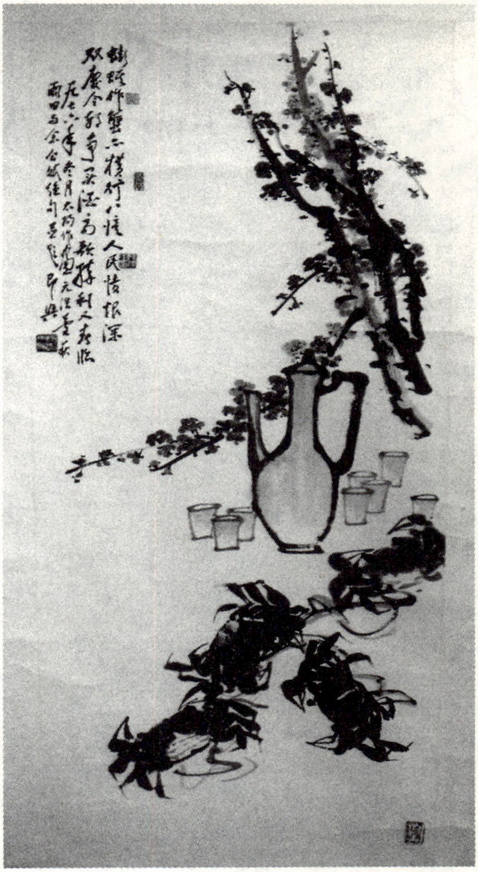

赵元浩等四人作的诗画。

讲述背景

翻开广州历史1976～1978年这一页，广州半导体材料厂青年电工庄辛辛的名字历历在目。

从以“诬蔑伟大领袖和党中央”等罪名被捕入狱，到被彻底平反并被树立成一个敢于同“四人帮”作斗争的青年楷模，这一切都发生在那两年。

正如以前工友们说的，庄辛辛是个从不谈论政治的人；被省招生办委员会批准入读中山大学后，同学们对他的印象仍然是不大关心政治。

大学没有读完，庄辛辛毅然选择了出国求学，至今旅居海外。

30年过去了，当记者通过越洋电话找到庄辛辛时，他仍不愿多说什么。

没人知道这30年来他的心路历程。

当年批准庄辛辛出国的广东省公安厅原厅长王宁说，庄辛辛“有自己独特的思考”。

正如庄辛辛在婉拒采访的邮件里所说的，“自己不过是芸芸众生里普通而微不足道的一员”，但就是这微不足道的一员为人们展示了独立思考的力量。

庄辛辛：从“反革命分子”到“四五”英雄

刊登在1976年7月13日《南方日报》上的庄辛辛照片。

■庄辛辛其人

庄辛辛出身在一个革命干部家庭。父亲庄力辛现已95岁高龄，是享受副省级医疗待遇的老干部。庄辛辛的母亲退休前是一名教师。

1966年，14岁的庄辛辛在华南师范学院（现华南师范大学）附中读初一。因“文化大革命”的干扰，学校停课。

1975年前后，庄辛辛进入广州半导体材料厂成为一名电工。

1976年4月8日，“四五运动”三天后，24岁的庄辛辛以“广东广西悼念周总理委员会”的署名，向《人民日报》和《红旗》杂志各投寄了一封信。

当年9月29日，庄辛辛被以“恶毒攻击诬蔑伟大领袖和党中央”等罪名定为“现行反革命分子”，判处有期徒刑15年，刑满后剥夺政治权利5

年。关押在韶关第二监狱。

1978年4月16日，庄辛辛迎来自由。广州市中级人民法院称：庄辛辛案属错判，应予平反，恢复名誉，补发工资。

1978年，庄辛辛进入中山大学数力系自动控制专业。

1978年7月13日的《南方日报》发表本报评论员文章《光明磊落，无私无畏——向反潮流英雄庄辛辛同志学习》。

1978年7月14日，中共广州市委在中山纪念堂召开庄辛辛同志彻底平反大会。

1978年7月17日，《人民日报》以“我以我血荐轩辕”为题，大篇幅报道了庄辛辛的事迹，还配发社论《希望寄托在这一代》。

上世纪80年代初，庄辛辛放弃学业，自费出国读书。

从1976年“四人帮”倒台前夕，到1978年全国开展拨乱反正、平反冤假错案，两年间，庄辛辛——广州半导体材料厂一名普通青年电工，经历了从“反革命分子”到“敢于同‘四人帮’作斗争的反潮流英雄”的涅槃。

这一切，都因他写的一封信。

《广州市志·大事记》中记载：1976年4月，24岁的庄辛辛写了“支持邓小平，打倒张春桥、姚文元、江青”的信件，被判处15年有期徒刑；1978年7月14日，中共广州市委召开平反大会，为庄辛辛彻底平反，恢复名誉。共青团广东省委决定在全省青年中开展向庄辛辛学习的活动。

翻开1978年的报纸，庄辛辛的事迹被广泛报道，《人民日报》为此发表社论《希望寄托在这一代》。

上世纪80年代初，庄辛辛远赴海外求学，现居海外。

庄辛辛虽然早已淡出公众视野，但30年来经历过“文革”的那一代广州人并没有将他遗忘。通过庄辛辛的亲属、工友、同学，包括处理庄辛辛案的老同志和当年采访过庄辛辛的记者的讲述，以及当年报章资料的记载，那个特殊年代里的庄辛辛正向我们走来。

“四五运动”三天后投书《人民日报》

“直到公安人员到家里，带走庄辛辛的笔记本和那封信的底稿，我才知道他出事了。”30年后，庄辛辛的母亲向记者说起往事，语气平静。庄辛辛“出事”的这一年，从年初已不平静。

1976年1月8日，周总理去世，全国人民陷入悲痛。“四人帮”却向全国发文：“各省、市、自治区不要派人来京参加追悼活动，各地不组织吊唁、开追悼会、戴黑纱等活动。”

1976年2月，“四人帮”策划掀起“批邓、反击右倾翻案风”运动。1976年4月5日清明节，北京发生悼念周总理、反对“四人帮”的强大抗议运动，遭到“四人帮”的镇压。

庄辛辛的母亲没有拿回儿子那封信的底稿。1978年的报章资料和一些党史公开出版物，记录了这封信件的部分内容。

“四五运动”三天后，即1976年4月8日，24岁的庄辛辛以“广东广西悼念周总理委员会”的署名，向《人民日报》和《红旗》杂志各投寄了一封信。

他在信中写道：

我们的呼声：

支持邓小平！打倒张春桥！

支持邓小平！打倒姚文元！

支持邓小平！打倒江青！

敬爱的周总理，永远活在我们革命人民的心中。

我们要的是真正的马克思、列宁主义！

我们不要阉割的马克思主义！

北京革命人民的四五斗争必将胜利！

我们支持北京人民的四五革命斗争！

舍得一身剐，誓把阴谋家拉下马！

野火烧不尽，春风吹又生！

据1978年《人民日报》和《南方日报》的报道，庄辛辛的这封信落入当时“四人帮”安插在《人民日报》的心腹手中，并转到公安部门。3 个月后，根据信中笔迹，公安人员在广州找到了庄辛辛。庄辛辛没有否认这封信就是他写的。据载，那封信是庄辛辛在原东山区竹丝岗的家中写下的。

1976 年 9 月 29 日，庄辛辛被以“恶毒攻击诬蔑伟大领袖和党中央”、“攻击诬蔑无产阶级文化大革命和无产阶级专政”、“妄图分裂党中央，颠覆无产阶级专政”等罪名定为“现行反革命分子”，判处有期徒刑 15 年，刑满后剥夺政治权利 5 年。庄辛辛被关押在韶关第二监狱。

从不谈政治的他让工友大吃一惊

庄辛辛的同厂工友对他投书《人民日报》一事，毫无知情。听说庄辛辛成了“反革命分子”，工友们感到震惊。

广州半导体材料厂位于现在广州天河区牛利岗北街。这家工厂前身是广州军区材料厂，1974 年隶属于广东省冶金厅。1979 年这家工厂变名为广东省有色金属加工厂。现在厂址仍在原处，但早已停产，厂区内还挂着块牌子——“广东韶钢集团广州梅花铝材有限公司”。

1975 年前后，庄辛辛进厂成为一名电工。

30 多年前，这家工厂的工人大多是干部子弟。工友刘孝五说，庄辛辛在厂里很普通。有些工人业余时间去打麻将、打扑克。庄辛辛却显得不太一样，他很爱读书。

对于这一点，王建兴也印象深刻。王建兴当年与庄辛辛同在广州半导体材料厂，同住一个宿舍。他说，在那个年代能读的书不多，在工厂里，庄辛辛自己拼命找书看，自学大学课程，自学英语，还经常带着本子，把书中的句子记下来。

庄辛辛曾经在本子里写下“敏于思慎于言”。王建兴后来才知道这句话出自《论语》，他后来琢磨着：庄辛辛的性情很合这句话的含义。

除了爱读书，庄辛辛还喜欢游泳，喜欢音乐，他会拉小提琴。王建兴说，庄辛辛平时不太爱说话。在一群普通工人中，他显得有些清高，不太合群。

令王建兴印象最深的是，周总理去世后，在“不组织吊唁、不准戴黑纱”的禁令下，厂里大部分人也就是为总理戴了三天黑纱，而庄辛辛手臂上的黑纱足足戴了一个月。

工友张远远回忆起30年前接触到的庄辛辛，至今仍感到有些不可思议——厂里一群干部子弟闲暇时也会聊聊政治，庄辛辛是最不爱谈政治的人。没想到，他居然会写那样一封信。

入狱前，庄辛辛被拉回厂里批斗。王建兴记得那场批斗会，工人们都“表现得很冷漠”，还有些同情庄辛辛——有人怕牌子上的铁丝勒伤庄辛辛的脖子，悄悄地把他的衣领折叠起来，垫在铁丝下面。

曾经是充满热情的红卫兵

庄辛辛出身在一个革命干部家庭。他的父亲庄力辛现已95岁高龄，是享受副省级医疗待遇的老干部。

现年84岁的省公安厅原厅长王宁在上世纪30年代末与庄力辛在延安相识。他们都曾参加过敌后抗日。几经辗转，后来都来到广州工作。因为这层联系，王宁也认识庄辛辛。

中等个头、白净、斯文——王宁至今仍记得庄辛辛年轻时的模样。王宁对记者说，庄辛辛和他父亲一样，话不多，性情温和。

对庄辛辛家在“文革”中的遭遇及庄辛辛案的始末，王宁的记忆有些模糊。王宁认为：“四人帮”横行时，很多老干部受到无辜的打击迫害，庄辛辛对这些有观察，有自己的独立思考。王宁在“文革”中也曾遭打击，入狱4年。

“庄辛辛小时候爱打架，好打抱不平。”庄辛辛的母亲对儿子1976年的那件事，似乎不愿多说。庄母退休前是一名教师，她讲得最多的是儿子的勤奋好学。

1966年，庄辛辛14岁。在华南师范学院（现华南师范大学）附中读初一。因为文化大革命的干扰，学校停课。从1978年的报纸记录的庄辛辛事迹中，可以看出庄辛辛曾经也是一名以极大热情投入到“文化大革命”中的红卫兵，去过北京、大庆、上海、重庆、新疆等地串联。

入狱不到 10 天，政局剧变

“反革命分子”庄辛辛被关押在韶关第二监狱不到 10 天，中国整个政治局势发生巨变。1976 年 10 月 6 日，中央对“四人帮”实行“隔离审查”。这一讯息传出后，举国欢腾。在狱中服刑的庄辛辛也获悉这一消息。

从 1976 年底到 1978 年平反前，他写了 5 封申诉书。

1978 年 7 月 17 日《人民日报》二版刊登新华社记者汪振华、张跃良的报道《我以我血荐轩辕》，文中记载：

1976 年 12 月 31 日，庄辛辛写了一封万言申诉书。“但是，由于‘四人帮’的唯心主义、形而上学仍在司法机关中作祟，庄辛辛不能获得自由。广州市中级人民法院给中共广州市委打了一个片面的不符合事实的报告，坚持要维持原判，并批复庄辛辛‘绝不允许翻案’。”

1978 年 7 月 13 日的《南方日报》上刊载的《雏鹰展翅迎风浪——记青年工人庄辛辛同“四人帮”英勇斗争的事迹》曾摘录了他申诉书中的部分内容：

“‘四人帮’是一伙反革命野心家、阴谋家，也是玩弄反革命伎俩的魔术师。在他们许许多多的恶作剧里，连毛主席的指示也成了他们用以反对毛主席的工具和口号。”

“……‘四人帮’玩弄了不顾历史条件，不顾原著精神实质，从马列著作、毛主席著作中挑出只言片语骗人、吓人的鬼把戏。同样，无视当时的历史背景与政治现实，割裂客观事物的外在、内在的相互影响相互制约的关系，来解释我在 1976 年 4 月写的诗词，这与‘四人帮’的魔术有什么两样呢?”

“‘四人帮’完蛋一年多了，我还是一个‘反革命’。难道我悼念周总理有罪？难道我要打倒张（春桥）、江（青）、姚（文元）有罪？难道我支持邓副主席有罪？难道我盼望实现四个现代化有罪？……百思不通啊！”

庄辛辛被逮捕入狱后，亲属为他多方奔走申冤。庄辛辛的母亲说，为了庄辛辛的平反，一些领导和群众给他们支持和帮助。庄父为儿子写申诉信，托人转交给中央领导。她自己还亲自上门找了时任广州市委书记的薛焰，抱病为儿陈情。这位平凡的母亲只有一个信念："庄辛辛是我的儿子，我相信儿子是冤枉的。"

省政法委主任亲自上门赔礼道歉

漫长的申冤路终于有了转折。

1977 年 12 月，中央组织部在胡耀邦主持下冲破"两个凡是"的束缚，打开了在全国范围内的落实干部政策、平反冤假错案的新局面。

1978 年 4 月 16 日，度过近两年牢狱生活后的庄辛辛迎来自由。广州市中级人民法院开具平反证明书：庄辛辛案属错判，应予平反，恢复名誉，补发工资。

时任广东省委常委、省革委会副主任、省政法委主任的寇庆延亲自参与处理庄辛辛案平反一事。

95 岁高龄的寇庆延在广州家中接受了本报记者的采访。

寇老现已双目失明，但他脑海里还清楚地记得：庄辛辛平反后，他亲自上门到庄辛辛家赔礼道歉。寇老还委托秘书向记者强调：他向庄辛辛及其家属道歉，这是基于共产党人坚持真理、修正错误的原则，代表组织这么做的。

寇老说，判庄辛辛（是反革命分子）的理由是根据《公安六条》（注：1966 年底，张春桥、谢富治等出台了《关于在无产阶级文化大革命中加强公安工作的若干决定》，简称《公安六条》）。"文革"后，《公安六条》被证明是错误的，判刑的理由也就站不住脚。分清这些路线是非，使大家认识到这个案子的实质。

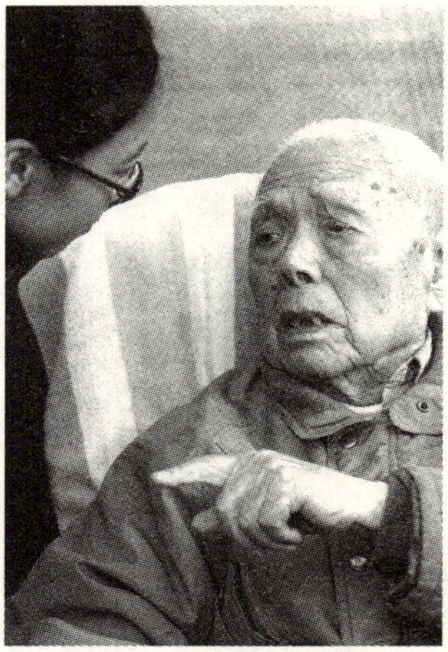

讲述人：95 岁的广东省委原常委、原省革委会副主任、省政法委原主任寇庆延，在庄辛辛平反后，亲自上门到庄家赔礼道歉。

1978 年 7 月 14 日，中共广州市委在中山纪念堂召开庄辛辛同志彻底平反大会。报载：会前，中共广东省委书记、省委纪律检查委员会书记李坚真接见了庄辛辛及其家属。李坚真表彰庄辛辛与“四人帮”英勇斗争的大无畏革命精神，勉励他今后好好工作。

在平反会上，广州市中级人民法院院长高昆峰也向庄辛辛及其家属赔礼道歉。他说，把庄辛辛同志这种旗帜鲜明反对“四人帮”的革命行动错误地看作是“反革命”，把同志当作了敌人，用专政的工具伤害了自己的同志，这个教训是极其沉痛的。

1978年7月17日，《人民日报》二版，以“我以我血荐轩辕”为题，大篇幅报道了庄辛辛的事迹，同日还配发了社论《希望寄托在这一代》。

这篇评论中说，“文化大革命”开始时才十四五岁的一个少年人，能在“四人帮”掀起的腥风血雨之中，逆反动潮流而出，为革命利益而呐喊，这种精神不正是毛主席所寄希望于这一代的吗？

新华社记者汪振华花了3个多月时间采写了《我以我血荐轩辕》这篇报道。他说，庄辛辛的报道是他50多年记者生涯中很难忘的一篇。

74岁的汪振华说，庄辛辛的稿子当时见报前经过了多次修改。时任新华社广东分社社长的宫策也参与改稿，“把文字改得软一些”。为了这篇报道，他去了北京，与时任《人民日报》副总编辑的李庄多次讨论。李庄还布置《人民日报》评论员写社论。

在汪振华的印象里，庄辛辛是一个很有头脑的年轻人。在采访过程中，庄辛辛引用了不少理论著述。汪振华还特地去资料室查找核对，证明确有其说。

庄辛辛被平反后，广东省加快彻底平反冤假错案的步伐。

1978年11月30日《南方日报》头版报道：广东省委召开常委会议，郑重宣布：凡因悼念周总理、反对“四人帮”，支持“四五运动”而遭受迫害的同志，一律平反昭雪，恢复名誉。其他一切错案也必须从速彻底平反，做好善后工作。

文中还说，关于韶关市李小益、郑植河、原满韶三青年因支持“四五运动”，而被判处死缓和徒刑一案（即所谓韶关“‘四一二’反革命集团”案），会议决定推翻原判，彻底平反。

讲述人：84岁的广东省公安厅原厅长王宁，于上世纪80年代初批准庄辛辛出国。

1978年12月，中共十一届三中全会审查和纠正了党的历史上一批重大冤假错案，肯定1976年天安门悼念周恩来、反对“四人帮”的“四五运动”是革命行动。

省公安厅厅长批准出国读书

“敢于同‘四人帮’作斗争的反潮流英雄”、“青年学习的楷模”——1978年的报纸对庄辛辛的报道充满了溢美之辞。但工友王建兴记得，庄辛辛平反后，回到厂里，没有一副英雄得志的姿态，他说话更加谨慎，好像还心有余悸、有点后怕。很快，庄辛辛离开广州半导体材料厂。

庄辛辛圆了他的“读书梦”。庄辛辛的母亲说，在庄辛辛平反前，他的弟弟考大学，政审没有通过。1978年平反后，他和弟弟、妹妹一起上了大学。

1978年，省招生委员会批准，因反“四人帮”而受到迫害的韶关市李小益、郑植河、原满韶等人与庄辛辛一起到中山大学数力、中文、哲学、历史等系学习。

1978年，庄辛辛进入中大数力系自动控制专业，郑植河选择了中文系。郑植河现在是深圳一家酒店管理咨询公司的负责人。他回忆说，在中大时，他与庄辛辛交往不多，他感觉庄辛辛入学后不太关心政治。

据庄辛辛一位同班同学回忆，庄辛辛在班上的年纪算是比较大的(26岁)，他的成绩很不错。在学校里，大家也没听他说起自己反对“四人帮”的事情，更多的还是从报纸上知道的。

现在在中山大学毕业校友的数据库里，“1978级庄辛辛”查无此人。原来，在上世纪80年代初，庄辛辛放弃了中大的学业，自费出国读书，学的是计算机专业。

批准庄辛辛出国的是时任广东省公安厅厅长的王宁。王宁对记者说，在20多年前，出国读书的审批手续比现在严格得多。庄辛辛因为有那个“历史问题”，想出国读书还是有点麻烦。但他认为，既然庄辛辛已经得到彻底平反，那么就该信任他。

王老记得，几年前，庄辛辛曾回国探望他。

旅居海外，自言“微不足道”

庄辛辛的事迹写入了《广州市志》，也载入《中国共产党广东历史大事记》、《中共广州党史大事记》、《广州百年政治风云述略》等出版物中。在2004年纪念邓小平百年诞辰之际，广东省档案馆举行专题陈列，呈现了庄辛辛在1976年写信支持邓小平的相关内容。

记者与庄辛辛取得联系，但他以事务繁忙等理由婉拒采访。在他给记者发来的电子邮件中说，By the way，I feel myself is a normal and trivial person just like most of people in daily life. So，it seems nothing worth to talk too much about myself...（注：我觉得自己不过是芸芸众生中的普通而微不足道的一员，因此关于我自己，不值得说些什么……）。

庄辛辛的母亲告诉记者，曾有人邀请庄辛辛的父亲写自己从事革命活动的经历，但庄父拒绝了：“我们为革命并不是为树碑立传。有些人牺牲了，而我们还活着。没有那些人牺牲，哪有我们的今天?”

对儿子在30年前那段特殊的经历，庄辛辛的母亲心态平和。她对记者说，反对“四人帮”不是庄辛辛一个人才有的想法。“正义感是每个人都有的，只是每个人表达的方式不同，我们觉得儿子应该这么做。”

第二篇

一九七六那些事儿

悼周总理，那时要偷偷地

广东省委机关顶着禁令举行追悼会，农讲所成广州群众自发悼念总理的中心会场。

讲述背景

1976年1月8日上午9点57分，周恩来去世，享年78岁。

1976年1月13日，周恩来同志治丧委员会办公室发出通知——“各省、市、自治区不要派人来京参加追悼活动，各地不组织吊唁、开追悼会、戴黑纱等活动。”但是广州的干部群众还是自发地组织了一些悼念活动。

1981年通过的《关于建国以来党的若干历史问题的决议》有以下记载：“他（周恩来）的逝世引起了全党和全国各族人民的无限悲痛。同年四月间，在全国范围内掀起了以天安门事件为代表的悼念周总理、反对‘四人帮’的强大抗议运动。这个运动实质上是拥护以邓小平同志为代表的党的正确领导，它为后来粉碎江青反革命集团奠定了伟大的群众基础。”

■档案解密

群众自发举行的悼念活动，应予以支持，不要干预。

——中共广东省委办公厅1976年1月10日（电话通知）

一月十五日北京将隆重举行周恩来同志的追悼大会。这一天，在广州地区的党政机关、工厂、企业、学校可就地分别举行悼念活动。悼念活动的地点挂周恩来同志的遗像，但不设灵堂。悼念时，向周恩来同志遗像默哀，放哀乐，宣读讣告。

——中共广东省委办公厅1976年1月11日（电话通知）

要按照中央指示办，各省、市、自治区不要派人来京参加追悼活动，各地不组织吊唁、开追悼会、戴黑纱等活动。如群众自发组织的各种追悼会，可做好说服工作，化悲痛为力量，以实际行动来悼念周总理。

——周恩来同志治丧委员会办公室1976年1月13日（电话通知）

省委原定在省委大院和原生产组大院举行的悼念活动，已决定不举行。

——中共广东省委办公厅1976年1月14日（电话通知）

■讲述人·关相生

男，82岁。13岁时加入中国共产党，后来到延安。1976年担任广东省委办公厅副主任。

三个通知自相矛盾

旁白：关相生的家在新河浦三横路。在他卧室的办公桌上，挂着一帧周总理的照片。关相生说，这帧照片历经4次搬家一直放在他的卧室里。他这一辈子接待过许多国家领导人，但是最崇敬的，还是周总理。

消息公开前已知总理去世

1976年1月8日上午9点57分，周总理逝世。当时我在省委办公厅工作，在中央人民广播电台向全国人民广播总理去世的消息前，我已经知道这个噩耗——北京方面给省里下了通知，叫我们注意通知群众收听广播。

省委机关和中央办公厅一直保持着联系。总理走之前，我从几个渠道，或多或少知道了总理生病的情况，他已经带病工作很长时间了，太劳累了。他老人家一下子突然走了，我很震惊、很伤心……（叹气）

周总理来广州我参与接待

从1950年至总理去世前，他来过广东25次。其中"文革"期间，从1966年8月到1973年8月，总理来过广州8次。解放后，总理来广州，大多数我都参与接待；我去北京开会，也见到过总理很多次，我还在总理家里吃过饭呢。

1959年1月，总理来广州。他与邓大姐找了我和公安厅副厅长苏汉华，说打算第二天早晨邀请几位省、市负责人到太平馆饮茶，并交代一定要上石岐乳鸽、蛋挞等，还要将座位摆成马蹄形。第二天，陶铸（时任广东省委书记）、陈郁（时任广东省省长）、朱光（时任广州市市长）、曾志（陶铸夫人）等十几个人到达太平馆。总理等大家坐

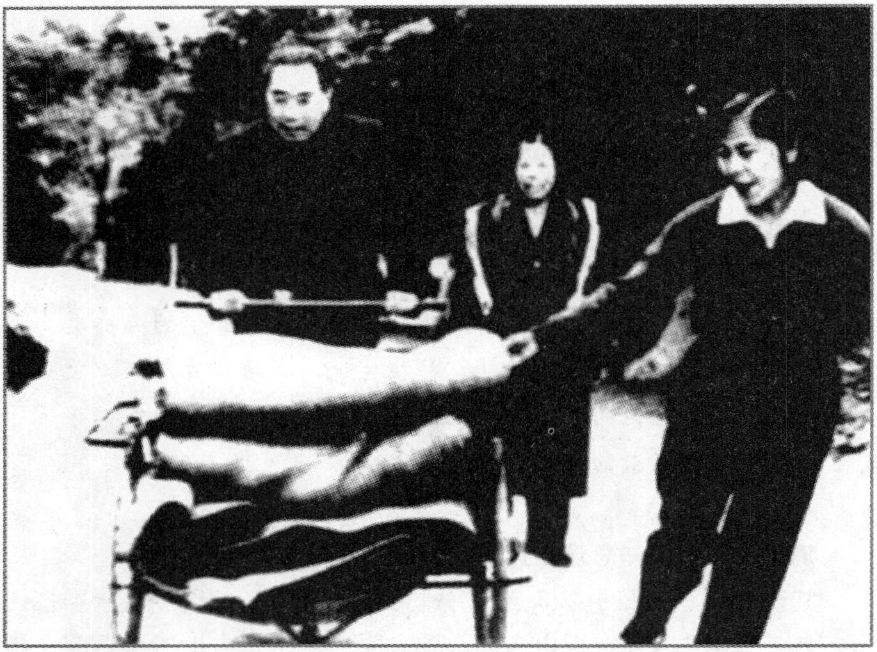

△ 1959 年 1 月，周恩来总理在从化温泉帮助工作人员运送毛毯。

定，站起来笑着说："30 多年前，我和小超在广州结婚，张申府（注：周恩来的入党介绍人）先生在这家餐馆宴请我们。今天按当年的样子请大家一块儿来喝茶。"陶铸等才恍然大悟。那一次是总理掏钱请客，他对自己要求是很严格的。我记得，他的秘书吃完饭后就去付账。

过了两个月后，北京举行全国外事工作会议和接待工作会议。广州市市长朱光、省外办主任任泊生、省政府副秘书长侯甸，加上我，4 个人去了。会议期间，总理专门把我们请到家里吃饭。

那是我第一次到总理家。总理亲自给我们敬酒，我们都不好意思了。（笑）

1967 年我受审查，靠边站，在干校劳动，到 1973 年 1 月才恢复到省委办公厅工作。"文革"期间，总理到广州，我都没有接待过他。

三个不一样的通知

总理去世的消息传出后，全国从上到下，震动非常大。省委常委立即召开会议，研究怎么贯彻中央精神。省委办公厅根据省委的决定，也紧张地筹备搞悼念活动。

> **旁白：1月9日，中共中央、国务院公布：1月10日、11日向周恩来同志遗体告别。12日、13日、14日举行吊唁仪式。15日举行追悼大会；同日全国下半旗志哀，停止娱乐活动一天。**
>
> **——摘自新华社报道**

10号省委办公厅发出这份电话通知说：群众自发举行的悼念活动，应予以支持，不要干预。

11号的通知又说：悼念活动的地点挂周恩来同志的遗像，但不设灵堂。

13号，周恩来同志治丧委员会办公室给省委办公厅发通知说：各省、市、自治区不要派人来京参加追悼活动，各地不组织吊唁、开追悼会、戴黑纱等活动。

到了14号凌晨，又接到治丧委员会办公室关于各地不准开追悼会的通知。之后，省委取消了原定的悼念活动。

为什么这些通知的内容会变来变去？这是“四人帮”搞的鬼！在北京举行总理追悼大会的决定通过后，“四人帮”后来又说，中央开，地方不让开，接着发了很多通知来限制下面悼念总理。

中共中央办公厅给省委发来了通知，王洪文办公室也发了一个来，还有一个总理治丧委员会办公室的。三个办公室，三个通知都不完全一样。

中央办公厅和治丧办公室都是发文件通知，或者是电报、电话，王洪文办公室是电话通知。开始，省委常委讨论决定，按照中央办公厅的通知，筹备举行总理的悼念活动。

最后，王洪文办公室又下了不准开追悼会、不准设灵堂等几条指示。到底听谁的？王洪文摆出“接班人”的架子，他的通知，省委也不得不考虑。

这几个不准，在省委机关内部，大家意见很大，都很不服，很气愤！

禁令下举行追悼会

14号，省委决定，取消原定的悼念活动。但是1月15日，省委机关1000多个干部和工作人员，包括家属，在省委礼堂（注：在省委办公厅的旧礼堂，现在的4号楼）举行了周总理的追悼会。

我和另一个省委办公厅副主任左本彬，一起主持追悼会，我负责主持，左本彬负责宣读总理悼词。参加追悼会的人，都戴着小白花、戴着黑纱，在哀乐声中，向总理遗像默哀、三鞠躬。那天，很多人哭了。

1月份广州天气比较冷，大家心情更加压抑。“四人帮”不让我们搞悼念活动，我们偏偏要开。真的追查下来，我们也不怕！

北京发生“四五运动”的时候，我在广州，那时不能随便跑。北京的情况，通过公安系统向省委通报了，省委办公厅也知道北京发生的事。上头还交代广东不能乱。

天安门的悼念活动，广州这边在电视上可以看到，但是不能参与。否则，“四人帮”就要抓辫子。抓辫子抓到下面，就要去查“幕后黑手”。“四五运动”时，从全国来看，广州比较稳一点。

大悲大喜的1976年

1976年，真是难忘的一年，大悲大喜。先是大悲，三位国家领导人相继逝世，唐山大地震死了那么多人，国家经济到了崩溃的边缘，谁不难过？

总理是带着遗憾走的。他走了，很多人不知道中国要走向何方，很迷茫。因为“四人帮”猖狂的时候，只有周总理能在那儿掌握国家大局，毛主席年纪也大了，身体不好，很多事他不知道。周总理一走，我们感觉大厦要塌了。大厦塌了，我们下面的人能活得了吗？老百姓心里很苦啊。（说着老泪纵横）

我是从旧社会来的。这一年，看着几个老战友一个个死的死，病的病，靠边站的靠边站。我们干了那么久的革命，却给戴上了“反革命”的帽子，能甘心吗？“四人帮”在猖獗，我们能不着急吗？对“四人帮”很恨啊！

到了年底，“四人帮”被粉碎，国家终于有希望了。这是大喜！这喜，不光是我个人的，也是整个国家的。

收尽羊城鲜花送总理最后一程

旁白：1976年1月8日，周恩来总理溘然长逝，灵前怎能没有鲜花？奈何京城正是天寒地冻，春色难觅。于是，一个长途电话打到南国求助。广州市花木公司的工人二话不说，立即分散到城市乡村的各个角落搜集鲜花。30年后，为总理灵前鲜花奔波的老人们说起往事，仍唏嘘不已。

■讲述人·林耀辉

男，72岁，1976年任广州市花木公司革委会副主任兼生产组组长。

跑遍珠三角收集十万枝鲜花

林耀辉：1976年1月8日下午，广州市园林局突然打电话来让我过去，说有重要任务交代。我匆忙赶去后，局领导沉痛地说，总理上午过世了！我当时的第一感觉是不相信，总理这么好，怎么会说走就走呢？（虽然过了30多年，言及此处，林耀辉还是眼圈一红，泪光闪烁）

随后，局领导说，刚刚接到北京的长途电话，说总理灵前不能缺少鲜花，但北京正是冰天雪地，只好向广州求助。根据领导安排，我们花木公司要承担的任务有两部分：绝大部分鲜花送到北京总理追悼会现场；另外，还要为广州本地军区、政府等主要部门准备悼念的鲜花、花圈。总共大约需要鲜花数十万枝。

几天之内准备这么多鲜花，对我们来说也是一个巨大的挑战。因为一来是冬天，即便在广州，也不是鲜花生长的旺季；更主要的是，当时是计划经济，从年初开始，所生产的鲜花数量、供应部门，早就敲定，我们公司当时鲜花存量加起来大概也就一万多枝；再者，当时经济条件不好，养花逗鸟被当成“封、资、修”，那时广州一年卖的花还没现在一天多。

我回到公司后，马上召集各部门负责人，要他们立即到各处收集鲜花。只说是政治任务，并没有说总理去世的消息。

■讲述人·李启坤

男，78岁。1976年任广州市花木公司批发部主任。

会骑自行车的都出去找花

李启坤：我们批发部有二十几个人参与进来。我给大家分了工，会骑自行车的都出去找花去。剩下的人留在单位负责保养、整理收回的鲜花。

那时，广州鲜花并不多。因此，收集鲜花的范围实际上扩大到了珠三角：番禺、芳村、花县、增城，最远到了中山古镇。公司没有运输汽车，只有几辆三轮摩托。所以，大部分工人都是骑自行车出去，只有到最远的地方才动用三轮摩托。

■讲述人·陈润辉

男，61岁，1976年任广州市花木公司批发部青年队班长。

要采花朵最大的玫瑰

陈润辉：一开始大家只知道是紧急政治任务，但是第二天，从广播听到总理去世的消息时，就都明白了。我和两个同志负责收集菊花和玫瑰，别的同事负责收集龙柏等木质花木。

我去的地方主要是南海、芳村、花县等地，挨家挨户地问花农和生产队。当时，花田分散，相互隔得很远，两地之间有时得骑一个小时自行车才能到达。下雨天，路又窄又不平，要淋着雨推着走。

我们几乎是见花都要，私人家里种的两盆三盆的也收。收到后就绑在自行车上，运回批发部。遇到种花多的农户或生产队，就将花集中在田地里，用汽车运。

在花县花山公社一个生产队，干部不问价钱，不讲条件，立即带我们到玫瑰花地，并关照群众，送给总理，要先采摘花朵最大、最鲜艳的，不够再采其他的。

公安“监督”花圈制作现场

林耀辉：鲜花收集回来后，公司各个部门都在做整理包装工作。其中，在位于长堤的公司总部，主要是做大型的花圈、花篮，每个都有两米多高。根据工作量，需要投入 100 多人。虽然时间紧急，但根据上级要求，对于参与的工人还得进行严格的政治审查。

100 多人在长堤总部没日没夜地加班时，公安和其他安全保卫部门的人在旁边“监督”，穿制服的、着便衣的，进进出出，具体意图也不明说，搞得非常神秘。一般工人并不知情，我们这些领导被事先打了招呼：花圈要送到北京或者广州军区的，因此，要防止阶级敌人潜入搞破坏，万一在花圈里藏个炸弹，后果就不堪设想了。

邓大姐帮公司批吉普

林耀辉：运送鲜花的工作一直持续了八九天。保证在北京干燥严寒的天气下，鲜花常换常新。

在总理追悼会开过不久，一位姓靳的同志专程从北京来到花木公司，转达了邓颖超的话。他说，邓大姐对你们的工作非常满意。他详细询问我们工作是如何展开的。我们回答说，这些花是工人们从珠三角各地用自行车驮回来的。

这位同志返京后没几天，我们公司就被批准进了一辆北京吉普。那时，这些大件物资不是有钱就能买到的，必须要国家计委批准。我们后来得知，这是邓大姐接到靳同志的汇报，帮忙核批的。这辆汽车一直到 1995 年我退休时还留在公司。

■讲述人・李肇炘

男，56 岁，1976 年任农讲所陈列部工作人员。

“农讲所设有灵堂”悄然传开

灵堂从接待室移到“旧址课堂”

李肇炘：周总理曾经当过农讲所的教员，挂在农讲所门顶牌匾上的“毛泽东同志主办农民运动讲习所旧址”这几个字，是总理在 1955 年为农讲所纪念馆题写的。在开馆之后，根据接待记录，周恩来没有来过馆里参观。不过，农讲所的工作人员，对总理有一种天然的亲切感，很敬重总理。

1 月 8 日，农讲所的工作人员集中在馆里，从广播里听到周恩来总理逝世的消息。大家都感到非常震惊，很悲痛。听完广播以后，很多人都哭了。不知是哪个工作人员说：“我们给周总理搭个灵堂，让大家来悼念周总理吧。”

决定搞灵堂之后，大家就紧张忙碌起来，张罗着买黑布、白纸，扎花，晒照片……

农讲所只有一张周恩来在黄埔军校时的照片，做成遗像不合适。我们就在画册里找了一张周恩来的全身像，晒成对开报纸那么大。

1 月 9 日，我们在农讲所的接待室里设了总理的灵堂。虽然规模不大，但是我们都想把灵堂弄得尽量肃穆庄严。我把总理的遗像用黑花球围起来，再把馆里的两盆罗汉松放在总理像前，上面挂上标语“中国人民伟大的无产阶级革命家、杰出的共产主义战士周恩来同志永垂不朽”。

仅过了一两天，农讲所给周总理开追悼会的事情，很快传到了外面。有观众来参观，听说我们这设了总理的灵堂，就纷纷走到总理遗像前鞠躬、默哀。接下来，不断有群众来农讲所吊唁总理，实在容纳

1976年，农讲所工作人员在馆内设灵堂悼念周恩来总理。

不下。我们马上将旧址课堂清理整齐，灵堂的规模就更大了。

■讲述人·冯曼萍

女，53岁，1976年任农讲所接待班讲解员。

吊唁群众中山四路排长龙

冯曼萍：开追悼会时，我负责放哀乐。没有哀乐的带子，我就从广播上录。那时的录音机是老式的，放完一遍后要倒带，我一整天都在放哀乐，不停倒带。这不算什么辛苦。有几个同事负责把群众带到总理遗像前，然后说，“向我们敬爱的周恩来同志一鞠躬”、“二鞠躬”、“三鞠躬”。他们每天都要鞠几百个躬，没有听到谁喊腰酸背痛的。

来吊唁的人当中，大多数是单位组织来的，也有很多群众是自发来的。前来吊唁的人，每天都在中山四路上排起长龙，交警就在马路两边维持交通秩序。

■讲述人·江铁军

女，55岁，1976年任农讲所陈列部工作人员。

江铁军：我们听说了上面要求不准搞灵堂、不准开追悼会，但是周恩来是农讲所的教员，我们设灵堂，名正言顺；而且这么多群众来吊唁，下禁令把灵堂撤销掉，这也不太可能的！

灵堂从9号到15号，连续设了7天，来吊唁的群众达10万余人次。农讲所成了广州地区各界人士自发追悼周总理的一个中心会场。

■讲述人·邝柏辉

71岁，从化市公安局退休干部、一级警督。上世纪五六十年代，在从化温泉为20多位国家领导人担任过警卫工作。

豁出去　写墙报纪念总理

1959年1月12日下午，是我这辈子都不会忘记的日子。那一天，总理离开温泉去广州，他穿着黑色大衣从温泉翠溪宾馆走出来时，我和另外一名警卫正在路边守卫，与总理一行相距大约有十几米远，中间还隔着一大片草地。没想到，总理特意跨过草地来和我握手，说："你们辛苦了！"我当时激动得说不出话来，只是木讷地回了一句："首长好！再见！"连"谢谢总理"都忘了说。

1959年1月，总理和邓大姐一起到温泉公社视察。在公社幼儿园，总理问得很详细，包括孩子每天怎么洗澡。阿姨说，幼儿园没有足够的热水，要每天到温泉宾馆担热水。总理进一步了解，发现当地村民也都是这么做的。他立即建议温泉宾馆等单位帮助村民建冲凉房。总理还带头捐了 200 元，邓大姐也捐了 100 元。不久，就在大围村建成了一间 100 平方米的冲凉房，装上冷热水管，其中五六间还是幼儿园专用的。

直到 1976 年，那间冲凉房还在使用，温泉人为此时常感念总理，可是总理却逝世了。但是，那时根据中央的精神，却不能举行悼念活动。对于这样的指示，我实在无法理解，但也没有办法。

1977 年元旦后，总理逝世一周年的日子快到了。那时，“四人帮”已经倒台，但是对“四五运动”还没有平反，形势并未完全缓和。不过，对这些我都不管了，无论如何都要搞点纪念活动。我一个人打草稿、买纸张、书写、张贴。1977 年 1 月 8 日一早，我找来梯子，将连夜写好的文章贴在县委的墙上，差不多占了整整一面墙。贴完后，有很多人过来围观、议论纷纷。我也不管，不去听他们说什么，我只是表达自己的怀念。

讲述背景

《广州市志》记载：1976年9月9日，毛泽东主席逝世。是日至18日，全市下半旗志哀，同时停止一切娱乐活动。18日，省、市党政机关，工农兵以及各界群众代表举行隆重追悼大会。

根据广东省档案馆提供的档案文件，1976年9月18日下午3时，广州地区党政军民举行隆重追悼大会悼念毛泽东主席。市属各县、区和各战线参加当日追悼大会的共计2004252人。当日因参加追悼大会而晕倒需要抢救者8050人，其中市区中心会场和各分会场晕倒者5835人，送医院处理的174人。

8050人晕倒在毛主席追悼会上

1976年9月18日，广州市属各县、区和各战线200多万人参加毛泽东主席追悼会。

■档案解密（广东省档案馆提供）

追悼会程序

一、省委决定，在收听天安门广场举行的追悼大会的实况转播后，县以上地区举行的追悼大会程序如下：

（一）伟大的领袖和导师毛泽东主席追悼大会开始

（二）默哀三分钟（奏哀乐），默哀毕

（三）奏《国歌》，奏《国际歌》

（四）×××同志致悼词

（五）向伟大的领袖和导师毛泽东主席遗像三鞠躬（一鞠躬，二鞠躬，三鞠躬）

（六）奏《东方红》

（七）伟大的领袖和导师毛泽东主席追悼大会结束

二、会场布置：在伟大的领袖和导师毛泽东主席遗像的正对面，挂“继承毛主席的遗志，把无产阶级革命事业进行到底！”的横幅。

三、广东地处海边防前线，毗邻港澳，阶级斗争十分复杂，各地一定要认真做好会场的警卫和安全保卫工作，同时也要认真做好广州市和各中等城市及城乡的安全保卫工作。要提高警惕，要严密布置，防止阶级敌人进行破坏。各项防范措施要认真落实。防空、边防都要加强。一定不要出事。

中共广东省委办公厅

一九七六年九月十六日

追悼会规模

18日下午3时广州地区追悼大会会场分布：

总共169个会场，49万人。

其中：越秀山体育场5万人；部队系统30个会场，4万人；省直系统34个会场，3.8万人；广州市95个会场，36万人。

追悼会情况汇报

一、市属各县、区和各战线参加18日下午追悼大会的实际人数2004252人。比原计划组织多了461652人。其中市区903693人，多了83693人。

二、市属各县、区和各战线等单位和个人敬送花圈数28398个。其中市区各单位和个人敬送的花圈16615个。

三、市属各县、区和各条战线参加18日下午追悼大会而晕倒需要抢救者8050人。其中市区中心会场和各分会场晕倒者5835人。其中送医院处理的174人。

四、市属各单位，包括六县一郊收听收看北京和广州地区追悼大会实况者2646175人。其中市区各单位收听收看者1425270人。

加强战备

一、各级党委、各部门、各单位都要组织全体党员、干部、群众认真学习《中共中央、人大常委会、国务院、中央军委告全党、全军、全国各族人民书》，坚决贯彻执行，化悲痛为力量，坚守岗位，团结一致，战胜一切困难……把毛主席开创的无产阶级革命事业进行到底。

二、加强各级党委的一元化领导。省直各局主任（局长）、各地市、市、县委书记如有外出应立即返回到自己的岗位上。

三、提高警惕，加强战备。各级党委要立即建立和健全值班制度，主要负责同志要昼夜轮流值班，如有重要情况应及时向上级报告。要和当地驻军取得密切联系。要加强对民兵的领导。要保证通讯、交通畅通。要密切注意敌情，加强社会治安和首脑机关、要害部门以及仓库、桥梁等的保卫工作。对反革命，对打、砸、抢者，对乘机破坏和捣乱的阶级敌人坚决实行镇压。

……

中共广东省委

一九七六年九月九日十六时

■讲述人·谢红兵

现年56岁。“文革”期间在广州毛泽东同志主办的农民运动讲习所当讲解员。1976年9月11日，作为广东省人民群众代表之一，上京为毛泽东守灵。

进京为毛主席守灵

1976年，我戴着黑纱，代表广东省人民群众，在人民大会堂为毛主席守灵半小时。

1966年，我戴着红袖章，以红卫兵的身份，在天安门广场受到毛主席的接见。

对我来说，这两件事都很光荣。

半夜通知上京守灵

9月9日，毛主席去世的消息传来。当时我在农讲所工作，农讲所当天就布置了一个悼念毛主席的灵堂。

1966年“文革”开始，那年我16岁，初三还没毕业，就跟着广州一大批学生大串联到北京。我戴着红袖章、捧着毛主席语录到天安门广场，毛主席就在城楼上接见红卫兵。

1968年，广州举办“毛主席去安源”的展览，我被选中当讲解员。后来又调到农讲所当讲解员。我的工作，一直都是在宣传毛主席的革命历程、毛泽东思想。

9月10日晚上11点多的时候，广州市文化局组织部的人突然来我家，叫我赶紧收拾一下，明天上京去给毛主席守灵。

我一下子懵了！他们当晚接我离开家，直接住进珠岛宾馆。

第二天一早，我才知道：一起上京的有王首道、孔石泉、林李明、焦林义等省、市10位主要领导，我和农讲所的同事陈登贵两个人，代表广东省人民群众为毛主席守灵。

为什么会选中我们俩？我想，一来我们俩都在毛主席战斗过的地方工作；二来我们都是党员，政治合格。

守灵时间只有半小时

领导们没有特地交代我们两个年轻人有哪些注意事项。9 月 11 日上午，我们 12 人乘坐一架专机到达北京。在宾馆稍稍休整一下，就直奔人民大会堂。

吊唁活动从 11 日开始的。毛泽东的遗体被安置在人民大会堂中央，老人家躺在鲜花翠柏之中，身上覆盖着一面巨大的党旗。8 名礼兵守护在遗体周围。

整个人民大会堂，都是黑纱白花，哀乐一遍又一遍地播放，气氛很沉重。中央、各省的领导、社会各界的群众代表，排着队来瞻仰毛主席。每个人脸上都挂着泪，也有人激动地号啕大哭。吊唁活动是有安排的，现场秩序整齐。

每个省的代表轮流进人民大会堂为毛主席守灵半小时。轮到广东省时，是下午 1 点钟左右。我们 12 个人，分成两排站在主席遗体的左右侧，1 排 6 个人。我站在主席遗体左边。

到京参加毛主席吊唁活动的广东省、广州市领导返回广州。其中的女士是谢红兵。

我距离主席的遗体，大概 1 米远吧。我从来没有这么近距离地待在他身边。毛主席看上去很安详，像睡着了一样。

前来吊唁的人，不断从我眼前走过，挡住我的视线。守灵的时候，我们不能伸长脖子东张西望，我只能低着头，一等人走过，赶紧抬起眼皮，瞪大眼睛多看毛主席几眼。

半小时很快过去了。离开人民大会堂前，我们围着毛主席的遗体走了一圈。我实在不愿意离去，还是别人拉我走的。

连作一个月专场报告

我们为主席守灵的任务完成后，12 个人马上从北京坐专机回广州。当晚，省、市领导在省委礼堂开会。领导要我谈谈感受。

我就讲，10 年前我戴着红袖章去见毛主席，10 年后我戴着黑纱为毛主席守灵……我一开口就哽咽了，流着泪说了 5 分钟。

可能省、市领导觉得我讲得感情真挚，内容也很有教育意义吧，两三天后，就安排我到中山纪念堂去作报告。这一讲，就讲了一个多月。

那一段时间，我天天都在作专场报告，讲自己给主席守灵的感受，讲在农讲所工作的体会，同时又结合宣传毛泽东思想。回回讲回回哭，哭了整整一个月，哭得眼睛肿肿的，声音也沙哑了。我把作报告当作是一项光荣的政治任务，也不觉得很疲惫。

来听报告的，来自广州社会各界。一般上午、下午各一场，一场讲一个多钟头。有时安排不过来，连中午、晚上都要作报告。我一下子成了广州市的“名人”。

有人以为江青为我取名

这里有个好笑的插曲：我到我弟弟的学校作报告，一个年轻的老师接待我，他特地把我领到一边，悄声问我：“听说你的名字是江青起的，是不是?”

我说：“你搞错了。江青在北京，我人在广州。我的名字不是江青取的。”

我的名字确实是在“文化大革命”的时候改的，不过是我姐给我改的。我姐原名谢美银，我原名谢美嫦，我们分别改成“谢红卫”、“谢红兵”，合起来就是“红卫兵”。

别人对我有这样的疑问，大概是觉得：我能到北京给毛主席守灵，不是一个普通人，可能是和江青有什么特别的关系吧。

毛主席去世一个多月后，就传来粉碎“四人帮”的消息。组织上不再安排我作报告了。

现在回想起30年前为毛主席守灵，我还是感到很光荣，当时的感情是很质朴的。

毛主席视察广州农村，我们坐同一条板凳

■讲述人·钟叙本

现年76岁，曾任广州棠下村高级社社长、党支部书记。“文革”期间，任广州市革命委员会副主任（相当于副市长）。

旁白：在钟叙本家的客厅里，悬挂着两幅1958年毛主席视察棠下公社时的照片。钟叙本买了几盘歌颂毛主席的磁带，（2006年）9月9日当天在自己家里放，以这种方式纪念毛主席逝世30周年。他说在毛主席去世后的五六年间，棠下村每年还会举行一些纪念活动，慢慢地就不再举行了。

1976年9月9日，我和广州市、区几个领导正在汕头农村参观，一听到广播里传来毛主席去世的消息，我们立即赶回广州。这个消息来得太突然了，我一点预感也没有。

当时“文化大革命”还闹得很，毛主席不在了，谁来当权？当权的人行不行？会把国家搞成什么样？毛主席定了华国锋，但是我们对他的情况不了解，老同志支持不支持他？……这样想、那样想，脑子里乱得很。

与毛主席同坐一条板凳

我回到广州后，在棠下村口的大晒谷场上举行了一个悼念大会，2000多人参加。知道毛主席去世了，很多人跟我一样，有很多猜测。我在会上给群众做思想工作。我说，伤心是要的，但是整天伤心没有用。主要第一个相信党中央，第二个化悲痛为力量，把生产搞好，这才是拥护党中央，不忘记毛主席教导。

解放前，我出生才一个多月大，我第二个哥哥就背着我去讨饭，8岁我就去放牛、打柴，我才只读过一年半小学。是毛主席让我们翻身做主人。

我一生五次见过毛主席。1956年，我们棠下村有3000多人组成高级农业合作社，生产大丰收，收入增加，被评为全国先进社，国家农业部发给我们“爱国丰产奖”。1958年4月30日，毛主席来视察棠下公社。我那时是社长，和党支部书记梁富，一起向毛主席汇报工作，我们三个人坐在同一条板凳上。我讲广东话，毛主席讲湖南话，朱光市长当翻译。毛主席笑着说，这是“六级干部会议”。（开心地笑起来）

反对搞“三忠于”个人崇拜

旁白：1968年2月21日，由革命干部代表、军队代表和革命群众代表“三结合”的广州市革命委员会成立。钟叙本时任郊区黄埔公社棠下大队党支部书记，他代表贫下中农，成为市革委会内的一名副主任。据《广州党史》记载：市革委会成立后的1968～1969年间，是个人崇拜最盛行、形而上学最猖獗的年代。广州和全国各地一样，普遍开展了“忠于毛主席、忠于毛泽东思想、忠于毛主席的革命路线”（简称“三忠于”）的活动。

开市革委会成立大会之前，军管领导就叫我去当个副主任，我一点准备也没有。虽然觉得光荣，但我知道自己水平不行。

我是1955年入党的，我没读过马列主义，也不懂得毛泽东思想。

但我记住，毛主席告诉我们“干部群众要全心全意为人民服务”这句话。

我是很崇敬毛主席的。但是市革委会搞“三忠于”活动，什么“早请示、晚汇报”。我认为，这些形式太繁缛，这是信教，这种崇拜毛主席的方式是错的。要抓革命促生产，把群众的生活水平提高，不要搞武斗，这才是真正对毛主席尊重。我把这些想法跟棠下公社党支部领导说，大家都反对这些形式。

“文革”中，有一些做法很不符合实际的。有一次，整个广州郊区把那些“牛鬼蛇神”拉到东校场组织批斗大会，开完会就拉他们游街，从东校场走到人民南路。我看到其中有3个老人是棠下公社的地主婆，就拦下来，叫她们不用走了，到旁边坐一下就回去。那一次游街，死了12个人。

我这么做，不是同情“黑五类”。我的看法是：他们以前当地主，这是客观存在着的，从政治上划清界线。但他们也是人嘛，人家不搞破坏，干吗打他呢？

对于毛泽东，我自己从两个角度理解这个问题：一、没有毛主席就没新中国；二、他的缺点是把阶级斗争拖长了，没精力搞经济，人民生活水平难以提高。有很多东西用内部矛盾解决就行，不一定要搞“文革”。

1976年9月18日，在广州越秀山体育场隆重举行的毛泽东主席追悼大会上的广州民兵。

链接

背景资料

“三忠于”主要内容有：(1) 办学习班大学毛泽东思想。1968 年 9 月 14 日，广州市革委会发出通知，规定各工厂企业、商店要建立“天天读”毛主席著作 1 小时的学习制度。(2) 布置“忠字环境”。家家户户都张贴毛主席画像和毛主席语录，不少地方还在大街小巷的外墙用油漆绘制毛主席巨幅画像或书写毛主席语录。后来发展到公共场所的绿化带也用花草排成“忠”字、葵花向太阳图案或毛主席语录等。(3)“早请示”、“晚汇报”和饭前“表忠”。即每天上下班和饭前，在毛主席像前集队，念颂词，学习毛主席语录，布置工作或作工作小结。(4) 做“忠字牌”。为表示“三忠于”，干部、职工、学生、农民人人都用小木牌做块“忠字牌”，上面贴毛主席画像，写一“忠”字或长短不等的“三忠于”口号，用于举着参加频繁的游行庆祝活动。(5) 跳“忠字舞”。当时用几首极流行的歌颂领袖的歌曲，配上舞蹈动作，在机关、学校等地推广。人们列队边唱边跳，以表达对领袖的忠心。有人因反对搞愚昧的“早请示、晚汇报”，而被作为反革命关押审查，直到 1978 年底才得以平反。

市革委会还大力抓毛主席著作的印刷发行和毛主席像章的制作。1966 年成立了毛主席著作印制办公室，1967～1968 年间建立专门印刷毛主席著作的红旗印刷厂和东方红胶版印刷厂。1968 年 5 月，市革委会还组织成立了专门制作毛主席像章的工作机构。1968 年 8 月和 1969 年 1 月，为纪念毛主席“人民公社好”题词发表 10 周年和“工人阶级必须领导一切”的最新指示公开发表，先后“敬制”了两种数量分别为 100 万枚和 80 万枚的毛主席像章。据统计，自 1966 年底至 1969 年 2 月，全市共出版各种毛主席著作 2150 万册，印刷毛主席画像 1060 多万张，制作毛主席像章 1 亿多枚。

主席去世村里打斋三日

■讲述人·杨洪基

男，56岁，1976年时在白云区太和镇红山公社当农民。

我们这个地方，“文革”前叫白山，1969年学习毛主席著作出了名，改成红山。改革开放时，四周的树都被砍掉了，又叫回白山。我是红山公社第八生产队农民，1969年我初中毕业，农村人可以亦工亦农，我一方面在家里种田，一方面成了公社供销社的收购员。

1976年，整个广州郊区都流行种橙，萝岗橙，家家户户起码都有五六十棵。之前我们种过番石榴、杨桃、广宁竹，嘿，都是一阵风。

到了收获的时候，供销社就来统收。我记得最清楚！4～5个称一斤是一级，一斤4毫子（4毛钱），个头太大的反而不收。5～6个一斤的3毫8；6～7个一斤的3毫1。收上来以后，供销社用车运到广州长堤、洲头咀、八旗二马路的供销社，在那里统一销售给各个单位。

农民除了种粮食以外，农余时间还可以上山砍柴割草，卖给供销社后运到三元里、蚌湖等地给人家烧红砖。那时候治安好，收上来的柴火摆在路边没人偷，别人来我们这里买，要我们写放行条，一路就可以畅通无阻。

那时候的农民早上8点钟生产队开工，大家先学习一篇毛主席著作，晚上放工还是组织学习。“文革”期间农民利用休息日上山割草，卖给公家，给生产队存了几百块钱，买了一台电视机。凡是重要新闻，我们可以连饭都不吃就跑到生产队去听。吃饭就在生产队，每餐饭前都要念3句毛主席语录。干活就是挣工分，一年下来和生产队结算，多退少补，吃饭基本上可以说没有问题。

因为学毛著出了名，我们这儿有不下10个人到广州市去讲课，省、市大大小小的干部也要来我们这里蹲点，学生们也经常来这里忆苦思甜，部队拉练也常经过我们村。那时候，人人都有屋住。村里人起屋（建房子），大家都来帮忙。

1976年9月18日，在越秀山体育场举行的毛泽东主席追悼大会上的红小兵。

那时候管得严，要是陌生人进了村，三盘四问，回答得牛头不对马嘴，就会被认为是特务；晚上在家里听收音机，声音太小了，别人听不清楚，你就会被怀疑是偷听敌台。那时候我们村里也有几个偷渡的，抓回来生产队三日不开工，就要隔离审查。

周恩来是中国的标准男人，农村人好崇拜，我们叫他周伯伯；朱德大家都知道，就叫委员长；不过农村人还是最感谢毛主席，所以大家都尊称他“阿爷”。

还记得1976年“阿爷”过身（去世），我是通过生产队的大喇叭知道消息的。当时公社有灵堂，大队、生产队都有灵堂。村里面打斋三日，连猪肉都不给卖。我也去拜祭，一日去一次，灵堂里都是“喑喑呜呜”的哭声，那情形，不哭都被人引出眼泪了。

3个领导人都逝世了，每个人心里都好沉重，不知以后会怎么捱苦。

不过“四人帮”倒台的消息就来得很模糊，农村对外边消息都不灵通，直到邓伯伯（邓小平）搞开放政策，农村的变化才大了起来。我也辞去了供销社的工作，和老婆在家里专心种田。到了1980年，我就花5000块买了一辆大客车，在外面跑起了运输。

提着脑袋排演《霓虹灯下的哨兵》

彩排时阻力重重，1976年底广州话剧团重建后首次公演获成功。

《雷锋》公演时观众仅4人

■讲述人·郑福民

78岁，吉林人。1974～1979年筹建广州话剧团，后任团长、党支部书记。

郑福民：我原来在广州体委工作。后来，体委干校和文艺干校合并，我当副校长。1970年调去市文化局。

刘保民：其实，1962年，曾经有个广州话剧团，我那时任艺术总指导。因为种种原因，这个团只排了两个戏和一台歌舞节目，不到一年时间，就撤销了。接着，1963年，成立了羊城话剧团。羊城话剧团演了20多个戏，什么《千万不要忘记》、《南方来信》、《雷锋》，主要是一些反映阶级斗争、革命英雄主义的话剧。演《雷锋》时，上面规定要看，全场爆满。到公演时，台上演员70多个，下

讲述背景

1976年，广州话剧团重新建立。这是当时广州文化界的一大盛事。

广州话剧团的筹建过程，从1974年到1976年，跨越了“文革”末期到“文革”结束，不可避免地打上时势变化的鲜明烙印。团里派性斗争风气残存，老师不敢公开教苏联的表演体系，选择剧目要视政治风向……

这个地方小剧团从一穷二白开始，一路跌跌撞撞，中间过程何等艰辛！最终顺利组建，又是何等幸运！

“文化大革命”结束，它没有重蹈两度短命的覆辙；“八个样板戏”年代的终结，文艺界迎来百花齐放的新春，也让新生的广州话剧团获得如沐春风般的滋养。

面观众只有4个。呵呵。

那时候广州人比较难接受话剧，因为演的戏都是以普通话为主的。不过，演粤剧闹剧《72家房客》，老百姓很喜欢。

有一回，一个外国钢琴家来演出，他每弹完一首曲子，就换一套衣服。羊城话剧团的几个演员知道了，就去后台看他换衣服。结果，这件事闹大了。上头说，这样做有伤风化，这个团一定要好好整顿。团里就开始搞"四清"。"文革"时期，只准演八个样板戏，到1969年，羊城话剧团就撤销了。

郑福民："文革"时，全国的文艺团体基本上都处于瘫痪状态。"文革"后期，考虑到广州那么大一个城市要有几个文艺团体才相称，市文化局于是决定恢复几个剧团。

演员被发配到茶楼倒水

郑福民：1973年，筹建话剧团刚开始简直是一穷二白。钱啊，人啊，剧场啊，住处啊，什么都没有。我找了原来羊城话剧团的几个老同志，包括刘保民等四五个人回来，组成筹建小组，1974年开始着手办。

■讲述人·刘保民

76岁，山东人。1974年筹建广州话剧团，负责艺术室工作。

刘保民：羊城话剧团解散了，我先是到干校劳动，然后又到市一宫当"宫主"。剧团里有的演员去茶楼提壶倒水，有的到小卖部去当售货员，这些是组织安排的。

郑福民：我去找"羊城"那些老演员。大家都愿意回来，演戏才是他们的本分事啊。

剧场没建起来，我们像打游击似地找地方。最早办公的地方是在中山五路的一个琴行，50多平方米。我们管它叫"话剧商店"。招收学员在小门市部里，老演员当考官。后来就在下九路红荔剧场（原来的广东曲艺团团址），借了个地方，由老演员培训学员。在下九路培训几个月后，又换到从化凤院大队里去培训。我们还从外地的剧团陆陆续续招了一些优秀的演员，加起来一共100来人。

抄家的与被抄的狭路相逢

刘保民：到“文革”后期，社会上还遗留了不少问题。一个团里，成员来自四面八方，分好几个派。

郑福民：筹建话剧团初期，我顶的压力大啊。主要是团里一些人之间还留下些恩恩怨怨。

羊城话剧团原来有个姓孙的导演，解放前参加过国民党。“文革”开始就受审，挨批斗。他在“文革”中被耽误了快十年，在家待着，没工作。我把这个孙导演找来。我说，你排好戏，我分个房子给你。出身好不好是另一回事。他答应了。第一次发工资的时候，他还请我们吃饭。

孙导演家里原来有很多高级的家具，抄家的时候被搬走。我知道我们筹建组有个成员就拿过他家的东西，我叫那人赶紧把东西给人家送回去。这人硬着头皮照办了。

第一个戏就“违反政治”

郑福民：大概是在“四人帮”粉碎前后，我们决定排第一个戏——《霓虹灯下的哨兵》。这个戏，我以前看过，觉得很好、很真实。我当过兵，辽沈战役的时候我当后勤，见过老百姓给部队的人送过枪支弹药，送食物。这个戏讲的是解放初期，当兵的初到上海这样的大城市，受那些花花绿绿的东西影响，思想被腐蚀了，加上当时群众对人民解放军不理解，特务又在挑拨离间，结果军民关系搞得很紧张。

刘保民：“文革”中，长期实行军管，老百姓对解放军有些误解。我们选择了《霓虹灯下的哨兵》，是希望能够推动当时军民关系的改善。

郑福民：我跟上头提出演这个戏。领导说，不可以！这戏违反政治，不符合形势，演了会犯“错误”。我就说，有问题我来负责，犯错

广州话剧团第一出戏《霓虹灯下的哨兵》剧照。

误，坐牢我去。

《霓虹灯下的哨兵》是话剧团复建后要推出的第一个戏。当时，大家都担心，领导不同意，不来看戏。这戏就没看头了。我说，来，我们欢迎，不来拉倒。

排这个戏，条件很艰苦。当时，团里的人员，工资最高的90多块钱，最低的才30多元。演戏的衣服，是我找军队的后勤部副部长借的，排练场也是靠关系借的。

1976年底，《霓虹灯下的哨兵》在铁路工人文化宫首演。老百姓和军队对这个戏反应都不错。领导们也默认了这一结果，对我们没表扬也没批评。1977年初到江门、佛山、台山等地演出，一共演了上百场。

1978年，沙河顶广州话剧团的剧场也建起来了，我们不用“打游击”了。

■讲述人·李伟英

49岁，广州人。1975年12月进入广州话剧团当学员，现为广州话剧团演员。

“四人帮”倒台急换戏

老师偷教“修正主义”那一套

1975年，我18岁，在花都参加一个业余文艺调演。当时广州话剧团正在筹建，招生组的领导马雨秋老师等人到那里挑人，觉得我还不错，就叫我去试试。

我没有受过什么表演的专业训练，一听说能进话剧团，很高兴。一来有工作，有工资了；二来当演员在当时是很光荣的事。

国内话剧界以前是学苏联，用苏联那套史坦尼表演体系。这套体系在“文革”时被批判为“修正主义”的东西，不可以公开用。但如果不学会这套体系中的许多元素，是无法上舞台塑造人物的。老师们只能偷偷地教，不能公开说。

“四人帮”倒台临时换戏

在从化培训一年后，学员要作汇报演出。原定的两出独幕剧是《岗哨》（普通话）和《出航之前》（粤语）。

谁知道1976年10月，突然传来“四人帮”倒台的消息。而《岗哨》这个戏是讲反“走资派”的，显然不合时宜。

于是剧团临时换戏，把《岗哨》换成粤语独幕话剧《审椅子》，这个戏虽然也是讲阶级斗争的，但没那么明目张胆地宣扬“四人帮”路线。

打倒“四人帮”后，戏剧舞台迎来了一个大好的春天。我们团演出了一个街头活报剧《打倒“四人帮”》，女演员林清扮演江青。她的样子和江青有点像，再加上她的演技好，把江青的那些丑态模仿得惟妙惟肖。这个戏到广州各地去巡演，大快人心，观众们都夸林清演得好。

演反派角色获好评

1976年，《霓虹灯下的哨兵》上演，我扮演里头的美国记者，是个小角色。接着，团里的粤语队排演了一个讽刺喜剧《枫叶红了的时候》，内容是揭露“四人帮”丑态的。我有幸担纲主演陆峥嵘，是个反派角色。这是我学戏以来第一次挑大梁。

1977年《枫叶红了的时候》公演，老百姓非常喜欢这个戏，演了上百场。

那时看话剧的人很多，演了这戏之后，上街会有很多人认出我。我带个饭盒上街买糖水，还没进糖水店，店里就会有人喊“陆峥嵘来了”，有人会围过来问这问那，糖水店的人会给我装满一饭盒糖水。团里的人笑我，应该带个脸盆去买糖水。（笑）呵呵，观众对我的喜欢，也体现大家对打倒“四人帮”的那种欢欣鼓舞。

讲述背景

30年前，1976年6月12日长堤大马路318号、原先施公司大楼的那场大火至今仍清晰地留在不少广州人的记忆中。

那场火烧得惨烈。火灾导致24人死亡，28人受伤。

那场火烧得悲壮。共计13人被授予“革命烈士”称号。

那场火烧得让人心酸。老消防员顾超俊说，即使在指挥员第三次下令要求撤退时，还有人往里冲，为的是抢救国家财产。

30年光阴弹指而过。当年报纸上表彰英雄时刊登的激昂的政治话语早已淡出我们的日常生活，死者长已矣，烈士们的名字化为每年祭日亲人们送上的一支小小香烛；英雄们亦已垂暮，在繁华褪尽的余生中，回归朴素而生动的生活。

“6·12”长堤大火：百人捧“红宝书”冲进火海

1976年6月12日长堤大马路一栋五层大楼转眼化为废墟，24人遇难，其中13人被追认为烈士。

用皮带抽才将人赶出来

■讲述人·顾超俊

74岁，1952年起在广州市消防大队工作，直至1990年退休。1976年任消防大队副大队长，也是长堤大火的现场总指挥，亲历了整个事件的经过。

说起长堤大火，我记得还比较清楚。

1976年6月12日下午，好像刚吃完午饭不久，突然接到电话报警，说是长堤大马路起火。我马上吹哨，组织大家出发。我总共带了3台消防车、1台指挥车，还有20多个消防员。消防大队当时在文明路，车刚刚转到江边时，就看见火光冲天了。火势比预想的大得多，我赶紧通知后面的车队，要他们调集全市消防车过来。

几个人吊在318号大楼外

行到海珠桥底时，除了大火外，还看见几个人吊在318号大楼外，我马上通知后面车辆：准备救人！车到楼下，我看清了，楼上吊着的共4个人，都用手抓着栏杆。我叫后面车上的副中队长黄林波：你赶快拿钩梯、两节梯救人！话音还没落，“扑通”一声，一个人已经掉下来了，就摔在我的脚边，是个妇女。守在现场的救护车赶紧将她送到中山二院。这边消防员还在支梯子，“扑通”一声，又一个人掉下来了，不过他的命大，夹在墙面广告牌的斜缝中了。消防员迅速用梯子将剩下的两人解救下来。

救人的同时，消防员已经开始拿水管灭火，到处是火光、浓烟，百货公司的员工也在进进出出往外抢救物资，现场乱成一团。我指挥消防员、百货公司的员工，统统从左边空手进、右边搬东西出，以防止忙中出乱，互相冲撞。

这时，全市的消防车辆和人员都到了。共有19台消防车、200多消防员，还有两艘消防船，就停在江面上，抽江水灭火。但是，火势丝毫没有减小。大楼周边热气灼人，对面中国银行的玻璃被烤裂了，“噼噼啪啪”地响。一墙之隔就是红锋旅店，后面是密密麻麻的民居。火势一旦蔓延开来，后果不堪设想。当时我的想法是，这个楼是保不住了，但是，坚决不能让火蔓延。

喊着“毛主席万岁”冲进火海

随后，我也进大楼查看情况。火是从一楼电梯口着起来的，顺着电梯一直烧到了顶层。所以，一楼、二楼看上去火势反倒不大，很多人在往外搬东西。我上到四楼，烟熏火燎，楼梯被封。我绕到大楼后面，看看人员力量布置情况。随后，又爬到紧邻的红锋旅店（现东亚大酒店）顶层平台。有消防员正从上往下喷水。往下一看，四、五层烧得最严重，一片火海，里面啥也看不见。我寻思：“我的天，这个火我能救得了吗?”

到了楼下，一大群商业局的职工干部，有一两百人，正赶来救火。每个人都一手提着水桶，一手拿着“红宝书”，喊着“毛主席万岁”就冲进去了。事后我听说，他们局里当时正在开党委会，听到起火，这些党员和积极分子就都冲过来了。

清场命令几乎没人听

此时，大火已经烧了30多分钟。我知道，这场火是救不了啦。这栋楼的结构我很清楚，每层都是水泥柱子建好后，中间架上工字钢，然后再铺上柚木地板。凡是金属结构，温度超过2000℃后，肯定要变形，跟着就要倒塌。楼高五层，大约25米，倒塌面积起码有5～7米。周边也必须要清场。所以，我下了清场命令：所有人放下手中的消防器具，立即出来！

但是，在大楼一楼内有一个保险柜，两米多高、一米来宽，里面装的是一批刚进的梅花牌手表，总价值200多万元——这在当时可是个天文数字。保险柜钥匙找不到，那些人就试图把整个保险柜搬出来。二三十个人围着柜子忙活。我第一次下命令，没人出来。

那么大个柜子，怎么可能搬得出来？这时，"轰隆"一声巨响，四、五层已经开始倒塌了。我又下了第二次命令，还是有一部分人没出来。我就告诉我的兵，一个叫徐伯祥的："你进去，把所有的人给我赶出来，不出来你就拿皮带打！"小徐跑进去，当真用风纪带抽打，才又赶出一部分人来。这时，离最后一次彻底倒塌只有四五分钟了。

我围着大楼巡视，进行最后的清场。在后面迎珠街附近，看见有四五个消防员还在拿着水枪灭火。我冲他们吹哨子、喊话，都听不见，急得我抓起一块砖头扔过去，他们这才回头。我大声喊："把水枪丢

△ 火灾发生后大楼变废墟，钢筋变"面条"。

了，赶快跑！”他们跑出去后，十几秒，又是“轰隆”一声，大楼彻底倒塌！

大楼倒塌压垮8间民房。

大火扑灭后，第一件事就是清点消防员人数，点来点去发现少了两个人。其中一个是姓禤，后来在后面迎珠街找到了。另一个战友冯荣瑞，却怎么也找不到。有消防员说，在楼里面看见他去扶一个受伤的百货公司职工。我们都知道，肯定没命了。

我丢了一个兵

冯荣瑞烈士。

晚上，建筑公司开来了挖掘机。大件东西用挖掘机挖走后，剩下的都是用手来挖。我一直守在现场，两天三夜没有合眼。第二天中午时分，失踪的消防员冯荣瑞找到了。他和百货公司一名职工，叫马国的，埋在一起，肩膀上还搭着马国的手臂。显然是试图搀扶着马国出去时楼房突然倒塌，被压在下面了。这个小伙子只有二十一二岁，入伍时间不长，人很老实。这是我带的兵中，第一个牺牲的。

两个月后，市里召开了表彰大会，我被记了三等功。我去参加了大会，但没有发言。因为心情很沉重，我丢了一个兵，还损失了那么多消防器材。

我一直干到1990年才退休。从事消防工作近40年，经历的火灾，大大小小算不清。不过，1976年的长堤大火印象最深刻，也给我后来的工作带来观念上的影响，那就是：救人第一！财产虽然重要，人命更重要！

■讲述人·李莲招

79岁，暨南大学经济学院商学系副教授。其女儿张雪芬系广州市雄鹰糖果厂工人，在“6·12”大火中牺牲，时年20岁，后被追认为烈士。

30年来，抱起女儿骨灰就哆嗦

时间过得真快，雪芬走了转眼就30年了。见她的最后一面我至今都还记得：那是1976年6月12日早上，我带着学生到湛江实习。雪芬送我上车，因为怕我晕车，还买了一些话梅给我。车开动后，隔着窗户笑着向我挥手。

靠武装带上编号确认是女儿

到湛江的第二天，我就听说广州发生一场大火，但没想到会和我们家有关系。第三天，女儿所在的糖果厂副厂长和我们系里一个女干部一起找到我，说雪芬在救火中受伤了，让我回去照顾。我说，我这边还带着学生呢。他们说，都是大学生了，不用担心。催着我一定回去。

坐车刚回到校门口，就看见学校书记在亲自迎候了。我意识到，事情不像我想象的那么简单。回到家，医生、护士、女儿厂里和我们学校的领导已经满满地坐了一屋子。我的儿子、媳妇、女儿见到我放声大哭。真相大白了！我一下子晕倒在地上。醒来后，医生护士已经给我输上了液。

直到当天下午，才找到尸体。他们不让我去看。据说，孩子已经面目全非，最终是靠她武装带上的编号确认的。几天后，在殡仪馆开了追悼会，骨灰被放在银河公墓烈士楼。

旁白：因为2006年银河公墓烈士楼要翻修，骨灰被暂时转放在家里。李莲招颤巍巍地从房间里捧出一堆东西，有女儿的照片、骨灰盒前的假花，还有一面党旗，放在面前反复摩挲。

30 年来，抚恤金都捐了出去

每年清明节和 6 月 12 日，我都会去银河公墓看雪芬。把骨灰盒抱在胸前，手就开始不停地抖，30 年了，还是哆嗦。

张雪芬烈士。

雪芬牺牲后，省里授予“革命烈士”称号，市里也开了表彰大会。1983 年，又被民政部认定为“革命烈士”。政府每月都有一定的抚恤金，早些年是几十块，现在是 200 多块。这笔钱我们一直存着，分文未动。

1993 年，我们了解到家乡平远县河头镇还很穷，学校破破烂烂，就把十多年的抚恤金全部捐出，建了一所小学。家乡人为表示纪念，把学校命名为雪芬小学。后来，我们又在学校建立教师奖励基金，还修建了一座大桥。这么多年下来，具体捐了多少钱，我也不记得了，没有 100 万也有 80 万吧。其中绝大部分钱是我们老两口的积蓄。

旁白：李莲招的老伴张益华教授于 2004 年去世。李莲招

名震一时的先施公司。

继续实践着夫妻俩的想法：不仅资助故乡的希望工程，对很多生活困难的孩子也伸出援手。无意中压在桌面下的一张汇款单显示，最近的一笔捐款是在今年3月。

我们曾希望她能上大学

雪芬在家里排行老小，上面还有三个哥姐。我们对她的希望是能去上大学。但那时大学都停办了，她从华师附中毕业后，就去了广州雄鹰糖果厂工作。这个孩子生性乐观豪爽。工作热情很高，每天凌晨5点就起床，后来干脆搬到厂里去住了。周末还常常去火车站帮助旅客。她能这样舍身救火，也是受到那个时代政治人物的影响，很崇拜那些英雄。有一次还问我："如果有一天，我像向秀丽那样为抢救国家财产牺牲，你会不会哭?"

一晃就是30年，如果活着，她今年也50岁了，唉——

■讲述人·于新贺

55岁，原广东省汽车制配厂护士。在1976年长堤大火中，被烧成重伤，手脚被部分截肢。被授予"一等功臣"称号。

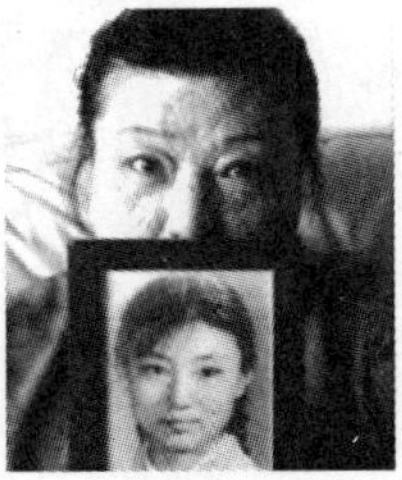

女儿说，这不是我妈妈

那时我家住在长堤大同酒楼旁。1976年6月12日下午，我正在休病假，打算下午去幼儿园接孩子。突然就看见天红得厉害，随后有人告诉我说长堤起火了。我就跑过去看。

逃出生天

到后，我发现百货公司大楼上冒出很大的火，还有浓烟。有一个人拿着大喇叭喊："党员、团员都上来帮忙!"我是个团员，也没想什么，就冲进去了，帮着往外搬成箱的手表。记不清搬了多少，在我正搬着手表下一楼时，三楼的楼梯突然倒塌——“呼”的一下，只看见自己周围都是火和烟，只有很小的一个空间让我容身。我的第一意识是：死定了！

我听见旁边很多人在喊“救命”。我不喊，因为喊也没用，那段塌下的楼梯起码有三四米长，别人怎么救你？——也多亏我没喊，因为浓烟加上高温，那些喊“救命”的后来都不是被烧死的，而是死于肺水肿。

就这样在这个“火屋子”里蹲了五六分钟。我冷静下来想，这样死了别人连尸体都认不出来。不行，还是要想办法出去。我抬头看看，墙上高处有一个窗户——中间有一根铁栏杆，窗扇可以上下活动的那种。这是唯一的活路了！往上爬吧。窗户很高，是怎么爬上去的，完全记不得了。只知道窗户的铁栏杆都烧红了。稀里糊涂就爬上去，外面有人接应着，就跳下去了。

指挥别人救自己

出来之后的情形，我太记得了：我躺在一个天井中间，深吸一口气，低头一看，衣服还是好好的，我心说：死不了啦！当时意识非常清醒，还指挥别人救我。有人就抬来帆布床，送我到中山二院。

到了医院，帆布床太宽，进不了电梯。我就说：你们不会打斜进吗？这才进了电梯。到了手术台上，护士帮我挂吊针。我都烧成那样了，护士还在我手上到处找血管扎针。接下来，准备手术，他们还给我脱衣服，那个时候了，衣服哪能脱下来啊！我说，用剪子剪吧。我并不是被烧伤的，而是被烤伤的。我还记得很清楚，将我的衣服剪下一拉开，皮跟着全掉了，像一大片水晶玻璃一样。

当天晚上，脸就开始肿了。意识也开始一会儿清醒一会儿昏迷。最让我刻骨铭心的记忆就是取头皮。因为我全身烧伤面积达 89%，只能取头皮移植，两三天就要进行一次植皮手术。总共做了 19 次。因为在头上手术，麻药不能用太多，后来我干脆就不让用了。当时给我做手术的是上海来的专家史教授，连他看着都哭了。

女儿问：“妈妈，你怎么搞的啊？”

一个多月后，病情基本稳定。我全身都用绷带裹得紧紧的，一直

原先施公司的大楼，转眼化为废墟

1976："6·12大火灾"

□秦 毅

民国时期广州四大百货公司之一的先施公司，总公司于1911年由澳洲华侨马应彪集资设于香港，向香港政府注册为先施有限公司，资本额港币1000万元。广州先施公司于1914年在长堤大马路落成，总资本港币100万元，五层大楼为钢梁砖木混合结构，二至四层系为柚木地板，第五层为20厘米厚水泥层。公司经营有方，盛极一时。

解放后，楼高五层的先施公司旧址属长堤大马路318号，作为市二商局第四个单位的办公楼和商储场。然而，对这间当年还办过水火保险业务的先施公司，人们却无法想到，火神让这里遭到一场大浩劫——

1976年6月12日下午3时许，一名机修工在大楼底层靠近电梯口的传达员休息室用七八斤汽油装在盆内洗刷马达机件，离开前又未抹干地面。3时30分左右，传达员回休息室睡觉，感到汽油味太浓，不能入睡，便坐起抽烟，随手把未熄灭的火柴梗扔在地上，引燃地上汽油，火势趁电梯口迅猛往楼上奔窜。4时零3分，消防队接到报警，4时零7分，第一批消防力量抵达火场。这时火势已非常猛烈，消防队员一边抢救被困人员，一边组织力量控制火势。先后到达火场参加扑救的消防车19辆、消防船2艘、消防指战员200多人，主动参加灭火的职工群众数百人。进入大楼内灭火和抢救物资的消防员和职工群众有200多人。根据火势和该楼结构分析，燃烧30分钟左右大楼就会倒塌。火场指挥员两次下令撤离，仍有不少群众在大楼内帮助抢救物资。当指挥员第三次下令撤退并派出警力进楼强制执行时，一声巨响，整幢大楼倒塌，压塌附近8间民房。

这场大火导致24人死亡。消防队员冯荣瑞烈士，为抢救一位伤员，第三次闯入火场，16点45分楼塌遇难，年仅21岁。年仅20岁的张雪芬，是雄鹰罐巢厂的青年工人，正值豆蔻年华，在楼底不及逃出被烧死，令人痛惜。此外还有受伤者共28人，造成经济损失约272.5万元。

废墟一撂四年，直至打倒"四人帮"之后的1980年重新动工，1984年落成今日的华夏公司。

（本文火场图片由广州市消防大队供稿）

名噪一时的先施公司

钢筋成了"面条"

张雪芬

冯荣瑞烈士

大楼倒塌压垮八间民房

△ 当年的报道。

不知道脸上怎样。直到五个多月后，我表妹在医院伺候我，一天，她拿着小镜子梳头，我就说拿来让我看看。她顺手把镜子给我了。我一看，傻了！镜子"啪"的一下掉在了地上。

整整一天，我坐在床上，不吃不喝，不哭不闹。这样傻了一天后，我跟表妹说：我饿了，拿点吃的。从那以后，我再也不去想怎么办、怎么活了。

不过，我一直没见到女儿，挺想她，但又怕吓着她——当时她才3岁。但是，女儿一直闹着要找我，我爸爸就抱她来病房了。我躺在床上，她看了我一眼，就闹着要走，说："我要找妈妈，这不是妈妈。"我爸就抱着她往外走。这时，我轻轻地叫了一声："蓉蓉！"就像电影里面的镜头一样，我女儿"刷"的一下转过头来，说："妈妈，这是我妈妈！"然后就不走了，跑到我床前，看着我说："妈妈，你怎么搞的啊？"我就说，妈妈太顽皮，不小心玩火烧的啦，你可千万别去玩火啊！女儿就说："妈妈，你怎么这么调皮啊？"病房里的气氛本来非常严肃，听到我们母女这样一番对话，大家立即笑起来。

旁白：出院后，于新贺被鉴定为一等伤残，不能再去工作。同时被授予"一等功臣"的称号，在火灾发生之后的一段时间里，她被鲜花、报道和大量的高调政治口号包围。两年后，丈夫离她而去。

30年来，于新贺从不因伤残问题不愿出门，她是广州第一批迪斯科爱好者，常常在小区街头带领年轻人跳舞；她还从自己的生活费中拿出钱来去资助怀集的贫困儿童。

于新贺说起话来高声大嗓，讲到30年前彻底改变她人生的火灾，她只有4个字：我不后悔！为了表示态度的坚决，还会补充上4个字：天地良心！

链接

当年报道

黄永谦在火场中几进几出，遍身带着火苗。火光中，人们看见他赤着双脚在奔跑。大火烧到身边了，他拿起消防水龙，向火焰猛喷。烈火把他逼到了楼梯，他仍岿然不动。在楼梯倒塌的时候，黄永谦同志壮烈牺牲了。当人们找到他的遗体时，他手上还紧紧地握着消防水龙。

——《英雄本色 火海壮歌——记广州市长堤路的一场灭火战斗》

（原载1976年8月26日《南方日报》）

长堤一座大楼火警发生后，用毛泽东思想武装起来的广大群众和干部，奋不顾身地同烈火搏斗，他们用自己的革命英雄主义行动，谱写了一曲舍己为革命、舍己为人民的共产主义精神的壮丽战歌。

——《发扬共产主义精神——向与烈火作斗争的英雄们学习》

（原载1976年8月26日《广州日报》）

“6·12”大火中为抢救国家财产牺牲的部分人员名单

吴　福	男	53岁	广州市百货公司小百货批发商店储运组副组长
李伟亮	男	51岁	广州钟表批发储运组组长
谢宝玲	男	51岁	广州市百货公司小百货批发商店提运员
燕义华	男	51岁	广州市百货公司批发商店业务员（干部）
马　国	男	45岁	广州市百货公司针织品批发商店搬运工人
吴锷成	男	43岁	广州市百货公司针棉商店业务副组长
古滔新	男	42岁	广州市第一商业局干部科干部
黄永谦	男	41岁	广州市百货公司针棉批发商店电工
李荣发	男	36岁	广州市百货公司小百货批发商店工作人员
沈带华	男	26岁	广州市百货公司钟表批发商店保管员
余光华	男	25岁	广州市商业局中专学校学生
李泽锋	男	24岁	广州市百货公司钟表批发商店售货员
陈志琦	男	23岁	广州电信局电报分局营送二室送报员
许国健	男	23岁	广州市第八十一中学政工副组长
高重健	男	22岁	广州市百货公司汽车司机
张雪芬	女	20岁	广州雄鹰糖果厂团支部书记
袁小宏	男	18岁	广州市百货公司小百货批发商店临时工

讲述背景

2006年7月28日，是唐山地震30周年祭日。

1976年7月28日，唐山大地震夺去逾24万条鲜活的生命，举世震惊。广州，一个在地理位置上距离唐山颇远的城市的社会生活随之改变：两次预报地震但均宣告不准确，全城市民进入恐慌状态，有的人住入防震棚，有的则夜半闻风惊恐跳楼；组织医疗救助队迅速集结北上……

30年过去了，救援者们今何在，当年深入灾区采访的记者们有哪些“迟到的报道”？

唐山地震，广州医疗队千里驰援

千里驰援，广州医疗队奔赴唐山

■讲述人·李瑜元

男，62岁，广州市第一人民医院前副院长、临床研究所副所长，1976年任该院内科医生，是赴唐山地震灾区救援的广州医疗队成员。

1976年，唐山大地震发生后，各地都发动了救援行动。

广东省革委会决定派出7个医疗队赶赴唐山开展医疗救援，其中广州市有两个医疗队。医疗队的主要任务就是到唐山，把地震中受伤的伤员接回广州治疗。

誓师会上做旗手

我当时是广州市第一人民医院的内科医生。地震发生后大约一个星期，广州市卫生局的吴副局长来到医院，召集我和其他几位同事（王帮宏、吴惠生、施一菲）开会，宣布组织上决定由我们4个人代表医院参加医疗队，前往唐山。

为确定人选，组织上对我们每个人都进行了政审。任务宣布后，我们每个人从医院领到一个药箱。医院领导叮嘱我们，回到家后要准备一些粮票，不能和家人透露太多此次任务的内容；到了当地不准拍照，回来也不要乱说。

开完会后的第二天早上 8 点，广东省革委会在火车站举行了盛大的誓师大会。当时火车站在现在的白云路。广场上站满了人，我们一边背着药箱，一边背着水壶，担架都放在列车上，行李十分简单。因为个子高的缘故，我被选为旗手，拿着大旗站在誓师队伍的最前面。

誓师大会上，省领导讲话，号召“一方有难八方支援”。会后，我们上了火车，直奔唐山。

火车排着队进唐山

广东一共去了 7 个医疗队，每个医疗队一辆列车。医疗队里包括 11 个人，有医生、护士、列车员和新闻记者，跟我们这个医疗队的是一位拿着摄像机的电视台记者。

火车一路向北，但走得十分缓慢。一是因为地震毁坏了当地的铁路，二是地震发生后，全国各地都自发派出了救援队伍，由于缺乏统一指挥，一开始组织上就比较混乱。全国的火车都在排着队进唐山。我们在路上，少则停一两个小时，最长的一次，在河南的一个小站，竟停了 24 个小时。

每次火车在一个站上停下来，我们都可以下车走走，在站台上随

广东省医疗队赶赴唐山前在火车站举行了盛大的誓师大会。持旗者为李瑜元。

便打点水洗把脸，但是又不能离开站台太远。那时候一个调度员站在站台上，举红旗我们就停下来，举绿旗就走。我们没有手机，要开车了列车员大喊，我们就要全部上车了。

天气太热，我们从卧铺跑到硬座的木凳上坐。

火车过了天津后，沿途开始出现了被扭曲的铁轨，有些地方还出现了深深的沟。

震后一周，地下有人喊“救命”

算一算，我们在路上一共走了六七天的时间。地震发生大约半个月后的一天下午，我们的列车终于停在了唐山火车站。空气里飘浮着一股腐尸的味道，令人作呕。从火车站望去，整个唐山已经成为一片废墟，但路边的电线杆都没有倒，还能看出唐山街道的走向。

由于后面还有火车要等着进站，我们不能够在唐山多待。医疗队立刻向当地负责救援的解放军办理伤员交接手续。

在这期间，我们在火车站附近的废墟里走了一圈。我们到唐山的时候，地震已经过去了10多天，埋在废墟下的活人不多了。解放军们手里拿着锄头、铁铲，在一些当地居民的指引下进行挖掘，但倒下来的都是些水泥柱，靠手根本就挖不开，很多人就这样死掉了。听车站的人说，就在我们来的前几天，火车站候车室的废墟下还有人在喊“救命”，但就是救不了。

解放军身上的衣服上全是白花花的，那是汗水被晒干后留下的盐渍。在等待伤员时，一位部队的指挥员说，很多军人已经七八天没睡觉了。

挖出来的尸体用白色的塑料布包裹住，堆在路边。有卡车来，解放军就把尸体甩到车上，运到固定的地方焚烧。

将100多名伤员送至烟台

伤员们都在火车站附近的帐篷里。我们抵达唐山后两个小时，军用大卡车就载着不到100位伤员来到了。由于我们的火车来得比较晚，重伤员基本上被附近省份的火车接走了，我们这辆火车基本上没有断胳膊断腿的伤员，大部分伤员只是皮外伤，而且已经基本上处理过。

他们一直留在这里，是为了等待和寻找他们的亲人。

来之前我们本来打算把伤员接到广州治疗，但是到了以后发现这批伤员的伤势不重，而且后面还有火车，我们不能走回头路，于是我们的列车只在唐山停留了3个小时。天黑之前，就向着山东烟台前进了。

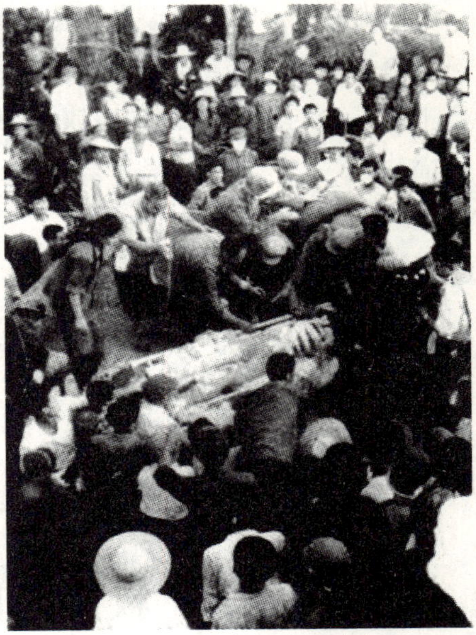

△ 唐山地震后救出埋在废墟中186个小时的矿工。

伤员们上了火车后，我们一个医生负责一节车厢。我管的车厢有10多名伤员。虽然没有人哭，但车上的气氛十分压抑，伤员们都呆呆地坐着，很安静，互相之间都不交谈。对于每个伤员，我都询问他们的基本情况，如果有人需要用药，可以向我要，但我派出去的药不多，不超过10个人，都是一些简单的消炎药、抗生素。

有一位50来岁的教授让我印象深刻。地震时，他正好在书房，一个书柜救了他的命，在他隔壁睡觉的妻子当场身亡。而他的儿子被压在废墟里，腿被一根水泥柱压住了，动弹不得。在等待救援的时间里，这位教授就拿着一根水管喂儿子喝水，10多天以后，他的儿子没有了生息，他这才依依不舍离开唐山。和我说起这些话的时候，教授的脸上没有了表情。

还有一个出差去唐山的浙江人，地震当晚去看朋友，凌晨回旅店时，突然感到地动山摇。他赶紧跑到大街上，没受一点伤。但他的同事全部埋在废墟里面。这10多天，他一直留在唐山不肯走，想把同事救出来。后来觉得没有希望了，才和我们一起离开。

从唐山到烟台，列车开得很快，一天多的时间就到了。在烟台，我们把伤员留下来，由当地政府安置。我们则取道上海，花了两天的时间就回到广州。

从那以后，我再也没有去过唐山。

唐山地震一周年，我们医疗队的几个人还组织了一次聚会，聚会上电视台的记者给我们播放了拍摄的录像，当时这些录像不能对外播放。

讲述人·邵定辉

55岁，广东电白县博贺镇新沟坝田村村主任，1969年入伍，在中国人民解放军11师53团汽车连。1976年7月28日，作为离唐山最近的驻军之一，邵定辉和战友们第一时间赶到了地震现场，参与了持续一周多的救援工作。

军人：救援路上留下遗憾

我1969年入伍，属于铁道兵。1973年开始，驻地就从陕西安康转到了北京密云，离唐山有300来公里。

驱车驰救路上撞人

7月28号凌晨时，营房也有震感，不强烈。早上5点多，听到紧急集合号，指导员说：马上开车去唐山，时速要达到120（公里），只许快不许慢！出发后才听说唐山地震了。

我们当时开的是一种日本产的车，俗称“青蛙车”。车速快，刹车灵。但是，那天不知怎么回事，行到通县境内时，突然发生意外：两个小孩骑着单车突然横穿马路，我赶紧刹车，由于用力过猛，手刹脚刹都断了，汽车撞到人后，又向前跑了两三公里才停下来。

我跑回现场看，一男一女，女孩子十八九岁，男孩子十五六岁，已经死了。天刚亮，路上没人。我脱下军装盖在他们身上，因为有军令在身，就改坐战友的车继续赶路了。我那辆车就扔在了路边。救援还没开始，我就撞死两个人，我心怀愧疚。这事对我影响很大，这是后话了。

先挖人再修桥

早上7点多，我们赶到唐山。此时，已经有3路部队赶到现场救援了。进城路口也已经有部队把守。

营救还没开始，我们两个部队先吵了一架。我们接到的命令是：30个小时内抢修好唐山大桥！现场指挥营救的部队则一定要我们先救人。就这样产生了争执。记得当时现场营救的总指挥是55军的副军长。最后他下了死命令："通通给我先救人！"

于是，所有的士兵被分成三路：第一路负责把被埋的人挖出来；第二路负责运人，伤的送去治疗，死的就先拉到街上；第三路则把尸体装到车上，统一拉去埋掉。我被分在第一路：从废墟里挖人。4个小时内，我背了400多具尸体，常常是身上背一个，手里拖一个。

记忆深刻的另一个细节，是抢救孕妇。人被挖出来后，军医一检查，大人看来是不行了，就直接将肚子割开，将小孩取出来。割断脐带，吸上氧气，放在一个铁桶里。就这样，不少婴儿居然成活下来。

28日下午，我们开始执行自己的任务：抢修唐山大桥。此时，30个钟的时限已经过去五六个钟了。

唐山大桥在唐山市区东北，铁路已经变形得不成样子。我们先把旧铁轨、枕木拆掉，然后铺新的。原来的桥墩全断了，我们就用横木一层一层架起来做桥墩。第二天下午，大桥抢修完成，比预定时间还提前了几个小时。

任务完成后，我们被要求继续留在唐山参与救援。

大约一周后，陆续有各个地方医疗队赶到。每个医生也要由两个兵陪着。一天，我还听到有医生在讲白话，跑去一问，果然是广东来的医疗队。我就天天去给他们帮忙。

我们部队在唐山待了总共有10多天时间。从到唐山开始，上级就传达指示，关于唐山的东西，要作为军事机密对待，不能外传。回到部队后，又再次强调，哪怕春节回家探亲也不准提起。

主动提出"劳教"后申请复员

事后，我们这个排被授予一等功，我个人被授予二等功。但是，

▲ 唐山开滦医院灾后情形。

我的心情很糟糕。大约过了一个月，死者的爷爷找到部队来了。我一见老人家就给他下跪了。老人是个老红军，说你们是为了救灾，是孩子不该横穿马路。最后，部队决定，出钱办理两个孩子的后事，孩子的家长也由部队赡养。

这个事情就算过去了，部队也没有给我任何处分。但是，我自己心里感到很难过。黑龙江有一个劳改场，专门劳教违纪犯错士兵的，我就自己开车跑到那里，要求劳教。对方不接收我，我就硬赖下来不走。在那里补了 3 个月的麻袋。后来我们指导员亲自跑到东北来找我，说没事了，才把我带回去。

不过，这个事对我打击很大。不久，家里又连续出事，弟弟死了，父亲又失踪了。1977 年，我申请回家探亲。面对这接二连三的事故，我情绪很悲观，就申请复员。部队觉得我开车技术好，没有批准。我索性就待在家里不回去了。部队对我总算比较宽容，最终还是寄来了复员证明。那时，已经是 1978 年。

记者：采访归来一字未发

■讲述人 · 陈健聪

南方日报视觉新闻中心摄影工作室主任。1976 年随广州医疗队赴唐山地震灾区采访。

■讲述人·黄 峨

原南方日报报业集团社委、主任编辑。1976年随广州医疗队赴唐山地震灾区采访。

黄峨：唐山大地震后，广东省委决定派两家媒体随同广东省医疗队去唐山，目的主要是报道医疗队怎么支援灾区。我当时在南方日报政文部当副主任，还没结婚，主任跟我一说，我就答应了。准备了两三天，8月5日就出发了。

陈健聪：1976年上半年，政治气氛压抑。听说报社要派人采访唐山地震，我就想出去看一看。我向领导主动说了，领导答应了。

永远难忘那股尸臭味

黄峨：我们乘坐的火车一过芦沟桥，就看到铁路两旁新隆起一个个小土堆。一问，那里面埋的全是地震中死难者的尸体。火车越往前走，土堆越多，尸臭味也越浓。

陈健聪：那时是夏天，天气很热。唐山大地震都已经过了10天左右了，但那股尸臭味，还是很浓很浓，一闻就让我想吐！到现在，我搞了30多年摄影，采访了很多突发事件，什么火灾烧死人啊，都没有闻过那么难闻的味道！这股味道，真是永远永远都忘不了！

喇叭整天喊着政治口号

黄峨：当时，整个唐山满城废墟。死的死了，活着的人，大部分被运走，大街上的人稀稀落落。高音喇叭里，整天喊的是什么“批邓、反击右倾翻案风”这样的口号。

印象深的，还有唐山一阵一阵“嘣”的声音和敲锣声。我们问了，才知道那是派去唐山维护治安的天津工人纠察队在巡逻，看到有人趁乱抢劫、偷盗，当即就击毙。所以，枪声一天到晚一直在响。罪行轻的，就游街，锣声“咚咚”响。

△ 唐山机车车辆厂铸钢车间灾后情形。

我和陈健聪帮医疗队抬担架，扶伤病员上火车。同时，两个人在唐山周围转，尽可能找一切幸存者采访，询问地震之前的征兆、地震发生时的情况，还有地震的伤亡情况。

我了解到，唐山当时人口100万。解放军说，大地震可能造成80万人死亡，有当地人说至少70万人。问来问去，莫衷一是。不过，最后统计数字说是24万人。

记者也不许拍照

陈健聪：我带着一个很旧的相机和一只镜头进了唐山。但是当时铁道部、公安部、卫生部三令五申，叫我们进唐山的时候，不准拍照，只准看。

在唐山采访的时候，我见到很多场面，都有想拍下来的冲动。但是那时是“文革”后期，组织纪律很严，说不能拍就是不能拍。唐山市人民武装部只剩下一个牌子还在，周围是一堆瓦砾砖头，人民武装部在地震中整个都倒下了。我忍不住拍了照片，但是拍了也不敢保留，因为这是违反了组织纪律。

这次采访，我拍了起码有四五十张照片。回到广州后，我自己冲洗，做成小样，照片全部冲洗出来后，整个交给了报社的部门主任。这些照片主要是记录唐山的伤病员在列车上怎么被接收、救护、转移的。

稿纸将尸臭带回广州

黄峨：我们这一趟，全程差不多来回走了20天。回到广州，我把全身的衣服和行李袋都清洗了一遍。但奇怪的是，在唐山闻到的那种尸臭味怎么都挥之不去。查来查去，最后在行李袋里翻出一沓带去唐山准备写稿用的稿纸。一闻，差点没呕出来，原来那股尸臭味就是从这些纸里散发出来的。

在回来的路上，我就把我在唐山采访到的情况，包括我问到的伤亡数字都写进内参里。这一篇内参写了大概7000字。写完后，交给报社领导，再由报社呈送省委。没过几天，报社领导告诉我，内参省里领导看了，叫我不要再对外说地震的具体情况了。

“文革”时，报纸舆论报道的口径、版面，都要跟中央媒体保持一致。在当时的政治高压下，把唐山大地震的情况做公开报道，不可能。

照片没有见报

陈健聪：我拍到的照片也没有见报。这30年来，我也没有公开发表过这些照片。我只给过广州铁路局几张照片。他们有个铁路报，用了一两张广铁的工作人员给伤病员倒水这样的场面。

假如这些照片可以见报的话，我最想让读者们看到“一方有难，八方支援”这个主题。看到在30年前，政治气氛压抑、物质条件艰苦的条件下，全国人民上下一条心的凝聚力。

去唐山采访，是我职业生涯中很重要的一环。我在报社工作30多年间，后来也采访过很多突发的灾难事件，都没有像唐山大地震那么惨烈的。

这次采访，让我感到一个人的生命是最宝贵的。在唐山，我看到很多抬出来的伤病员，不管是失去了亲人，还是失去身体的一部分，他们的脸上都很坚毅，甚至很刚强。我觉得中国人是很了不起的。那个时候，眼泪已经没有了。

异象纷呈广州连报要“震”

1966年邢台地震后，国家意识到地震预报人才缺乏，从相关行业抽调人员充实地震研究队伍。我就是在那时候转行研究地震的。广州地震大队一成立，我就过来了。

唐山大地震发生时，我和同事正在坐船前往海南开会。一下船，就听说地震的消息。我们不信，打电话回广州，对方说没错。我们又打电话向北京国家地震总局核实。对方答复也很确切。我们一下就懵了。

在海南开了两天会，我们赶回广州。一到广州，大队领导就召集我们开会，决定派工作组到各地实地观测。我留在广州负责收集本地情况，并把全省各地上报的情况进行汇总。

■讲述人·冯绚敏

65岁，广东省地震局研究员、中国地震学会地下流体专业委员会委员。1976年，为广州地震大队（广东省地震局前身）的科研人员。

石榴岗上千青蛙堵路

调查的结果非常不妙，全省各地都出现宏观异常！在海南，观测到地光，就是在傍晚时分，野地里突然出现一团光或一个火球，冒光的地面出现裂缝，草都烧焦了。天气异常炎热，马路路面几乎能烤熟东西，海口的老农不得不给牛马穿上“草鞋”。其他各地也都出现类似情况，比如，井水翻花冒泡，动物行为异常等。在广州，常常出现蚂蚁成群结队地过马路。在石榴岗一带，成百上千的青蛙“排队”外出，堵满了路面。

我们24小时值班，虽然家就在单位旁边，但没人回去。电话一会儿一个，都是反映这些异常情况的。大家聚在一起，认真研究，讨论的结果是，这些确实是临震现象。大家都特别紧张。最终，还是决定向省里发出地震预报。省里接报后，没有将这一消息通过媒体公布，可能是怕造成恐慌，而是通过政府一级一级下传。于是，很多人就搬出来住进抗震棚。这样的正式预报总共有两次。但是，最终地震没有发生。

预报不准被扣上政治帽子

事后，我们也承受了很大压力。有人上纲上线，把这定性为一个“地震事件”，给我们扣了一顶大帽子。我承认，那时我们有认识上的不足，影响了政府决策，应该反思。但我到现在也不认为这里面存在什么政治问题。因为，那些异常现象是客观存在的。

后来，我们专门请教了气象专家和一些老农。最后认为，井水打转、海龟上岸等现象，可能和台风有关。七八月份，正是沿海台风多发季节。

但是，还有很多情况是台风解释不了的。根据统计，在 1976 年一年，广东一省发生的 2.3 级以上地震就达 40 次，虽然多数没有造成人员伤亡和经济损失，但是已经远远超过了正常范围。最大的一次发生在阳江，4.7 级。历史上极少有地震记录的一些地方，也发生了，比如恩平、佛山、遂溪等。

同样的情况也发生在外省。1976 年 5 月 29 日，云南龙陵一天之内发生 7.4 级、7.3 级两次地震；7 月 28 日，除唐山外，河北滦县也发生了 7.1 级地震；8 月 16 日，四川松潘、平武发生两次 7.2 级地震；8 月 23 日，上述两地再次发生 7.2 级地震……3 个月不到的时间里，全国就发生了 6 次 7 级以上的地震！

所以，事后，国内的专家们达成一致看法：1976 年那段时间，中国所在的区域地壳应力变化非常活跃。所以，我们当年在广东所观测到的宏观异常，都不能排除是与地壳应力场活动增强有关。

而且，虽然广州没有地震记录，但是，佛山当年发生了 3.9 级地震。所以，有些广州人在有些地区感觉房屋摇晃等，并不一定是心理紧张导致的幻觉，而有可能是确确实实的震感。

患上地震研究恐惧症

唐山大地震对我们这些搞地震研究的人，影响非常大，包括心理上和观念上。因为有不少熟悉的同行就死在这场地震里了。

国家地震局预报中心的一个女同志，当时就是负责发布地震预报信息的。当年，确实有很多临震信息都汇总到她那里了。但是，当时“文革”还没有结束，一切都以政治为纲。如果发布错误预报信息，很可能被说成别有用心，甚至被打成“现行反革命”。所以，她格外谨慎，说再看一看，再看一看。但是，不容许她观望太久，大地震就来了。

震后30年，她一直承受着巨大的压力。在申请院士时，连续三次都在最后一关被打下来，就是因为唐山地震。

唐山地震后，不少同事不想搞地震研究了。很多时候，我们总是一次次地问自己，我们还有出路吗？还能继续吗？还要继续吗？后来我想，自己既然已经转行，还是要搞下去。这一搞，就是差不多30年。前几天翻资料，在1976年，我做的笔记有足足10本。

■讲述人·梁国昭

66岁，广州地理研究所研究员。

信息闭塞　地震恐慌　谣言四起

1976年7月28日，唐山发生7.8级大地震，广东省地震台网是监测到了。

白云宾馆上设地震监测仪

我当时在广东省地震局工作。1966年3月邢台发生大地震后，全国开始重视地震监测、预报工作，广东省成立了地震大队，后来成立了省地震局，建立广东省地震台网。广州市的地震中心台就设在海珠区石榴岗。

唐山发生地震，在广州的人，当然是感觉不到的，但是广东地震台网的监测仪器记录到了。唐山距离北京很近，而且地震的级别非常大，北京的地震监测仪器都“出格了”。

国家地震局根据全国地震台网的记录，确定了唐山地震的震级、震中位置和发震时间。广东省地震局根据国家地震局的通报，结合自身台网的数据和分析结果，迅速向省委、省革委会汇报。

出版社加印地震知识手册

其实，在唐山大地震前，广东省地震局就专门编印了宣传地震知识的小册子、挂图和画册，还举办了防震抗震知识展览。白云宾馆是当时中国内地的第一高楼，白云宾馆落成后，我们就在宾馆上放了地震监测的仪器。

唐山大地震的消息传开后，出版社加印了小册子和海报，向老百姓宣传。我们还向老百姓教了一些预测地震的“土办法”，比如观察鸡啊狗啊，是不是突然间都很不安静，水位有没有异常的升高或降低……整体上说，广州的情况还是比较稳定的，但也有一些市民很恐慌。

信息传播不发达滋生谣言

虽然之前做了一些宣传，但力度还是不够，市民不知道应该怎样去防震。而且，当时的信息传播不是很发达，那时大多数人家没有电视机，有收音机的也不多，更不用说私人电话了。对唐山大地震的了解，大多是听别人说的。这中间就会出现一些无意之间传播开来的谣言。

还有一个方面的原因就是，在上世纪六七十年代，整个中国，地震发生确实是比较频繁的。1962 年，广东河源新丰江水库发生 6.1 级地震后，就频繁有小地震。在我们专业角度看来，发生小地震是“好事”，说明地壳运动在释放能量。假如不运动，不断积聚能量，可能会变成大地震。而不太了解地震知识的市民，感到一点点震动，也会觉得“草木皆兵”。

30 年后，回头看唐山大地震给广州带来的影响，我觉得政府和媒体对灾情的信息公开要畅通，平时就要多向群众宣传。在地震发生的时候，群众一定不要恐慌，不要乱套。

爱人儿子长埋唐山

■讲述人·张广民

广东梅县人，唐山大地震亲历者。地震瞬间，她紧抱孩子，从三楼摔下，在成片的房屋废墟中竟然奇迹般地生还，但是爱人和大儿子则永远地长埋在唐山的尘土之下。地震第6天，张广民登上救援飞机，离开了剧痛之城唐山。30年后的今天，关于那场地震的回忆像一个结了疤的伤口，留在她的记忆中，不再疼痛，却无法磨灭。

■讲述人·童施意

广州人。张广民的现任丈夫。

张广民：30年过去了。唉。

1976年7月28日。地震的前一夜。天气出奇的热。我们一家人吃过晚饭后，实在热得不行，就出门到楼下散步纳凉了，爱人抱起小儿子走在前面，我拉着大儿子跟着，大家都满身是汗。现在回想起来，这种热很异常。后来听别人说，当晚还发现有地光。

我是广东人，那时到唐山才不到两年。此前一家人分居三地，爱人在唐山，我在山西，大儿子在广东，1974年我带上大儿子申请调去唐山，一家人才得以团聚。不久小儿子也在唐山出生了。地震发生时，大儿子6岁，小儿子才1岁。

那天半夜，我从睡梦中醒来，突然觉得喉咙干得像着了火似的，就起床倒了杯水喝。看到小儿子睡了个反转，就过去移正儿子的睡姿，顺便喂了奶。

朦胧中，我看到窗户外闪过一道红光，紧接着是一道蓝光。突然之间地板就开始摇动了，哐当！哐当！那种感觉就好像疾驶的汽车突然撞到大石头后又掉到大坑里，来回晃了两三下，人一下子就坐不稳了。

当时我住的是单位宿舍，楼三层高，我家就在三楼。20平方米的单间内用一个长木柜横分成两个房间，我和小儿子睡在靠北面的小床，丈夫带着大儿子睡在南边。那时他们都睡得很香。

地震，地震来了！我本能地拿起毛毯，紧紧裹住小儿子，右手抱着他，左手死死抓住床脚。地震来啦，快醒醒……我拼命想喊醒对面的爱人和大儿子，但是他们没有任何回应，就那一瞬间，有一块什么东西砸在头上，我眼前一黑，就不省人事……

醒来的时候，我发现自己已经坐在篮球场，身上还穿着睡觉时的背心短裤，右手抱着儿子。那是凌晨五六点吧，天已经亮了。球场上挤满了人，躺着的、站着的，哭声、吆喝声和其他声音搅合在一起。眼前的6栋宿舍楼，已经变成了一片废墟。

我的爱人和孩子还在里面啊！我突然醒过神来，想冲过去，这才发现头部和身体疼痛难忍，全身上下一点力气都没有。后来医生检查，当时我起码受了3处重伤，先是中度脑震荡，同时锁骨骨折，我左手一直没力气，只能用右手抱孩子，还有胸骨的韧带断裂。小儿子虽然侥幸活下来，但是伤势也不轻，肋骨骨折。

童施意：她是被同单位一位姓李的大姐拉到篮球场的。听李大姐说，发现她的时候，她的双脚都埋在土里，一只手抓着床，一只手紧紧抱着孩子，眼睛是睁着的，眼神却呆滞，手臂上划了很多道血痕。看样子是随着坍塌的地板落到一楼的，床一头斜插进泥里，另一头离地起码有一米高。李大姐把她拉出来后，几乎是推着她走到篮球场的，她自己一点印象都没有。她真是命大啊，丈夫和大儿子掉下来后，连尸体都找不到。

张广民：我死都要找到他们，我不甘愿他们就这样被埋在里头啊！当时我心里只有这个想法，一有力气就跑到废墟中，和其他人一样，拿着棍子这里敲敲那里打打，希望能够听到他们的求救声。

我们住的三层宿舍已经完全由南向北倒塌了，一楼二楼成了一堆瓦砾，衣服、杂物、废纸零星地夹杂在碎石中，床就横卧在废墟边上。后来我听单位的工友说，救援人员发现我爱人和大儿子的时候，他们和二楼的一家人都压到一块，二楼的那户人家没有一个人能活下来。

（长久的沉默后，张广民用纸巾擦了擦眼睛）

张广民：房子没有了，大家只好以篮球场为家了，蚊帐、报纸、草席等一切能找得到的东西都成了救命稻草，搭起一个个窝棚。

空气中是一股难闻的臭味，尸臭夹杂着屎尿味，熏得人喘不过气来。

地震后的第一天是最艰难的，满目是尸首，满耳是哭声。失去家人的，有谁不哭？有个急性子的男人忍不住破口大骂："哭什么，只会哭，先把人找出来要紧。"哭到第二天，大家眼泪都流干了，只剩下一片哽咽声。

我坐在那里，看着尸体不断从对面的废墟中抬出来。

邻居家有个广东男孩到了第 4 天才被救出来，平时那么活蹦乱跳的孩子，突然变得呆呆的，满脸都是灰，喃喃地说："我看着爸爸妈妈都没了……"喉咙像被什么卡住似的，一口一口喘着又长又粗的气。我才看了两眼，就不敢再看了，自己已经够伤心了……唉。

一个工友的女儿，很漂亮的女孩，刚在瓦砾中抬出来时，就发疯似的大声嚷着："我要撒尿，我要撒尿……"没过几小时，人就去了。听旁边的人说，她是给石头压破了肾和膀胱。

还有个情报室的女同志，因为地震发生时忙着往床下躲，房子塌下来砸到她腰上时，她的肚子刚好在床底的脸盆上，被发现的时候，盆里全是血淋淋的五脏六腑……

像这样，一家人无一生还的，在瓦砾中闷死的，给预制板砸死的，实在是太多太多……（眼圈又红了）我多年后回到唐山，大家一讲起这些事，还是忍不住哭。

童施意：唯一值得庆幸的是，她们单位死人较少，总共死了 150 多人。因为单位的领导迅速组织了自救，才避免更大的伤亡。

张广民：我真的算是很幸运的，遇到了很多好人。

那时我的小儿子拼了命地哭，受伤加上饿肚子，我哪里有奶水喂小孩。多亏了李大姐，不时抱着我的儿子到处找奶，那些在地震中失去小孩的妈妈二话不说就帮忙喂奶。还有位广东同乡叶伯伯，到处帮我们找水喝，帮我找丈夫和孩子。

大家就这样互相搀扶着度过了最难捱的那些天。

地震后第三天，援助的飞机开始投放物资，解放军和医疗部队也开进了唐山，送来了食物和水。

解放军开始清理废墟，发掘生还人员。他们戴着防毒面具，配上手套。飞机投洒消毒粉，树上就掉下很多毛虫，在地上乱爬，想起心里就发毛。飞机投放的传单，宣传要保护国家财产，不得趁火打劫。

晚上听过枪响声，听说抓到的盗贼被就地正了法。

当时我的叔叔在广州东圃教书。地震后，我急着联系家人，就托解放军帮我带了一封信到广州。那封信的内容，我现在还记得清楚——“叔叔：唐山大地震了，现在只剩我和小弟（小儿子），爱人和大孩子都埋在房里面，不知道生死，我在等待救援……”

原以为这封信会石沉大海，谁知广州的叔叔收到了信，马上就给我拍来电报。

地震后第6天，在医生的建议下，我和儿子被安排乘飞机到山西太原治疗，乘军车登上飞机，我终于离开了唐山。在养病期间，我还收到广州等地的亲戚寄来的粮票、布票和钱。

一年后我病愈回到唐山。房子虽然重建了，但城市仍然笼罩在悲伤的气氛中。凡家里死了人的，一提起这件事就总是哭。

当时规定唐山人不准烧纸钱祭拜亲人，但我和几位同事还是偷偷到郊外的死人堆，托人从乡下买了点纸钱，在坟前烧了。大家在坟前痛哭了一场，哭得连骑单车回去的力气都没有了。

坟上的草长得很好，不知道我们的亲人能否安息？

后来我改嫁了，来到广州定居。但是唐山的事情一直都瞒着小儿子，直到2000年他大学毕业，我才告诉了他，两人相对着又哭了一场。那时离唐山那场地震，已经是24年的光景。

最近我还经常梦到唐山的房子，在梦里看到丈夫进进出出的，却不和我说话，他还是原来的样子……

广州市民反应：中大学生恐慌跳楼

■讲述人·余齐昭

72岁，中山大学退休教师。

听周围的人都说唐山大地震这件事，我最大的感觉是害怕。那时学校放暑假，可以不用上班，我们一家人除了在中大校园里逛一逛，一般都待在家里，广州市区基本是不去了。烧饭做菜，日常生活倒还正常。

白天，我会出去打听一下。大家一见面，就是议论着唐山究竟死了多少人、有多严重，还有就是讨论广州万一也地震了，我们躲到什么地方最好。有人说躲在桌子底下好，有人说躲在床底下好。（笑）

我记得，我买了很多的水、饼干和面包。不敢吃，放着，留着地震真的来了，可以用上。

听说有一个中大的学生，有一个晚上，听到别人大喊大叫了几声，以为是地震来了，从学生宿舍楼上跳了下来。幸好，地震没有来，总算有惊无险地过去了。这段时间持续了十多二十天吧。

广州人不知唐山在哪儿

■讲述人·陆静渊

87岁，小学退休老师。

因为唐山离广州很远，很多广州人都不知道中国有这么一个地方。听说发生唐山大地震了，还有人问："唐山在哪里啊？是个什么地方？"有些人很害怕，见面就问："那里死了多少人啊？"有一些人就不把这件事情看得特别严重。

印象比较深的事情是：我家住在马路边。有一天，大概是凌晨4时，我被吵醒了，打开窗户一看，周围的邻居都出来了，围在马路边上，说是地震要来了。

那天晚上，地面好像有小小动了一下的感觉，我床头柜上一个玻璃做的小玩意儿"啪"的一声掉下来了。我有点害怕，但心里想着："不去不去，死了就死了。"

当时，我在太平东小学教书。学校也没有派文件下来要求怎么做。开学了，关于地震的谣言还没有散去。学校告诉学生，如果地震来了，不要慌，不要害怕，也不要躲在桌子底下，而是要跑到外面的空地上。不过，整个学校的教学秩序并没有受到什么影响。

广交会采购谈判前须念毛主席语录

1976年第40届广交会开幕前夜，粉碎“四人帮”消息传来，工作人员连夜撤掉馆内江青照片。

讲述背景

中国出口商品交易会，又称广交会，创办于1957年春季，每年春秋两季在广州举办，即使在十年“文革”期间，也从未中断，是中国目前历史最长、层次最高、规模最大、商品种类最全、到会客商最多、成交效果最好的综合性国际贸易盛会。

1976年春交会（4月15日～5月15日）成交额13.33亿美元，到会客商14330人，来自99个国家和地区；秋交会（10月15日～11月15日）成交额15.89亿美元，到会客商15326人，来自92个国家和地区。

主办方：开幕前来个大游行

连夜撤掉江青的照片

旁白：1976年10月，第40届广交会正在紧张的筹备中，打倒“四人帮”的消息传来了。

■讲述人·赵　梅

女，70岁，1976年任广交会接待组组长，分管服务员。

赵梅：那是开幕的头一天晚上，我们在检查展会的布置情况，到了凌晨1点多，北京的经贸部打来电话，让我们迅速察看会场里有没有“四人帮”的照片，如果有，要迅速处理掉。我们找到一张江青骑马的照片，把它拿下来。整件事情弄得我们都很紧张。

■讲述人·邓仰尧

男，77岁，1976年任广交会典型办公室负责人。

邓仰尧：第二天，经贸部的领导、军代表带着参加当届广交会的十几个交易团的工作人员和广交会的职工，差不多2000多人，顺着东方宾馆、越秀山、环市路，绕着广交会会场转了一圈。队伍喊着“打倒‘四人帮’”的口号。游行大概举行了一个多小时，我们回到展馆，举行了简单的开幕仪式，第40届广交会就这么开幕了。

“典型单位”三种语言讲解

邓仰尧：1976年的广交会，和现在大不一样。当时每个商品系统都有一个全国总公司，比如卖粮油食品的就是粮油食品总公司，下面省、市设分公司和支公司。这些公司归经贸部管。交易会中，一个总公司就是一个交易团。当时交易会有纺织、机械、设备、土产、粮油、工艺、五矿等等类别，后来逐渐增加了医保（医药保健品）。

在每个交易馆里，都突出一个中心台，展出一些主要出口的商品。

△ 1976年10月15日，第40届广交会隆重开幕。

周围是许多小的谈判间。谈判间里有样品、业务员和翻译，门口写着这个房间主要出售的商品，采购商要进去得先预约谈判时间。交易团不收展位费，每年总公司上交一定额度的款项给经贸部，再由经贸部拨一部分钱给广交会。

“文革”期间，广交会被看成一个对外宣传的窗口，因此整个展馆里有几十个“工业学大庆，农业学大寨”的先进典型。

赵梅：讲解员还要到“典型单位”去了解情况。我就曾带着服务员去大庆。

邓仰尧：这些“典型”都是由各个有关部委报上来的。讲解员用普通话、日语和英语 3 种语言讲解。

赵梅：来看的外商不少，很多国外的这团那团都过来参观。

买不到大豆，外商痛哭

邓仰尧：当时外商和中国做生意，主要还是通过广交会。我们把请帖发到各个大使馆的商参处。没有建交的国家，我们就发到客户的公司。很多国家没有和中国建交，但只要交易会发了请帖，客商都可以来，这叫民间贸易。

■讲述人·孟丽茹

女，76 岁，1976 年任广交会展出组组长。

孟丽茹：那时是按照样品来谈判，双方约定交货时间。虽然货源不十分充裕，但是各个交易团都尽量多卖产品挣外汇。

邓仰尧：有些农产品是有限额的。日本商人每届都要买黑龙江大豆。这种大豆出豆腐率高，日本人又爱吃豆腐。但是农产品是有季节性的，每年收完大豆，秋交会可以卖一部分，到了第二年春天，你再想买大豆，货源就不多了。所以来参加春交会的日本商社，有时就摊不上配额。比如我们一共运来 100 吨，我要摊给好几个老客户。当时有个客户来晚了，没摊上，就在广州宾馆里哭，怕完不成采购任务，回去老板对他不客气。我们只好做他的工作，要他下届来早一点。

邓仰尧：那时候纺织服装、工艺、五矿等都比较受欢迎，机械就谈不上，能卖出一台就很高兴了！现在翻了个个儿——广交会成交额最大的就是机械、电器。

不同地区来宾区别对待

■讲述人·朱厚雄

男，81岁，1976年任第三接待组组长。

朱厚雄：当时接待来宾有3个办公室，第一接待办公室专门接待西方人；第二接待办公室接待日本人，第三接待办公室接待港澳华侨。当时整个广交会机关有200多人，完全是后勤部门，不直接和来宾打交道。

赵梅：管接待的是最吃香的了。每天晚上都请文艺团体来，在友谊剧院、中山纪念堂演样板戏、花鼓戏，放电影等。这些演出由经贸部掏钱，各个接待办公室免费给来宾发票。管票的人可红了。

■讲述人·温扬宋

男，64岁，1976年广交会广东省纺织品进出口公司参展人员。

参展商：外商请求不念“语录”

能顺利举办多亏周总理

1976年秋交会开幕前那个晚上，我们和往年一样正在进行政治学习，突然听到“四人帮”倒台的消息，并通知第二天要参加开幕前的游行。开幕前，我们绕着展馆游行了半个多小时，气氛很热烈。参加游行的主要是工作人员，很多外商也加入游行队伍。

秋交会开始后，会场和往届比没太大不同。说起来也很难得，“文革”动乱十年，到处都乱哄哄，但广交会却一直没有受到太大冲击，这多亏了周总理。

我现在还清楚地记得，1968 年 4 月 14 日，春交会开始前一天凌晨，我在熟睡中被别人叫醒：“快起来，周总理来广州作报告啦。”我们匆匆赶到中山纪念堂时，发现所有工作人员、参展人员，还有红卫兵代表已经集中到这里听报告，气氛严肃、紧张。那时广州的“文化大革命”搞得热火朝天，广交会能否如期开幕我们心里都没底。周总理亲自做解释工作。他告诉大家，广交会是中央的，不是哪一派的，大家一定要团结。他说广交会要和往届一样，保证准时开幕。

外商请求不读《毛主席语录》

那时广交会把政治宣传摆在第一位。不学《毛主席语录》，生意也没法谈。每次采购谈判前，我们和外商客户都要先念一段《毛主席语录》。有一次一位日本客商用商量的口吻对我们说，能不能不读《毛主席语录》，我今天已经读过好几次了，刚才在轻工集团学习过一遍……他满脸委屈的样子，把我们都逗笑了。

广交会的保卫工作很严格，外商只能在广州市区内活动，要离开广州必须到公安部门办理通行证。有时候我们会陪同客人出行，提防他们拍摄有损中国形象的照片。

白天参展晚上学习

辛苦？当然辛苦！广交会期间我们纺织品交易团集中住在广东省人民政府招待所，就是现在广东大厦那个地方。开幕前半月就必须住进去，每天封闭式学习毛主席最新指示、外事报告等，一直到开幕后，我们白天参

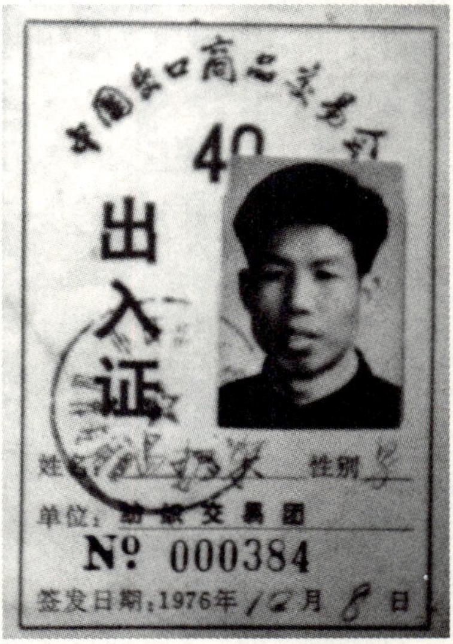

温扬宋保留的 1976 年第 40 届广交会的出入证。

会，晚上还要继续政治学习。

乐趣也不少。那段时间伙食特别好！哈。你想想，广交会时全国的猪肉、粮食、副食品都会调配到广州，开幕闭幕聚餐的时候，有酒喝，有肉吃，很多北方来的参展商和工作人员都像过节一样，因为他们很久都没有吃过肉了。

■讲述人·可可扎

男，67岁，瑞典人，参加了1976年春秋两届广交会。

采购商：赛跑般冲进去采购

房间没锁　床挂蚊帐

1976年的时候，我从瑞典来广州参加广交会，要先坐飞机到香港，再坐火车到广州。入境的手续并不难办，只要广交会发了请帖，就可以了，但是要想到广州之外的其他城市，就要额外办手续，那就很麻烦了。

外国人只能去指定的宾馆和酒家。我住的是东方宾馆。房间没有锁，不能关门。睡觉还要用蚊帐。洗澡很不方便。也没有那么多的服务员来提供服务。

一到晚上，整个城市一片黑暗，外商们都没有地方去。吃的东西不习惯，我看到一些美国人到了吃饭时间就带着一个箱子到指定接待外国人的餐馆，打开箱子，吃他们从美国带来的面包。

去晚了“抢”不到配额

当时广交会的货品不多，我只能买些笔刨、手电筒、塑料玩具、时钟等等，每次交易数千美元。这些产品都谈不上什么设计，质量也不太好，如果不是价格上的优势，外商都不会来这里购物。

每天上午 8 点，当“五星红旗迎风飘扬”（说着唱起来）的歌声响起，外商们才可以进场。那时候很多公司出售的商品都有配额，如果去晚了，就拿不到配额，所以大家都像赛跑一样冲进去采购。中午 12 点，这个音乐又响起来了，我们就要离开会场，等到下午 2 点半至 5 点半的时段再进去。虽然每届都开一个月，我待上 10 来天就走了，因为逛到最后东西都卖完了。

红宝书可留，红袖章收回

“文革”时广交会大门口挂着马克思、恩格斯、列宁、斯大林的照片，到处都是红卫兵。当时人们对外国人都不太友善，没人愿和我们说话，看我们的眼光也像看怪物。我们不能自己请翻译，谈生意时必须用展出单位请的翻译。

有一次，我在街上遇到一个红卫兵，我费了好大劲才让他明白，我希望他把红袖章和红宝书卖给我。他很大方，把这些东西送给我了。但是当天晚上，有几个穿着绿军装的人找到我住的宾馆，告诉我，红宝书我可以留下，但是红袖章必须收回。

讲述背景

1972年，为扩大对外贸易，适应交易会的需要，中央决定在广州兴建白云宾馆。1976年年初，投资2000万元的白云宾馆基本完工。楼高120米，共34层（包括地下室一层），拥有客房718间，为当时中国的第一高楼。1976年6月1日，白云宾馆正式开业。

白云宾馆接待外宾“九不准”

开业前先实习

■讲述人·贾广建

49岁，现任白云宾馆副总经理，1976年做司炉工。

贾广建：白云宾馆从1972年开始立项，当时广州的大宾馆只有流花、东方、广州这几家。1974～1976年，广州市服务局先后分3批，为正在筹备中的白云宾馆招募了500多名青年男女。这些人有的是当年留城的高中毕业生，有的是回城的知青，有的是部队转业军人。

■讲述人·谭妙榕

50岁，现任财务部主管，1976年在餐饮部工作。

谭妙榕：我是1973年的高中毕业生，当时很幸运

地留在城里，没有下乡，在家里等待分配。第二年 4 月，广州市服务局发来了通知，让我 11 日到白云宾馆报到。我当时不想去的，我想去工厂，不想做服务员。我回学校申请去工厂未果，所以晚了一天才去报到。

贾广建：那个年代，招工时不考试，只是政审。查你家里的历史档案，出身成分。高中毕业后，档案都是放在某个地方，某一天就接到通知，告诉你分配到了哪里。

■讲述人·冯惠娟

50 岁，原在客房部，现在宾客服务部。

冯惠娟：我当时在增城农村上山下乡，接到上级通知，被调回广州到白云宾馆工作。

贾广建：我是 1975 年 12 月招进来的。那时候白云宾馆建得差不多了，我们被分配到广州市的各个单位去实习。我被留在市服务局打杂，领导问我想要做前线还是后勤，我说后勤。“那好，你去做总务吧。”我都不知道总务是做什么的，就被分到白云宾馆去当司炉工，做了张经理（张志勇）的徒弟。

谭妙榕：我被分去搞冷饮，到北京路的太平馆冰室和沿江路的“的彩冰室”去学习制作冷饮的技术。这两间店都是当年广州市服务局管辖的最有名的冰室。

■讲述人·王　志

50 岁，从 1976 年开始在工程部工作至今。

王志：我们有 10 个男的，都分在工程部，被称为“十兄弟”。我

1976年开业之初的白云宾馆。

分到越秀水电局去做水电工，跟着师傅周围跑，哪里有安装就到哪里。

爬楼梯搬家具

谭妙榕：一直在外面实习了两年，到了1976年初，（周）总理逝世那阵，（白云宾馆）把我们全部召回来了。（地面）33层的白云宾馆是当时全国最高的建筑，人人向往。实习的时候表现不好的不能进来。和我一起实习的一个男孩子因为跟冰室里的人赌博，就不能来白云宾馆工作。我们当时都是二十出头的青年，领导一开会，就告诫我们，要好好工作，不能谈恋爱。

宾馆正式开业前，周围的绿化没搞好，还是一片黄泥地，上班的时候经过那片黄泥地，踩得满脚泥，还要抖干净了才能够进门。

楼虽然建好了，家具还没有进来。我们这些年轻人就承担了搬家具的工作。9台电梯虽然装好了，但是为了保护电梯不受损害，我们就爬楼梯一层一层地往上搬家具。

王志：这些家具都是用当时最好的水曲柳木材做成的，很重。

■讲述人·张志勇

50岁，当年的司炉工，现任员工事务部副经理。

张志勇：有一次我把一张床架一直搬到17楼，再换别人搬。我们这些十多二十岁的年轻人，没有什么计较的，也没有人喊累。反而做

得很开心。

贾广建：白云宾馆的设施，是那个年代广州最好的。700 多个房间由单人间、双人间和套房组成，每个房间装电话，浴室装浴缸，还有中央空调。

谭妙榕：28 层有个总统套房，不是服务那个楼层的工作人员都不能去。开全国农业学大寨会议时，我们筹备小组的成员向当时领导（白云宾馆革委会主任）提出想去参观，主任真的带我们去了。当时真是觉得那个房间好豪华啊，有好多间房（文件记载，白云宾馆当时共有一套七套间、一套五套间、一套四套间和一套三套间，全部集中在 27 层、28 层）。其他的房间都是水磨石的地板，就是那些房间是木地板的，有的地上还铺了地毯，墙上也挂了很多画。

张志勇：我们当时有一点比东方宾馆、广州宾馆先进，它们的锅炉都是烧煤，我们一开始就烧油。宾馆后面有一个很大的油池。那段时间广州用油紧张，我们还开着大卡车到石油公司跑油，跑到了就装在桶里，运回来，再一桶桶卸。整个过程都是自己搬运。

招少霞：是啊，那段时间工作就是有热情！我们在餐厅加班加点，做完早餐做中餐、晚餐，晚上加班太晚了，就睡在餐厅里。

谭妙榕：地板打蜡本来不关我们的事，但是下了班，个个都留下来，跪在地上一干就是一个通宵，不睡觉。那时白云宾馆周围都是菜地，后面就是淘金坑（贾广建补充道：乱葬岗），只有一路公共汽车经过，但是晚上 8 点半就停开了。虽然我们都是广州人，但我们经常睡在宾馆的工作人员房间里，休息日才回一次家。

贾广建：所以他们（指着谭妙榕、招少霞和王志）都是“违反纪律”，和宾馆同事拍拖结婚的。呵呵。

接待外宾“九不准”

谭妙榕：宾馆正式开业前，有三四个月时间试业，接待了几个国内的会议团，都是市委、市政府安排的。

贾广建：1976 年 6 月 1 日，白云宾馆正式开业。当天我们没有搞庆祝活动，就这么静悄悄地开业了。

谭妙榕：是啊，连串鞭炮都没有放。直到十一届三中全会召开之后，我们才买了一串好长的鞭炮，从楼上挂下来，好好地放了一下。

白云宾馆是涉外宾馆，一般人不能够随便进出的，门口还有解放军在站岗，出入都要登记。

王志：我们在白云宾馆工作，亲戚朋友们都很羡慕。那时候出入登记，只有熟人才能带进来。

谭妙榕：接待外宾规矩也多，服务员有“九不准”：不准收小费、不准和外国人交朋友、不准和客人外出、不准接受客人的礼物（如果客人一定要送给你，你就要把礼物上交）等。为了接待全国各地的来宾，还要求我们大家都说普通话。

冯惠娟：我们服务员都是穿着白衬衫、蓝裤子、“熊猫鞋”（一种黑色绒面的布鞋），扎着两条长辫子。也不要求化妆。

贾广建：当时个个都青春阳光，不化妆也很好看啊。

冯惠娟：那时候在客房部，基本的日常用品都能够满足，24 小时供应热水，床单每天一换。每天我们都用热水瓶装一瓶开水到客人的房间。虽然不懂外语，但我们服务起来很热情。后来就不断通过各种方法学习，如电台广播课程、业务夜校、电视课程等。

谭妙榕：1976 年 10 月份，全国农业学大寨会议在白云宾馆召开，客人每顿饭的用餐标准是 5 毛钱。当时我们一个月工资也才 29 块 5 毛，一顿饭 5 毛钱是很高的标准了。

■讲述人·招少霞

49 岁，当年在餐厅，现在是总经理办公室的文员。

招少霞：那时候最好的鱼就是鲩鱼了，接下来就是鲮鱼和大头鱼，不像现在有鱼翅、鲍鱼！10 月份交易会开幕，广州市政府请所有住在

白云宾馆里的外国客商吃了一顿晚饭。我们在煮好的汤里放一点点燕窝，那已经是最好的菜了。这顿饭还开了茅台酒。当时的茅台酒是8元钱一瓶。

建白云宾馆，设计方案被指姓“资”

旁白：上世纪70年代，白云宾馆的多位主要设计者——莫伯治、吴威亮、林兆璋、陈伟廉、郑昭等，而今或已驾鹤西去，或卧病多年。只有68岁的林兆璋，现在仍活跃于国内外建筑设计界。

■讲述人·林兆璋

广东顺德人，生于1938年。华南理工大学建筑系教授，白云宾馆建筑设计师之一。

“臭老九”重新获起用

1962年，我从华南理工大学建筑系毕业，1965年协助莫伯治老师设计过广州宾馆。“文革”开始，知识分子成了一文不值的“臭老九”，全部靠边站。我也不例外。(苦笑)

1971年，我在广州郊区搞测量，莫老也在那儿。突然有一天，领导告诉我：“任务来了!”这样，我从测量队出来，进了广州市革委会召集组建的白云宾馆设计小组。

设计小组成员，大多被下放到干校劳动过。被压抑了这么多年，一听说有机会锻炼啦，大家都感觉像是被“解放”出来的。

莫老担任白云宾馆的总设计师。我负责绘图，一个月61块5毛钱的工资，这已经让我非常满足了!

我们几个“臭老九”能够被起用，多亏了分管城建工作的副市长林西。他还特意派了一辆车给我们设计小组使用。不过，我们没有一个人敢坐那辆车，大家都骑着单车在工地上跑来跑去。

副市长做幕后支持

林西在“文革”初期也被打倒，当时刚恢复工作不久。我一直认为，林西对白云宾馆的贡献是最大的。如果用乐队的组合来形容当时的情形：我们几个是弹钢琴的，莫老拉小提琴，而林西是整个乐队的指挥。

白云宾馆的设计方案很快出来了。方案里有很多创新的地方，其中一个就是宾馆的外观设计采用水平线条。这主要是考虑高层建筑外墙和窗户挡雨排水的需要。方案报到市革委会，异议很大。有人指责说：水平线条代表的是资本主义，竖直线条才是代表社会主义。

现在听起来，这种说法完全是无稽之谈，但在当时却是建筑界的“流行观点”。我们原来的设计方案中，宾馆休息厅的玻璃是用向日葵的图案。没想到有人向上面反映说，这种图案是国民党党徽。我们赶紧把它改掉了。

林西却很支持我们采用水平线条的设计方案。他原样不动地把设计方案上报给省革委会。结果，方案没作多大的改动就通过了。

建设中没砍一棵树

白云宾馆的选址是林西定的，主要是考虑到当时环市路已经在建了。当时那个地方十分荒凉。

莫老有一句名言：没有自然界配合的建筑，起码不是一个完美的建

△ 白云宾馆开业时的双人房。

筑。白云宾馆的设计，就很好地体现了他的这一思想。

莫老为了保留选址中的一座小山丘，特意将白云宾馆后退，距离道路 200 多米。山丘的土壤大树，也保留下来，成为宾馆内的自然景观。宾馆的中庭，利用原有的三棵古榕树，再通过瀑布、景石、水池，形成了一个典雅的空间。用建筑来迁就树木，这是很超前、也很有远见的思路。

白云宾馆开业时的豪华套房。

宾馆的主楼高 33 层，这主要考虑到广交会期间接待外宾的需求。我们是按照“500 个房间、1000 张床位”的标准来设计建造的。

1976 年白云宾馆建成，引来了北京、上海一大批建筑界的人来参观。看到这个中国内地第一高楼，那个嫉妒啊！北京、上海名建筑师还申请要来广东工作呢！（笑）

白云宾馆是岭南派风格融入现代建筑的一个典范。它的设计，在当时是走在全国的最前面，也得到同行的公认。现在看来，它仍然显得很新潮、很现代化。可以这么说，最有特点的东西就是最现代化的东西，与众不同，就永远无所谓过时不过时。

“南大”楼顶架机枪，营业员加入民兵连

讲述背景

“没有到过南方大厦就不算去过广州。”在老广州人的记忆中，南方大厦曾是广州这个城市最鲜活的脉动。

南方大厦前身是大新公司，创建于1918年，1938年在战火中被焚毁。解放后在市政府的扶持下重建，1954年国庆节正式开业，命名为南方大厦。上世纪90年代以前，它一直是广州最繁华的商业区，曾被誉为“南国商业的鲜花”。

台风“珍珠”与广州擦肩而过的那个早晨，广州城中风疾雨骤。58岁的陈芷铿坐在南方大厦的办公室里回忆1976年的往事——那一年陈芷铿离开了插队八年之久的南海农村，重回广州城，成为令人羡慕的南方大厦营业员；那一年，南方大厦最早提出“顾客至上，信誉第一”的经营口号。她说，那一年是广州从计划经济向商品经济转折的交叉点。

■讲述人·陈芷铿

1947年出生，广东南海人，1976年知青回城后进入南方大厦当售货员，1985年升任为南方大厦副总经理，2003年退休。

1976年是知青回城的高峰期。那年4月，我从南海的农村回到广州。

庆幸当上南大营业员

我在家里排老二，下乡前在学校里属于“又红又专”的学生代表，1966年还作为广州市第一批学生代表上天安门观礼。高中毕业后本来可以留校当政治辅导员。但是“文革”后期，当小学校长的母亲被打成“黑七类”，我感觉自己一下子从顶峰坠入谷底。受不了那种压力，我收拾行装马上转户口到南海乡下插队当知青，在农村一干就是8年。

回城后，我被招工做了南方大厦营业员。那时候的南方大厦可风光了，大家都说没到过南方大厦

就不算来过广州。那年回城的知青，多数人都去了工厂当工人。我的工资是第一年24元，第二年27元。工人的工资比我们多2元。虽然工人工资比较高，但那些当工人的同学都很羡慕我，每次聚会的时候都说："还是你好，可以到南大。"当时营业员地位比较高，我自己觉得很荣幸，父母脸上也有光。这份工作用当时广州人的话说，就是"脚踏花街砖，头顶电风扇"。

当年的陈芷铿。

那时，很多广州人吃完晚饭就到南大来逛逛，每天晚上7点半以后是商场最忙、人最多的时间，尤其是到了夏天，六二三路、文化公园附近的人全都来了，因为这里有电风扇嘛……年轻人恋爱也喜欢到这里来，逛南大简直成了广州当时的时尚。

年底买背心的人最多

其实当时的南方大厦和现在的商场是不能比的，柜台是老式的木制三角柜，很破旧了。所谓的"花街砖"，也是铺了很多年的，也没有电梯。因为物资匮乏，柜台上摆卖的东西也很少。我的工作证号是"1048"，这个号码是根据南方大厦的员工数编的。除去离职退休的，当时的工作人员不到1000人。

但它在当时的广州，绝对处于商业的领头位置。那时除了南方大厦，广州还有新大新公司（以前叫中山五路百货商店）、妇女儿童用品商店、东山百货大楼、永安商店等，这些商店无论是面积还是货品都比南大少得多，像自行车、缝纫机、手表这些紧俏货，都要到南大才买得到……

我被分配到针织部门当营业员。当时每个人一年才只有13尺6的布票，每年的布票允许延长一个月使用，很多人赶在年底跑来买东西。因为剩下的布票不多，买背心的人最多。我现在还记得，每到年底，买广州针织厂针织背心的人就排队排到二楼，装货的空纸箱一直垒到房顶……

民兵连彻夜值班

1976年广州的政治氛围是不是淡了？在其他单位可能是，但南方大厦作为国营百货的排头兵，对员工的政治教育还是抓得很紧。

刚工作那会儿，每天早上7点45分到8点30分营业前的这段时间，我们所有的员工都要集中进行政治学习。学什么？除了毛主席语录，就是老三篇《纪念白求恩》、《为人民服务》、《愚公移山》。我们还要轮流发言，汇报自己头一天的所作所为，表明自己“毫不利己、专门利人”的精神。这个制度一直到“四人帮”倒台后仍然没有改变，只不过学习的内容不一样了。

在那个处处提防阶级敌人破坏的年代，南方大厦作为当时广州的著名建筑和制高点，安全保卫是头号任务。为此，公司还成立了民兵连，所有的年轻员工都要加入民兵连，参加训练，每晚轮流值班。大厦11楼上还架着两挺高射机枪，每次有突发事件，民兵连都要担负保护大厦的任务。

有一晚，陈芷铿与民兵连同事巡逻时还抓获一名躲在厕所里伺机盗窃的小偷。

“四人帮”倒台吃鸡庆贺

1976年9月，毛主席去世那晚，我上夜班，很多市民都拥到商场卖电视的柜台那里，等着看直播。商场特意开了所有摆在柜台上的黑白电视机，柜台前黑压压挤满了人，很多人边看边哭，气氛很凝重，我也忍不住哭了……因为担心阶级敌人利用悲痛情绪搞破坏，领导吩咐我们不能看电视，也不能离开岗位。商店的货品货款都是国家财产，因此一定要坚守阵地。

那一年印象最深的还是“四人帮”倒台。打倒“四人帮”的消息一传开，商场就沸腾了，领导马上组织部分职工去游行庆祝。第三天，饭堂决定给大家加菜，做百鸡宴。为了买鸡，总务处主任专门跑了一趟从化。宴席开在四楼的饭堂，一开就是100围，大家换班后轮流去吃。八个人一盘菜，鸡就堆在盘菜中，没有凳子，大家就站着吃。当时，吃鸡是过年才有的奢侈事，那种喜悦的心情真是没法说。

算盘砸顾客引发改革

1976 年，国家发生了那么多事情，我们隐隐约约觉得时局在变。但具体怎么变，说不出来。现在回想起来，那一年是从计划经济向商品经济转折的交叉点。

打倒“四人帮”后，商场开始“抓生产、抓服务”的活动，比如开展劳动竞赛、师傅带徒弟等活动。以前南方大厦的老职工多是以前从小商贩中招聘进来的，后来开始陆续招聘一些从农村回来的高中毕业生。“顾客至上、信誉第一”这个现代商业企业的服务口号，也是南方大厦最早在 1976 年提出的。

在那个“皇帝女儿不愁嫁”的计划经济年代，国营商店的售货员都是一副大爷相。有一回，一个男售货员和顾客起争执，售货员暴怒之下拿起算盘（南方大厦那时还是用算盘计价）砸向顾客。这事当时反响很大，南方大厦马上组织学习批判，结果那名男售货员被处分，调去做搬运工。南方大厦也开始抓优质服务，规定对顾客要礼貌。这对我们是很新鲜的提法。

△ 11 层高的南方大厦至今仍是珠江边的标志建筑之一。

后来大厦大堂一楼的标语也改了，毛主席图像旁一边写着“顾客至上”，一边写着“信誉第一”，横幅是“为人民服务”。每天的政治学习内容就变成汇报“我昨天做了什么”、“我在哪方面体现为人民服务”了……其实当时南大还是国营单位，没有盈亏压力，能提出“服务至上”的理念是很超前了。

1976 年之前，南方大厦连修个

柜台、招工都要报批，更不要说自行采购进货了，只能到规定的供应站采购，紧俏商品还要配给。但到了年底就慢慢松动了。1977 年一开始，就允许商场不再通过供应站自行向厂家进货，甚至在全国范围内采购。到了 1978 年，南方大厦在全国已经建立了 3000 多个业务网点，成了全省 9 个经济改革的试点单位之一。

也就在 1976 年，清平市场那边开始有了摆卖农副产品的小摊档，刚开始是蔬菜、猪肉、鸡鸭鹅，后来慢慢有了花草、观赏鱼和古董。摆摊的除了农民外，就是那些穷苦的知青。解放前西关住的都是大户人家，清平路上卖的旧货大多都是古董，后来就慢慢形成了古董市场……对那时的广州人来说，逛清平市场是很生活化的，逛南方大厦就是很时尚的了。

尼克松要我唱首歌

农讲所原讲解员王小芸回忆 1976 年接待美国前总统尼克松一行时情景

■讲述人·王小芸

57 岁，祖籍山西潞城县。1968 年起，在广州毛泽东早年主办的农民运动讲习所旧址纪念馆任讲解员，后担任接待班班长。

第一句话不准用英语

1976 年 2 月 28 日。那天一早，我穿着单位发的蓝灰色卡其布制服来上班，那时要求讲解员不化妆、不涂粉，素面朝天。10 点钟左右，先头车来了，车上是负责保卫的公安人员和外事办的人员。接着，一辆插着中国和美国两国国旗的红旗轿车驶到了农讲所的停车场。很快，尼克松和夫人在中央及省、市领导的陪同下走下轿车。

我第一眼看到尼克松，感觉他跟报纸相片上的一模一样：尼克松穿着笔挺的西装，他的夫人穿着一身大红色的连衣裙。见到他，我第一句话和平时讲解一样——“欢迎您来到毛主席当年主办的农讲所参观。”这句话我是用中文讲的。虽然我们讲解

讲述背景

1972 年 2 月，美国第 47 届总统尼克松首次访华，成为访问中国的第一位美国总统。

1976 年 2 月 22 日，卸任后的尼克松偕夫人第二次访问中国。他在北京与华国锋代总理举行了会谈，并拜会了邓颖超，他对周恩来总理逝世表示深切的悼念。2 月 23 日，毛泽东会见了尼克松一行。2 月 26 日，尼克松一行乘专机从北京到桂林游览漓江风光。2 月 28 日，尼克松从桂林抵达广州。尼克松一行参观了毛主席早年主办的农民运动讲习所旧址和郊区人和人民公社，并访问了社员家庭。2 月 29 日，尼克松和夫人乘专机离开广州回国。

员平时也学习英语、日语，但是在接待中，我是代表国家，不准用英语讲解。那天的翻译是中央派来的。

1976年，我是农讲所接待班的班长。以往，遇有重要人物参观，领导一般要开会研究决定由谁来负责接待。尼克松来参观，领导提前三四天就通知我负责这次讲解任务。领导要我找资料，了解美国的政治、经济状况，还要我把刊登尼克松在北京访问时和一位售货员交谈情况的报纸，找来看看。虽然我早把讲解词背得滚瓜烂熟了，但在制定接待计划中，领导还安排了农讲所两位研究党史的资深编辑跟随我左右。万一尼克松问问题，我答不上来，他们可以马上补充。

尼克松到农讲所参观，保卫工作也做得很严密。在他来之前，很多随从人员到展场检查，铺设线路。那时，农讲所没有张贴政治标语。我们接待班平时还有一项工作，就是要搞好接待室每天的卫生，备好茶水。如果有重要外宾来，还要准备香烟和汽水。因为这次尼克松参观是礼仪性的安排，就没有准备这些。上级还通知我，这次接待的讲解时间控制在半小时到一个小时内。外宾感兴趣的就多讲；不感兴趣的，就少讲。

尼克松说我唱得好

尼克松没有到接待室，就直接到展场参观。从毛主席办公室开始，我向他介绍当年毛主席从湖南带来的两个书箱、毛主席睡过的床……尼克松夫妇听得很认真，一一点头。

说真的，之前我接待过各种各样的国内外来宾，一般不会很紧张。但是这次不同，和尼克松夫妇一起来的，不但有中央陪同的全国人大常委会副委员长姚连蔚，中国驻美国联络处主任黄镇，广东省革命委员会副主任、广州市革命委员会主任焦林义等省、市有关方面领导，在尼克松身边，还有好多中外记者、摄影师，闪光灯晃晃闪闪的，有的记者还把话筒伸到尼克松面前。我从来没有见过这么大的场面，我说话的时候，脸上带着微笑，但脑筋绷得紧紧的，心里可紧张了！（说到这，王小芸还笑着，双手捏着脸颊上的肌肉）

随后尼克松参观了教员办公室、值班室、图书室，再转到展室。

这儿过去是学员宿舍，墙上挂着一幅周恩来在黄埔军校的照片。当尼克松听到我介绍周总理曾是农讲所的军事教员、时任黄埔军校教员时，他面对着周总理的照片，很有感情地对我说："我对前总理周恩来很崇敬，今天能到他早年工作过的地方参观，十分高兴。"我回答他："是的，他是这里的军事教员，当时的学生对他很尊敬。"

接着，参观课堂的时候，尼克松听我介绍当年农讲所的学员在这里学习，还要学唱革命歌曲，就指着张贴在黑板旁边的歌曲，要我唱一首。我唱的是《国民革命歌》："打倒列强，打倒列强，除军阀……"（**王小芸兴奋地唱起这首《国民革命歌》，歌曲的旋律原来是《两只老虎》**）尼克松觉得很有趣，说我唱得好，还连声说"很有意思、很有意思"。

在参观完学院饭堂和教官值班室后，有记者提出宾主合影留念，就有了现在这张照片。

1976 年 2 月 28 日，美国前总统尼克松参观农讲所，王小芸（右三）为他作讲解。

尼克松一发问，领导就紧张

参观完毕了，尼克松一行向西边侧门走去。在台阶上他停住脚步，问我："你对历史这么了解，你是否大学毕业？"我回答："不是。高中毕业后，由于工作需要分配到这里。"

接着，他又问我："当年学员在艰苦的情况下坚持学习，你们能像他们那样坚强吗？"

我们接待班的讲解员平时还要学简单的英语，我听懂了尼克松的问题，但我没想过他会问这个问题，一下子答不上来，好紧张啊！我看到陪同的领导听了尼克松的问题，表情也很紧张。

好在我们平时有训练，答不上来的时候先答第一句。我就先说了一句："现在条件好了。"翻译给他译成英文，我就赶紧想后面如何回答。我接着说："作为我们，更应该利用现在的条件，加倍地学习。"答完了，我看了一眼焦林义书记，他点点头表示满意。大家都松了一口气。

尼克松走到门口时，还问我："你们现在的生活怎么样？"我说："现在的生活比过去有改善。"尼克松感慨地说了一句："生活太好，容易使人意志薄弱。"我没有接他的话。领导对讲解员培训有要求：不能说多，怕出问题。

路人争看美国前总统

上午11点多，尼克松走到停车场。上车前，他看到了农讲所马路对面有个菜市场，就提出说："我能不能到对面看看？"我看到陪同的领导表情有点紧张，就答了一句："都准备好了。"

其实，上午参观团到来之前，我到对面的德政路菜市场转过一圈。看到市场里的鱼活蹦乱跳的，肉菜也很丰富，我就知道上级事先通知了周边单位配合好这次接待。

陪同领导同意尼克松的要求。但是，尼克松一行人的车子从停车场驶到马路上时，走不动了，因为马路上的群众都拥过来了，挤着要看这位美国前总统。这些群众可不是有组织地过来欢迎尼克松的。他们看到停车场里有插着中国和美国国旗的红旗轿车，就知道有重要来

1976年2月28日，尼克松夫妇参观广州市郊人和人民公社农机修造厂。

宾来了。

楼顶上、马路上都挤满了人。有些人还很大声地用白话说：“这是尼克松啊！”这么热闹的欢迎场面，自农讲所开馆以来，还是第一次。我印象最深刻的是，尼克松一见到这么热闹的场面，马上走到人群中去，转过身，让摄影师拍下广州群众热烈欢迎他的场面。

尼克松一行上车离开后，农讲所全体接待人员开会作了总结，并把尼克松这次参观作了记录整理。

1976年是个分界线

1976年是个分界线。农讲所是毛主席早年工作过的地方，1976年前，外宾来广州参观，上级一般会安排参观农讲所；1976年“四人帮”倒台后，接待方向有了改变，外宾提出参观农讲所，上级才组织我们接待。

1970年，农讲所从60个讲解员中挑出10个，专门负责接待国内外重要来宾。当时能被挑选到革命圣地工作的人员，出身要根正苗红，平时要我们背党史，要考试，还要我们学英语，每周有5天早上练唱歌。日本人来了我们唱日语歌，美国人来了我们唱英语歌。我们唱《大海航行靠舵手》，唱《敬爱的毛主席》，就是 *Beloved Chairman Mao*。

对外宾的接待词也有要求，比如15分钟的讲解，你带他走一圈就行了。但是如果有人专门来学习，比如日本来的外宾，他问你："中国的农民很穷，但是日本的农民很富，那日本的革命也能靠农民吗?"这些问题就很难回答。对此，老师有教导，政治上的问题，不清楚的不要明确回答，或者你说时间长了记不清楚了。陪同的能答就答，不能答就算了。那个日本人提的问题，我就只能讲我们中国的情况啊。我说："中国是一个农民占80%人口的国家，中国革命必须依靠农民。"

可能是因为我随机应变的能力比较强，对外宾的回答比较圆满，所以领导让我当接待班的班长。后来，中国实行改革开放了。1981年，我调离了农讲所，进入商贸系统工作。

“四人帮”倒，越秀山十万人集会上许世友亲令放鞭炮

讲述背景

1976 年 10 月 6 日，“四人帮”被粉碎，举国欢腾。广州 10 万群众聚集越秀山体育场，百万军民上街游行，热烈庆祝。

■讲述人·韩 韬

广州警备区原司令员，越秀山体育场集会副总指挥。

1976 年，我在广州警备区司令部当参谋长。此时“文革”已经接近尾声。相对于地方，“文革”期间部队的气氛还是比较平静的。那时候，警备区的主要任务是守护广州的几十个重点目标，包括省委机关、市委机关、海珠桥、人民桥、监狱、劳改场、油库等等。遇到地方上发生武斗事件，我们也要参与调解。

“四人帮”粉碎松了口气

毛主席去世以后，外面有很多谣言传到了平静的部队，听说北京的老百姓都时兴买三只公螃蟹和一只母螃蟹煮了吃。大约在 10 月 18 日，警备区的司令员宋文郁到市里开完常委会议，回来就召集我们机关团以上干部，传达市里会议的精神。这次会

上，我们第一次知道了王、张、江、姚四个人被隔离审查的经过。

听说整个过程没有遭到什么反抗，很顺利，我们感到非常高兴。“四人帮”搞了十年“文化大革命”，搞得工厂停产，经济衰退，社会不安定，到处都是武斗，部队一直处于紧张状态，听说“四人帮”被粉碎了，我们都感觉到松了一口气。

10 万群众聚集体育场

5 天以后，广州市社会各界举行了庆祝粉碎“四人帮”的盛大集会。为了举办这次大会，广州市委特地组成了一个班子，大会的总指挥是我们的司令员，我任副总指挥，具体负责大会的指挥任务。

庆祝大会的主会场被定在越秀山体育场，“文革”期间这里经常举行群众集会。从 1959 年国庆 10 周年的庆祝大会开始，每次越秀山体育场搞大型的群体活动，我都是副总指挥，一直做到上世纪 80 年代。做了这么多年，我对越秀山体育场各项设施的方位、群众活动的程序和规则摸得很熟。这一次和以前也一样，指挥部设在越秀山的广州市人防办，我带着警备区司令部的几个人，由军务处、参谋组成一个临时的指挥部，首先以市委的名义发通知到各个机关、学校、企业，要求他们派人前来参加。

△ 百万军民上街游行，庆祝粉碎“四人帮”。

工作人员跑步点炮

10 月 23 日上午，越秀山体育场里聚集了 10 万名群众。最靠主席台的是广州军区的部队官兵，之后是省委、市委机关工作人员，后面是各个单位的方队。每个单位都拉出了横幅，上面写着“庆祝粉碎王洪文、张春桥、江青、姚文元反党集团篡党夺权阴谋的伟大胜利”、“拥护华国锋任中共中央主席”等等，标语的内容都是事前规定好的。当时“四人帮”的称呼好像还没有形成一个俗语，大家更多是说“王、张、江、姚”。

那个时候没有手机和对讲机，维持会场秩序完全依靠主席台上的麦克风。作为副总指挥，整个会议期间，我都坐在主席台上。大会由时任广州部队司令员的许世友主持。正式开会之前，庆祝的鞭炮挂在越秀山的门楼上，从二楼一直挂到一楼，离北面的主席台有 200 多米。许司令宣布放鞭炮，市革委会办公室副主任余会琢就以百米冲刺的速度从主席台跑到门楼那儿点了炮。他人又高又胖，跑起来怪吃力的。回想起当年越秀山体育场的集会，倒是这件事情给我留下了深刻的印象，可惜余会琢现在已经不在了。

游行路段全线监控

放完鞭炮后，当时省委第一书记、省革委会主任、广州部队第一政委韦国清在大会上讲了话。讲话的内容我已经记不清了，大概是拥护中共中央的决定吧。那时候领导同志的讲话都比较简短，整个庆祝大会开了不到一个小时。接下来，会场里队伍就依次外出游行。

为了避免“四人帮”的余党作乱，游行前我们都对路线进行过侦查，在沿途的制高点都有我们部队控制。比如中山六路路口、中山五路路口，楼顶上都布置了部队。当年省革委会副主任王首道走在队伍的最前面，整个队伍高喊着“打倒王、张、江、姚”的口号，经过教育北路、中山六路、中山五路，再到中山四路分组解散。当时游行的时间并没有太长，因为有些老同志走不了太远的路程。

链接

百万军民　上街游行

1976 年 10 月 6 日，中共中央政治局对江青、张春桥、姚文元、王洪文实行隔离审查，从而宣告了“文化大革命”这场灾难的结束。

消息传来，广州广大人民群众衷心拥护，举行盛大游行，鞭炮锣鼓齐鸣，热烈欢呼粉碎“四人帮”的历史性胜利。10月21日，广州市委就粉碎“四人帮”篡党夺权阴谋的伟大胜利向党中央发出致敬电。

10月23日，广东省、广州部队百万军民在广州举行盛大集会和游行，庆祝粉碎王洪文、张春桥、江青、姚文元反党集团篡党夺权阴谋的伟大胜利，拥护华国锋任中共中央主席、中央军委主席。省委、省革委会、广州部队领导机关和各军兵种、省军区、市委、市革委会负责同志参加了大会和游行，广州部队司令员许世友主持大会，省委第一书记、省革委会主任、广州部队第一政委韦国清在大会上作了讲话。

12月16日，省委、市委在中山纪念堂及100多个分会场召开广东省、广州市传达中共中央重要文件，揭发批判王、张、江、姚反党集团滔天罪行大会，有10万干部和群众参加了大会。

——摘自《广州市志》

第三篇

热血写春秋

讲述背景

1976年8月17日，由10名知青和2名带队干部组成的一支广州知识青年赴藏突击队，在广东省、广州市领导和群众的热烈欢送下，光荣地向着遥远而艰苦的西藏进发了。

很多人不了解他们的行动，因为那一年已有不少知青想方设法要回城，但他们却是选择去扎根西藏当农民。

1976年年底，“文革”结束。随后，高考恢复，时局的变化，也促使这些知青开始寻找新的人生道路。他们陆续离开了西藏，最后一个离开是在1991年。现在，他们中的8个人在广州工作、生活。

30年后，回忆起那段激情燃烧的岁月，这些知青表示：把青春奉献给西藏，不后悔！因为这一段经历，已经成为他们生命中的烙印，成为了他们的精神财富。

广东唯一赴藏知青队30年前出发

12人组成的广州市知青赴藏突击队奔赴西藏山南地区。

■讲述人·李朝荣

广州市知青赴藏突击队队长。

李朝荣：1976年8月17日，我们这支由12人组成的广州市知青赴藏突击队从广州火车站出发。

广州市为我们举行了非常隆重的欢送仪式。当时，我们被树立成号召知青上山下乡的政治典型。在“文革”期间，我们这12个人，是广东省唯一一批被送出省而且是送到西藏边疆去的知青，也可以说，我们代表了广东的形象。

西藏山南地区加查县冷达乡是我们的知青点，我们在那里当知青的日子不到两年。国家的形势发生了很大变化，我们每个人的际遇也随着改变。我们没有像出发时表决心说的那样扎根西藏一辈子。大家最终不约而同地都离开了西藏。

现在，我们有8个人在广州工作、生活，一个在深圳，一个在北京，一个在加拿大，还有一位已经去世了。

30年了，我们每个人心里都有着很深的“西藏情结”。

28中掀起赴藏当知青高潮

旁白：1976年，“文革”到了尾声。广州市知青陆续回城，动员、组织应届毕业生去上山下乡的工作已比较难进行。但有一些广州年轻人逆潮流而动，主动申请去西藏当知青。用时任广州市知青办副主任杨丰的话来说，这些年轻人是成天闹着要去。

■讲述人·邓剑荣

广州市知青赴藏突击队副队长。

邓剑荣：可以不谦虚地说，号召广州应届毕业生赴藏，是我就读的广州市28中掀起的热潮。1976年，我17岁，读完高二就毕业了。我们这一届的学生，组成了一支“钢铁突击队”，经常到农村参加劳动。

听说1975年北京有一大帮应届毕业生去西藏上山下乡，我们突击队队员受了鼓舞。在越秀区毕业生代表大会上，我们28中的高中毕业生以“钢铁突击队”的名义写了一封倡议书，号召广州应届毕业生去西藏当知青。这封倡议书影响很大，广州很多中学的学生都来找我们。

后来，在全市的毕业生代表大会上，我们28中又掀起了一次号召高潮。这下影响更大了，引起了市领导的重视。

■讲述人·吴　如

广州市知青赴藏突击队队员。

吴如：那个年代，我们这些学生的思想很单纯。毛主席号召我们到农村去，到边疆去，到祖国需要的地方去。因此，我报名参加到西

藏下乡。

李朝荣：和其他 8 位赴藏知青不同，我和史楠霞不是应届毕业生。1976 年去西藏之前，我们作为广州军区的子弟，在广州国营黄金围农场已经当了近 3 年的知青。我们俩在农场是副队长，算是干部，每个月有差不多 38 元的收入。

史楠霞听说广州市组织应届毕业生去西藏下乡，跟我一说，我们就商量着：干脆离开黄金围农场吧，另找一个天地，不管怎么样，出去轰轰烈烈发展一下。

去西藏下乡，对于我们，也有为个人前途着想的因素。那时，黄金围农场有 2000 多个知青，我们继续待在农场，看不到有什么前途，总想找机会离开。但是，我和史楠霞当兵未必能当上；上大学嘛，农场一年只有两个名额，而且全部都是推荐的，部队的子弟被推荐的可能性比较小。再说我们的父母，当时都处在“半冷冻”的状态。我们不可能指望父母。父母也鼓励我们自己闯自己的路。

我们俩其实是没资格去报名的，于是到处找关系，后来找到了市知青办。一个科长说，你们俩都是知青了，还去西藏下什么乡？没说几句，就把我们轰出来了。我们不甘心，找到了广州市知青办的领导。

△ 1976 年 9 月 8 日赴藏知青队在布达拉宫前合影。

我们跟市知青办的领导列举了报名去西藏的三大优势：第一，和应届毕业生相比，我们俩有生活经验和生产经验；第二，我们在农场下乡3年，有一定的组织管理能力；第三，我们的父母很支持。知青办当时就被我们打动了。

■讲述人・欧红坚

广州市知青赴藏突击队带队干部。

欧红坚：30年前，我们申请去西藏。那种热情，你们现在的年轻人，也许会觉得很幼稚。

从我的成长历程来说，我爸爸是个老党员；我上初一，我的班主任推荐我读刘少奇的《论共产党员的修养》，这些对我一生影响都很大。我最崇拜的人是毛泽东，从小就想着像毛主席那样改造中国、改造全世界。那我必须到中国最底层的地方去，了解底层人民的生活。用今天的话来说，就是了解中国国情。最底层的地方在哪里？我想，那就是西藏了。

我一次一次地向广州市委写信，却没有回音。我1970年高中毕业后，一直留校当老师。等到1976年，才终于有了去西藏的机会。我们是在知青开始回城的形势下主动提出去西藏的，当时很多人都不理解。我在作报告的时候这样回答："路远吗？比比白求恩大夫，想想红军二万五！艰苦吗？耻做桃花源中人，乐在天涯战恶风，为有牺牲多壮志，敢教日月换新天……"

■讲述人・关超豪

广州市知青赴藏突击队护送干部。

具备坦克兵身体素质

关超豪：那个年代，广州知青最远是去海南。但是，这些年轻人很有激情。（笑）他们的想法在那个年代也是很超前的。听说一些年轻人想去西藏务农，市革委会副主任钟明让市知青办先发电报，问问西藏那边接收不接收。西藏知青办回复说很欢迎。如果真的来，可以安排在林芝地区，那里是西藏海拔最低、最富饶的地方。不过，后来改在西藏的山南地区。那里不算很好，也不算很差。收到西藏那边的消息后，市知青办立即组织应届毕业生报名。

邓剑荣：消息一发出去，有 300 多名广州应届毕业生来报名。初选选出了 100 多人。参加体检后，只剩下了 11 个。有一个学生身体素质很好，但不是团员，就被淘汰了。最后确定了 10 个知青，外加欧红坚和曹东两个带队干部，组成了广州知青赴藏突击队。

我们这 12 个人能被选出来，一是政治上根正苗红，家庭成分没问题，父母也同意；二来我们在学校表现积极，都是团员，还当过学生干部，活动能力比较强；三来我们体检合格，有坦克兵的身体素质。

李朝荣：我们 10 个知青把户口和组织关系都转到西藏去了。那年我 20 岁，在 10 个知青中年纪最大，而且有过当知青的经历，被任命为赴藏突击队的队长。

在出发前，知青办专门组织我们进行了一个半月的学习。临行前，省委第一书记韦国清与我们这些赴藏突击队员举行座谈，给我们一人送了一套马恩列选集和毛主席著作，还有一株松树苗，寓意鼓励我们要扎根西藏。可惜，那些小松树在西藏没有养活。

红卫牌拖拉机随知青进藏

欧红坚：出发那天，大家都很兴奋！那么多人来欢送，连省、市领导都亲自来，我们感到很光荣！

知青办安排我们在 8 月 17 日出发，主要是为了和西藏那边的车队接应。报纸第二天（8 月 18 日）刊登我们出发的消息，正好是毛主席接见红卫兵 10 周年纪念日。很有意义！

1976年8月18日刊登在《广州日报》上的照片。当时社会各界到火车站欢送广州市知识青年赴藏突击队踏上征途。

李朝荣：临行前，大家说了很多豪情壮志的话，哭也哭了。我们乘坐从广州开往韶关的列车，火车开动了，眼泪还没擦干，我们在火车上开始“学雷锋、做好事”，又是让座，又是端茶递水的。（笑）

吴如：我家里人为我进藏准备了两大箱子行李，一箱子是衣服和书。还有一个铁箱子放了茶叶、卫生纸，怕我们在高原缺碘，还特地准备了盐和海带。我家人给我准备了至少5年的物资。

关超豪：随火车装运到西藏去的物资满满当当的。广州市特地买了一台红卫牌拖拉机，作为援藏物资运过去。知青办给每个人都准备了药品、羽绒衣、棉被、手套等必备物品。怕在高原上，食物煮不熟，还特地一人配了一个高压锅，这个东西在那时可是很希罕、很时髦的。

那个年代，物资供应很紧张，不过市里对去西藏的年轻人特别照顾，粗略估算，送他们去西藏这一趟，一个人投入了1万多元，12个人就是12万多元啊。

在拉萨参加悼念毛主席活动

旁白：轰鸣的列车不断向着西北方向前行，一直到达甘肃柳园，广州知青在那里等候三天，与辽宁省的赴藏知青会合后，乘坐西藏派来的客运汽车向着祖国边陲那片神秘的土地进发。广州知青的这趟天路行程，行程3000多公里，耗时47天，其中在途中17天，驻地休整并参加活动有33天。他们进入西藏不久，一件震惊全国的大事，改变了他们的行程。

关超豪：9月5日，我们到达西藏拉萨，休整了几天。9月9日，拉萨市原定举行一个很隆重的欢迎广州和辽宁省知青的活动。一切都准备好了。那天，我们吃完早餐后，突然接到通知：一切活动停止。当时，拉萨方面并没有告诉我们这一天凌晨毛主席去世了。一直到下午3时，我们才接到这个噩耗。

李朝荣：我们因此停留在拉萨参加悼念毛主席的活动，一直到9月22日才离开拉萨。拉萨悼念毛主席的氛围非常浓厚。整个布达拉宫，从上到下，挂着两条非常长、非常大的挽联。西藏人民送给主席的花圈，足有2米多高。毛主席去世对我们的震动非常大，但并没有动摇我们到西藏插队落户的决心。

关超豪：我不一样。听到消息，我心里打了个疙瘩。我当时31岁了，我的爱人怀孕了。我担心，主席去世了，政局不知道会不会变化，我还能不能回到广州。

广州知青办派我护送这些年轻人进藏，我原计划待上十几天就走。这么一耽搁，我们在10月3日才到达知青点——西藏山南地区加查县冷达乡。到了知青点，安顿好这些年轻人，我返程的时候已经是11月了。我坐着大卡车出来，沿途已经开始飘雪了。

我的家在雅鲁藏布江旁

旁白：这些年轻人从温暖的南方大城市，来到贫苦的高原农村，开始真正的知青生活才不过短短半月，又一件震动全国的大事发生了："四人帮"倒台，"文革"结束了。然而，政局的大动荡，似乎影响不到他们。这些充满青春激情的年轻人正在努力融入西藏的生活中去。30年后，回想起那一段生活，他们很肯定地说，在西藏当知青并不觉得艰苦。

欧红坚：刚到西藏，我看到藏族老乡住的地方，是用一块块砖和石头垒起来的，起初还以为是猪圈。藏族老乡的房子里没有床，就睡在地上。当时，我就觉得，中国确实很穷，改造世界的任务真的很艰巨。

当时，我“左”得很，觉得山南地区还不够苦，和史楠霞、杨中艺执意要去条件更恶劣的藏北。后来，听从了组织的安排，才留在冷达乡。我们12个人，被安排住在冷达乡第二生产队知青点。我们共有四间房，三个人睡一间房，还有一间厨房。

我们的家紧挨着村子，靠着一条公路。公路南面是喜马拉雅山脉，沿着公路往东不远就是雅鲁藏布江。那里海拔约3500米。我编了一首歌：“潘卫兵，我问你，你的家乡在哪里？”“我的家，在西藏，就在雅鲁藏布江旁。”“我问你，到这里，究竟为的是什么？”“为的是干革命，建设西藏新农村。”（**动情地唱了起来**）

去了没多久，我还被聘为当地学校的代课老师，用上海出的小学语文第一册，教藏族孩子们汉语。我不太懂藏语，只好手脚并用比划，还闹笑话。有一次，我跟知青们去劳动，没想到跟丢了，我着急地到处找。遇到藏族老乡我就说：知识青年（**藏语**）——都走了（**汉语**）。后来，这句汉藏合一的话成了村里的名言，村民们见了我，都笑着模仿我说的那句话。

李朝荣：在加查县，只有我们这些外省来的知青。当地藏族老乡把我们当成珍稀大熊猫来看，对我们十分呵护。大家一起上山打柴，外出劳动同煮一锅酥油茶，晚上一起参加生产队举行的活动。我们和藏族老乡相处得很融洽，经常一起举行联欢会，我们也过起了藏族人民的传统节日。

藏族老乡们真的非常淳朴。有的藏族老人看到我们年纪轻轻的，来到这么贫苦的地方就问：“你们是不是父母都去世了，才来到这里的？”这话听起来令人哭笑不得，现在想起来，还是让我很感动。

邓剑荣：在知青点度过的第一个冬天，我们劳动时戴的手套是线织的，手冻裂都出血了。回到村里，有位大妈看到我的手，心疼得流着眼泪给我擦油。她说，你们离开妈妈那么远……

变着法儿打牙祭

李朝荣：在知青点一年多时间里，我们是真真正正把自己当作农民，日出而作，日落而息。每天早上，我们大概 7 点半起来。轮到谁值日，就先起床烧水。吃过早饭，大家根据生产队长的安排干农活，播种、施肥、拔草、背牛粪，这些是最基本的，我们还要用牛皮绳背大石头。晚上回来，生产队长当面给每个人评工分。

吴如：在西藏，劳动是很开心，甚至是很浪漫的。大家集体劳动，修水渠，一溜十来个人。干活是两个人配合，铁锹前绑一根牛皮绳，一个人撬泥巴，一个人拉。因为当地缺氧，劳动强度不能很大，全靠耐力。西藏人天生会唱歌，队长喊号子，一群人和着，还是两个不同的声部，一高一低，很好听。

李朝荣：刚去的时候，大家最发愁的是没有青菜吃。我们这些知青只好吃当地的野菜。有一种灰灰菜，碱性很大，吃了拉肚子、流口水，有的人身上还长出红斑，一抓就流血，很难受的。

熬到第二年开春，我从广州带过去的青菜种子在高原上居然长成了，这可把大伙乐坏了。我还跟四川人学做泡菜，成了当地出名的“泡菜专业户”。

吃肉也是自己想办法。当地的驻军在雅鲁藏布江里炸鱼，我们也跟着去捞鱼。开春不久，我们还自己养起猪和鸡。到知青们离开知青点时，大多都长高、长胖了。

■讲述人·关玉娟

广州市知青赴藏突击队副队长。

经历恐惧女知青偷偷哭

旁白：在西藏当知青的生活，并不总是充满了诗情画意和欢歌笑语。远离故土亲人，这些没有太多生活阅历和社会经验的年轻人，在一个陌生的环境里，不可避免会有冲动的行为。他们也逐渐发现自己改造世界的本领有限，慢慢地滋生出挫折感。

关玉娟：可能因为我口才比较好，藏语学得快，说得也标准，当地藏民都很喜欢我。那时流行一个舞剧叫《草原牧歌》，我经常唱这首歌，潘卫兵和吴如两个和着歌儿跳舞。我们这个节目很出名，加查县的宣传队还组织我们到各公社去演出。

受这首歌感染，我觉得整天种地没意思，特别想去放羊。我和潘卫兵最要好，两人找了生产队长尼妮，央求她满足我们的愿望。

尼妮真的派了两个藏族男孩带着我们两个女知青去放羊。那天一大早，我们兴高采烈地出去了，不知不觉走到了陡峭的山腰上。到太阳快下山，准备回家时，风云大变，顿时是狂风骤雨，羊到处乱跑。为了赶羊，我跑到了一个陡坡上，突然之间，脚下的土塌方了，连人带泥地滚了下去。当时大家都吓坏了。如果不是潘卫兵带着那两个藏族男孩把我拉了上来，我可能命都没了。

这样恐怖的经历还有好多次。我年纪小，想法特别多、特别浪漫。那时还流行一部朝鲜电影叫《摘苹果的时候》。我和潘卫兵又商量去苹果园种苹果。

生产队的村民为了我们两个女知青这点要求，花了十几天的时间，在山沟的苹果园专门盖了一间房子给我们住。我们俩住进去之后，才发现整条山沟里，只有我们两个女孩子和三个陌生的男人。

我们俩晚上不敢在屋里睡，爬到屋顶上。半夜，山上的狗熊冲进苹果园，把果树都捣得稀里哗啦，一片狼藉。我们俩吓得抱在一起。

尽管经历过这么多恐惧，我和潘卫兵却从来不在其他知青面前表现出自己的脆弱。我们很好强，哭也是躲在屋子偷偷地放声大哭。

磨炼后发现年轻无知

关玉娟：西藏当知青的经历，磨炼了我们的意志。可以说，在困难面前，我们没有一个人退缩。

可是那段日子，也让我们发现自己的年轻无知。我们为西藏人民服务的愿望很强烈，但其实我们没什么真本事，距离他们对我们的期望值、我们对自己的期望值还很远。有的人痛苦地感觉到：我们只是个普通的劳动力，还不算真正的知识青年。

初到知青点的时候，我们想法很多，不免会产生一些分歧。有的知青坚持要去搞农田基本建设；有的想在当地搞教育；有的甚至要求去藏北。后来，大家齐心起来，先在冷达乡专心务农。

我们随行带了缝纫机过去，想为藏民们做衣服，但其实我们的手笨得很，只能胡乱地做。

史楠霞在当地算是“赤脚医生”。我做翻译，两个人拿着医药说明书，给藏族老乡们下药治病。有些小病我们还对付得过来。但是我们终究没有医学方面的专业知识，好几次，眼睁睁地看着鲜活的生命死去，我们却无能为力。

1977 年底，知青点还没撤，我和邓剑荣两个副队长被山南地区招干，到机要科当机要员去了。

旁白：一年多的知青生活体验，再加上时局的变化，有的人开始思考：在学识、能力不足的情况下，作为年轻人能为边远地区的老百姓做什么？到底是先成为普通劳动力，还是先掌握足够的知识，再来为西藏人民服务？围绕这个问题，知青们展开了激烈的讨论。

为高考，8 位知青争论激烈

欧红坚：参加不参加高考，剩下的 8 个知青争论得很激烈，有的强烈表示要一辈子扎根西藏农村。我劝说他们：过去党需要你们下乡当农民，现在党需要你们上大学，我们也应该站出来让党挑选。最后，除了周高明，其他 7 个人都参加高考了。

这些知青的家长也写信、寄复习资料到知青点。我给他们请了 5 天假复习。说实在话，那时我的思想也很矛盾，我也想参加高考。但是有一个知青想留下，我作为带队干部，如果要考，就要向广州市委申请。唉！我心里觉得好可惜。

这些孩子很争气，有 6 人考上了大学。1978 年 2 月，考上大学的知青走了。一个月后，没考上的黎钜祥和没参加高考的周高明留在西藏当兵去了。

我一个人留在区委里，开始，我还想留在西藏。我给广州市委和我原来的工作单位——广州47中写信，表达了这个想法。他们给我发电报：有意见，回来再说。还给我寄钱，让我坐飞机回广州。

这一年4月，冷达乡知青点撤了，我回到了广州。去的时候，我是老师，现在我还是在学校工作。

李朝荣：我们走的时候，全村的藏族老乡都出来为我们送行，热闹得不行，他们把鸡蛋、青稞酒使劲塞给我们。我们把知青点所有的物资都给了生产队，其中也包括“广州知青赴藏突击队”那面旗帜。告别时，我对生产队长尼妮说，我们还会回来的。

部队的车把我们这些大学生拉走了。那时候是初春，上加查山时，路边的雪有两米多高。

我、刘超英、史楠霞和潘卫兵考上了西藏农牧学院，杨中艺考上了甘肃农业大学草原系，吴如考上了北京师范大学化学系。

上大学，知青思想渐成熟

关玉娟：在冷达乡相伴一年多的队友们都走了。有一天深夜，我和邓剑荣谈了很久。那时我对自己留在西藏工作的前途感到彷徨。

在知青点的时候，我接触过一些工农兵大学生，他们和我谈人生，听得我一愣一愣的。和他们相比，我觉得自己没有多少知识，还是很幼稚，总是人云亦云，很听话。我有点后悔自己为什么不参加高考。

我在地区机要科工作了一段时间后，又申请调到山南地区团委去工作。

到1979年，我也参加高考了，考上了北京中央民族学院中文系。我现在还清楚地记得，加查县的那位卞书记与我告别时，对我说：“小关，你成熟了，你对人生有了自己的独立思考，懂得自己作出选择了。”

在大学里，我将自己在西藏一年多的知青生活、两年多的工作经历，融合了其他人的一些故事，写成了一部中篇小说，名字叫做《心路》。在小说里，我记录了自己在西藏的思想变化。

1983年大学毕业后，我没有回到西藏，而是到了广州人事局工作。后来，又到了广州大学当老师。现在深圳当公务员。

邓剑荣：我比关玉娟在西藏山南地区多待了10年。她考大学走了，我还到了两个海拔4000米以上的县工作。到1989年，我申请调回广州，赶上西藏援藏干部第三批内调，就调到广州市委办公厅工作，一直到现在。

在那里，我一直是个小科员，工作中有时候也受到排挤，得不到重用。调回广州时，我30岁了，还是个单身汉。回到广州后，我才利用业余时间读了电大。

别人问我，你在西藏待了13年，你后悔吗?

我不后悔。在西藏那么多年，我认识了很多人，见识了很多事，也丰富了自己的经历。

■讲述人·周高明

广州市知青赴藏突击队队员。

神枪手，至今后悔离开西藏

周高明：我两次差点把性命丢在了西藏。

一次是刚到知青点，我们去打狗熊，没经验，我厚厚的衣服被狗熊抓得稀巴烂，是藏族老乡及时赶到，才把我救下来。还有一次，是我在西藏军区武警总队拉萨中队服役的时候。1979年，我在一次执行任务中受重伤，现在我的脚上还留着那个弹孔的疤痕。

在西藏当兵，我是中队英雄班班长。我还是神枪手，在部队当教练。1983年，我离开西藏，主要是因为我家里的缘故。在1976年8月出发去西藏当知青前的3个月，我的父亲病逝了。我母亲的身体也很不好，家里一直要求我回来。

一开始，我在广州百货公司采购供应站工作，在商业系统摸爬滚打了十几年，一直受不了商场上的铜臭味，对官场上的那一套也看不惯。1996年至今，我在广州白云机场快递公司搞货运。

直到现在，我还后悔自己没有留在西藏。在西藏，人与人之间交往很真诚。我觉得，差不多是过着共产主义的生活。在广州，人际关系太复杂了，我不适应这里的氛围。

■讲述人·魏　萍

广州市知青赴藏突击队队员黎钜祥之妻。

魏萍（黎钜祥之妻）：黎钜祥离开西藏前，在西藏军区某炮兵团服役。1984 年，我们在西藏结婚，在部队里举行的婚礼。我只待了 40 天，就回到老家成都。之后，我俩分居两地，聚少离多。儿子跟着我。上幼儿园时，他老是对我说："妈妈，我不幸福。我没有爸爸。"

为了儿子，我们决定一家人生活在一起。我给黎钜祥单位的军区政治部写了一封 20 多页的信，希望军区把他调回地方。想着在广州有他的父母，出于责任感，我们一家三口来到了广州。他到了省委统战部工作。

黎钜祥是一个感情很细腻的男人。每回到成都探亲，他总是抢着干活，就像是要赎罪似的。他在西藏待了 15 年，回广州 10 年，才 43 岁，他就走了……

李朝荣：黎钜祥病重的时候，我把广州知青赴藏突击队在西藏布达拉宫前的合影（刊登在报纸上）拿给他看。他可高兴了。

旁白：在 12 人中，选择当兵的黎钜祥到 1991 年才离开西藏，他是最后一位离开西藏的，也是最早一位去世的。2000 年，黎钜祥因患骨癌去世。

回城了，却和爱人分手了

李朝荣：我们 6 个考上大学的知青，并没有想着借这个机会回城，还是想学点知识后，回来建设西藏新农村。我们也真的这么做了。

4 个在西藏农牧学院读书的知青，毕业后都留在西藏，从事与林业、农牧业有关的工作。待了几年后，除了史楠霞去北京工作，我们其他三个人陆续回到广州。

1986 年，我回到广州，一是为下一代考虑，另一个是想到广东当时是改革开放前沿，在广州发展会好一点、快一点。在广州这20年，我在省农办下属畜牧发展总公司干了13年，后来国企改制，我买断工龄，自己找出路，现在一个保险中介公司工作。

对回到广州的选择，我不后悔。从哲学上讲，你想得到的东西不可能十全十美，兼得是不可能的，你要满足一方面，必然要丢掉另一方面。

旁白：广州知青赴藏突击队的组成是6男6女，当时还盛传是配对去的，最后没有配成。他们中有个别人在西藏选择了配偶，但回城后，却分开了。对于婚姻的不美满，这些知青并不愿意多说。

■讲述人·杨中艺

广州市知青赴藏突击队队员。

情难舍，广州任教西藏搞科研

杨中艺：我从甘肃农业大学草原系毕业后，做了两种打算，一是回西藏草原地区工作，二是考研究生。机缘所赐，我考上了北京农业大学贾慎修先生（时任中国草原学会理事长）的研究生，并且被录为出国预备研究生，在日本留学了6年。

回国探亲期间，我察觉广东大面积冬闲田有利用价值，因此留学归来后返回广东，在中山大学任教。努力了10多年，我完成了“黑麦草—水稻”草田轮作系统的研究。这个成果已在我国南方省份推广。

1999年以来，每年我都去西藏一两次，还回过加查县冷达乡，拜访了当年的生产队长。在她家里做客时，村里许多当年一起工作生活的藏族朋友闻讯赶来，他们还能认出当年的“小杨”。

我也在西藏寻找开展科研工作的机会。在广州市科技局的支持下，去年，我带着学生完成了一种西藏林芝地区特有的藏药材的人工栽培技术的初步研究。这个项目现在还得到国家发改委的进一步支持。

突击队，渴望能故地重访

关玉娟：我送我的儿子去留学时，我对他说：“妈妈和你一样，离开家的时候只有17岁。妈妈去西藏当知青，是历史的产物，你现在去国外，也是时代的潮流。”

西藏的知青经历给我们最大的收获，我想，就是那片广袤土地上的山水和人，让我们学会了豁达、乐观和坚强。在西藏的经历，已成为了我们生命中的烙印。

杨中艺：对30多年前的知识青年上山下乡运动，许多人认为耽误了一代人。但我所认识的知青似乎都非常珍惜这段经历。当然，他们也许仅仅是知青中的一部分，甚至是一小部分。

在那场浩大而漫长的运动中，每个人的际遇千差万别，自然难以避免酸甜苦辣各种感受和认识的存在。社会在发展，许多事情对历史的影响，不是短短30余年能够看得出来的，相信后人会客观地评价这场运动。

至于我自己，我无疑是非常珍惜这笔精神财富的。经过了在西藏这一年多插队务农的生活，我相信今后没有什么坎是过不去的。

欧红坚：最近，我给广州市委书记写了一封信，希望我们这支30年前的广州知青赴藏突击队能参加广州进藏列车的首发式。我们渴望一起再去当年下乡的地方看看，探访那里的藏族老乡。我可真想他们！

1977年，全国恢复高考，这是一个转折点。

这一年年底到1978年初，广州知青赴藏突击队12个人一个个离开知青点，开始了新的人生道路。

在高考前夕，邓剑荣和关玉娟在山南地区当干部，离开知青点了。带队老师曹东回到广州。其他留在知青点的人突然收到了全国恢复高考的消息，他们面临着一次人生的选择。

链接

1976年广州知青赴藏突击队名单

队长：李朝荣（男，时年20岁，现在广州某保险中介公司工作）

副队长：邓剑荣（男，时年17岁，现在广州市委办公厅工作）

副队长：关玉娟（女，时年17岁，现在深圳当公务员）

队员：周高明（男，时年19岁，现在广州市白云机场快递公司工作）

队员：黎钜祥（男，时年18岁，2000年病故）

队员：杨中艺（男，时年17岁，现为中山大学环境与生态研究院院长、广东省政协人资环委副主任）

队员：史楠霞（女，时年19岁，现在北京林业局工作）

队员：潘卫兵（女，时年18岁，现在加拿大温哥华定居）

队员：吴如（女，时年18岁，现在广东省理工学校任教）

队员：刘超英(女，时年18岁，现在广州市中国艺坛杂志社工作)

带队干部：欧红坚（女，时年24岁，现任广州市第21中学办公室主任）

带队干部：曹东（男，时年27岁，现任广东省华侨中学校长）

护送干部：关超豪（男，时年31岁，广州市知青办工作人员。1976年8～11月，护送广州市知青赴藏突击队到西藏）

护送干部：马绍玉（男，时年27岁，广州知青办工作人员，广州警备区军人。1976年8～11月护送广州知青赴藏突击队到西藏）

1976年8月18日的《广州日报》，记载了广州知青赴藏突击队出发时的盛况：

昨天上午，广州火车站红旗招展，锣鼓喧天，车站前面挂着“热烈欢送广州市知识青年赴藏突击队”的巨幅横额，四处张贴着标语：“到农村去，到边疆去，到祖国最需要的地方去!”、“扎根边疆，铁心务农!”……

当胸前挂着大红花的赴藏突击队12名队员英姿勃勃、斗志昂扬地通过车站广场时，醒狮起舞，鼓乐齐鸣，锣鼓声、鞭炮声响成一片，青少年们跳起了欢送舞，两万多革命群众挥舞花束、彩带，高呼着口号，热烈欢送革命小将奔赴边疆干革命。……

清平路摆摊挖到第一桶金

■讲述人·陈　堂

外号“肥佬堂”，1976年开始摆摊卖家具。

讲述背景

陈堂，50多岁的样子，短裤，汗衫，很随意的一副打扮。大家都喊他“肥佬堂”。他也乐得接受，在自己的名片上印上“肥佬堂”这个大名。听他的朋友说，肥佬堂的名言就是“益你们这些没什么钱的人”，意思是帮帮你们这些没什么钱的人。他为人热情，卖的东西便宜，所以在广州的家具界里小有名气。和他聊了一个下午，不时有人来看家具，看完不买他也不恼，总是笑呵呵地说，没所谓啦，有空多来聊聊就好。1976年在广州做生意的人，他算得上一个代表性人物。

找1976年在广州做生意的人？找我算是找对人了。（笑）

30年经商的门道，就是那年在清平路学到的。

那一年我24岁，在广州农科所当农场知青，就是现在琶洲国际会展中心那里。那年发生太多大事了：三大伟人逝世、天安门事件、“四人帮”倒台……连着发生了很多大事。毛主席逝世那天，我和老婆在北京路逛街，当时的北京路是广州最热闹的一条路，但可不像现在，除了几个国营商店和三个大戏院外，街边没有卖东西的。我们正逛着，走到新华书店对面的北京饭店那里，看到很多人都停住了脚步，原来是电台正在播出毛主席逝世的消息。当时的气氛很肃静，有些人哭了。连着几个伟人逝世，广州人嘛，悲痛是悲痛，但说实话，悲伤

陈堂1976年的老照片。

到底敌不过自己的辛苦。

虽然政治上翻天覆地，动荡不安，但是我觉得广州这里的政治气氛并不浓。游行、示威的活动已经很少。经过“文革”多年，大家对政治都有点麻木。广州人本来就不热衷政治，那么多年不断搞政治运动也把人都搞得太烦太厌了，加上生活太困难，农场里开会啊学习啊什么的比以前少多了。除了几位伟人逝世的时候，举行悼念活动外，平时很少搞什么活动。我们这些年轻的知青，工余就喜欢学着做做木工，看看书，写字画画。场里流行一句话——“练习基本功，打好基础再出来。”那个年代是很特别的，那些年政治运动把大家都搞怕了，几乎人人都想学一门手艺，这才是最实际的。学好了手艺，将来才好揾食（**挣钱糊口**）嘛！我在农场里是学木工的，后来还真派上了用场。

1976年11月28日，我记得特别清楚，就是那一天我开始做生意的，卖的木柜子就是我自己做的。做生意的本钱是问岳母借的，80多块钱，比我当知青两个月的工资还多。那天天气很好，下午的时候，我扛着两个柜子来到清平路。那时的广州物资奇缺，国营的商店就是那么三家，南方大厦、北京路百货商店、中山五路百货商店。东西不多而且很贵，所以就开放了几个地方允许农民摆卖农副产品，一个在清平路，一个在十三行。广州周边的人和、太和等乡镇也有贩卖。而清平路那个是最大的，整整三条街，珠矶路、上下九那一带是最热闹的。摆卖的东西，农副产品占了大头，还有些人卖旧杂货、旧工艺品什么的。那时候的旧杂货可都是货真价实，很多是民国时期的古物，基本上都是拿家里收藏的珍品拿到市场上换点粮票或钱，用来养家糊口。

说开放，其实也只是每逢农历的初一、初十允许摆卖，就像农村的赶集，当时广州人称作“墟”。路面只有 8～10 米宽，两边都摆满了卖鸡蛋、家禽的摊子，很是热闹。

第一次卖东西时，心里那个怕啊。那天我特意戴了一顶大帽子，把帽檐拉得很低，生怕碰到熟人和朋友。用鲁迅的话说就是“破帽遮颜过闹市”。那个年代做生意的人不像现在这么风光，地位很低，只比“走私”好些。那时也不叫“经商”，叫“炒买炒卖”。1976 年那会儿，做买卖的主要就是三种人：一种是在江边长堤那里炒卖票证的，一种是日子苦得过不下去的知青，还有一种是农民。在当时人们的观念中，日子穷得过不下去了才会做生意。高中毕业的我，旷工跑去做买卖，广州市估计也只有我一个人了。那天，老婆躲在家里哭了，她那时是工厂里的干部，怎么都放不下丈夫做生意这张脸。熟人看到我也很疑惑地问：“为什么你会卖东西？是不是日子捱不下去了？……”大家都觉得，就是太穷，穷到不要脸才去卖东西。

两个柜子很快就卖出去了，18 块钱一个，两个柜子就是 36 块，是我当知青一个月的工资呢。回去的时候高兴得像过节一样，比杨白劳买红头绳还乐。你想想，一个木柜，木料、油漆和铁锁的成本就是 10 块钱，剩下的 8 块钱就是利润，算暴利了。第一次尝到甜头，接下来就更加不怕了，帽檐也一天比一天高了。没想几天后，市场管理处（*应该是工商局的前身吧——口述者解释*）的人就找上门来，管理人员说：“你看别人卖的都是竹箩、竹铲之类的农产品，你卖柜子，这是炒买炒卖，这里不允许乱摆乱卖。”我一听就急了啊，我说我这柜子是我自己做的，也算自产自销，我说我是知青啊，家里也穷得不行，父母年纪也大了……要不是穷到不得了，怎么会想到卖东西呢？那人一听，就把他们主任叫来了。主任也是个好人，听完我的解释后，就指着路边的一块空地说，你办个证明，在这里租个摊子卖吧，租金是一天 3 毛钱。那时的商业，基本上是停留在自由买卖、自由经营的原始状态。不要说经营证照，连税金都不用缴，要交的唯一费用就是 3 毛钱一天的场地费。这场地费还不是固定收取的，哪天管理员不在了，或许就不用缴费了。

我就这样一发不可收拾地走上经商这条路了，连工厂招工回城我都没有报名，后来因为旷工太多被单位除了名。单位找到我说，你不能这样啊，连班都不上去卖东西。我说我怎么样都可以，就是不想穷啊。现在想想，其实当时大家都差不多，我也不是特别穷，但我就是想让家里人的日子过得好点。那时我的生意一天就可以赚到 30 块，那可是当时普通人一个月的工资。我第一次把几百块钱交给爸爸的时候，他很害怕地问我："儿子，你现在这么多钱，怕不怕啊？会不会犯法？"其他的知青一看我干得起劲，都带着疑惑的眼光。羡慕？当时他们不会觉得羡慕，只觉得我旷工赚钱简直是不可思议。

从卖出第一个柜子赚到第一笔钱，我在商业这行摸爬滚打整整 30 年有余，做过家具，在站前西路卖过服装，从事过书籍批发，甚至海鲜、药材我都经营过。经商的门道，就是 1976 年开始在清平路那里学到的。

练泳技藏气枕　文弱书生决心逃港

广州知青梁广源下水偷渡前夕命运现转机。

■讲述人·梁广源

1949年生于广州，现为广州市第16中学教师。“文革”爆发时，为16中一名初二学生。1968年，到深圳宝安插队，开始了5年知青生活。1973年8月，经考试成为工农兵学员，在第一师范学校（暨南大学华文学院前身）读体育专业。1975年，毕业后被分到东山区教育局工作。1976年结婚。妻子是在同一个村插队的广州知青。

青春的时光
竟在苦恼、忧郁的长夜中度过
人生的路程
又如此遥远漫长
青春的火焰
就在不毛的山地熄亡
…………
来不及告别一声，我走了
只有站在荒芜的山野
向故乡道别，久久张望

讲述背景

由于毗邻香港，从20世纪70年代初开始，大批在深圳宝安插队的知青开始选择偷渡，以孤注一掷的心态，与命运作一把豪赌。

“有段时间一度发展到早上一醒来，就发现身边几个知青已经不见了。”广州知青梁广源亲身见证了大历史背景下这独特的一页，甚至也曾作出过偷渡的计划。

就在他苦练泳技，寻找合作伙伴，准备好偷渡工具之时，突然传来消息——广州要在知青中招一批工农兵学员。

几乎是在一念之间，梁广源选择了留下，他要为自己的命运作最后一搏——参加考试。他成功了。偷渡，与他擦肩而过。

30多年后，回顾当初，他说自己的选择是正确的。

别了妈妈，再见吧故乡
时间为我翻着书页
年华敦促我下笔
我去了，去写那明天的乐章！

——在偷渡计划安排妥当后，梁广源写的一首长诗

为"红宝书"，同学间彻底决裂

1966年，我在广州16中读初二。批判是从教育界开始的，认为建国后培养的都是"封、资、修"的接班人。那时的歌我还记得："17年的账要算，17年的债要清……"

跟着就是停课闹革命。北京传来一副著名的对联：老子英雄儿好汉，老子反动儿混蛋。横批：基本如此。后来又加了一句：老子平常儿骑墙。学校里就此问题展开了大辩论。我父亲是工人，但是祖父被查出有所谓的历史问题。所以，我也受到牵连，属于出身不好的一类。

旁白：该对联于1966年7月29日，由北京工业大学学生谭力夫贴出，并由此在红卫兵组织中展开了"血统论"斗争——"红五类"与"黑七类"的对阵。

此前，同学关系是非常好的。但是，政治狂热把天真淳朴给扭曲了。一件事让我们之间彻底决裂了。

那时，所有同学都以拥有一本《毛主席语录》或毛主席像章为最大理想和光荣。1966年八九月的一天，我们班一个红卫兵头目走进教室，讲台上放着十来本大家心仪已久的"红宝书"（《毛主席语录》）。这个同学说，想要"红宝书"的，站出来！"哗"的一下，全班同学都站了出来——谁不想要啊！该同学讲了一番时髦的革命大道理后，开始点名，被点到的自然兴奋又得意，上台领书时，那个红卫兵同学和他们又是握手，又是拍肩，勉励做好接班人——俨然一副中央首长的样子。

"红宝书"发完了，没领到的很失落。但事情还没完。这位红卫兵同学开始对我们大骂：你们这些狗崽子，是"黑七类"的孩子，也不撒泡尿照照，还有脸要"红宝书"……说了很多侮辱的语言。不亲身

梁广源把知青分别时赠送的照片精心排列在中国地图上。

经历，就难以体会我们当时的心态，我们的自尊心受到了极大伤害。

就在此事不久，有一批北京的红卫兵来广州串联，说已经开始批判“血统论”，应该组织不同的红卫兵。所以，我们这些出身不好的同学也加入了高年级同学的组织。红卫兵之间的派性就这样形成了。

不久，就是“破四旧”和揪斗“牛鬼蛇神”。我校很多英语老师是归侨，平时穿着更为俏丽时尚，成为首当其冲的批判对象。有一次，我亲眼目睹，英语老师穿着裙子来上课，被同学围住批判，还拿墨水倒在她裙子上。老师当场就哭了。

还有一个姓廖的同学，和我很要好。不知什么原因，他父亲被定为“牛鬼蛇神”。有一次，在白云路老火车站旁，红卫兵们把两张乒乓球台并在一起，让他父亲站上去。我那个同学也在现场。开始，大家都还只是文斗，但到晚上 8 点多，又来了一批高年级的红卫兵，是我这个同学的姐姐就读的铁一中的同学，他们一到，马上把同学的父亲的手反绑起来，喝令跪下，随后拿出剪刀，“咔咔”把头发剪了。最后，我记得很清楚，一个红卫兵将跪着的同学的父亲一脚从台上踹到了地上。然后，押着他到火车站。我同学和家里其他人也一起被遣返。我只记得他们被押进售票厅。由于外面围了很多人，我看不见那位同学的样子。此后整整 40 年，一直没他任何消息，也不知他现在过得怎么样了。

女生井边洗澡，男生路旁冲凉

旁白：在经历前两年的狂热后，1968 年，广州的学校普遍开始“复课闹革命”。下半年，学生们开始响应毛主席的号召，下乡插队，接受贫下中农的再教育。

1968年11月8日，如同我的生日一样，铭刻在心里。就是从这一天，我离开生活了18年的城市，开始了5年的知青岁月。那天早上，我背着背包，提着水桶，步行到白云路，坐火车到宝安插队。很多人敲锣打鼓地送我们，上车后，心里却是一片茫然。

3小时后，到了深圳——当时，深圳还只是一个小镇。我被分到了西乡公社固戍村。生产队离海只有30米，当地人叫基围。一见之下，大为震惊：所谓村子，就是沿着一条河沟建的两排房子。房子完全是用松皮、稻草搭成的，有点像吊脚楼。没有厕所，掀开一块木板就直接大小便，秽物就“扑通扑通”地掉进河沟里。就是这样的房子还是从老乡家里借的。

我们4女9男13个知青就在这里落脚了。一去就赶上了秋收，第二天早上4点，老乡喊我们起床吃饭。这么早，哪能吃得下？只好踏着月光睡眼蒙眬地赶到田里，拿起镰刀割稻。整个生产队900多亩田分成13块，最小的45亩，最大的80亩。算上我们知青，总共108个劳动力，要赶在两三周内全部割完打粒，劳动强度相当大。但好在年轻，总算熬过来了。

除了劳累，用水也是大问题。基围离海太近，没有淡水。我们每天冲凉都要翻过一座山头才能找到两口井。大家约定俗成，女生在靠里的井边，男生在靠路的井边。已是十一二月的天气，虽然是南方，也很凉了。大家每冲一下，就放声大叫来抗寒。唱歌声、嚎叫声在山里此起彼伏。

梁广源日记摘录：

1969年11月

一年前，我们还是那样的天真烂漫，幼稚可笑；一年后，在广阔天地的阶级斗争里闯，在繁重的劳动里练，冲去资产阶级的香风臭气……谁说农村没奔头？广阔天地炼红心。实践使我懂得，三大革命需要我们投身，斗、批、改任务需要我们完成，农村落后局面更要我们年轻一代和全体人民一道去改变。勇敢前进吧，亲密的战友们！

笛声作伐奠定灶台前的爱情

刚下乡时，国家给我们每人发了230元补贴，其中50元就直接给了接待我们的农民，让他们负责我们半年伙食。半年后，我和另3个广州知青，组成一个团队，在一起开伙。

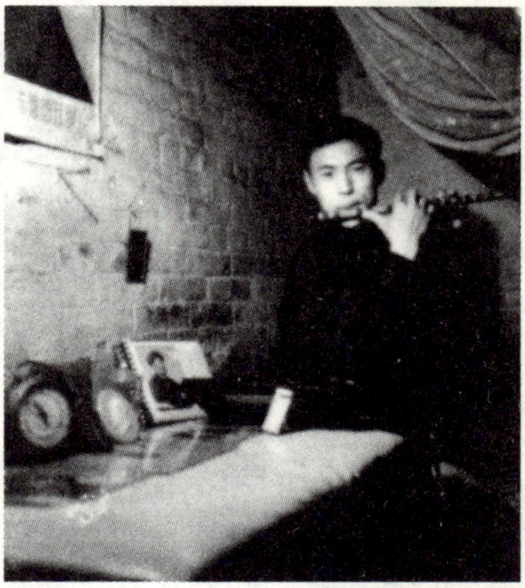

△ 知青梁广源多才多艺。

下乡时间长了，激情慢慢消失。繁重的体力劳动后，常感到很茫然。我喜欢文艺，随身带了一支笛子，晚上没事时，会到田边对着大海吹上一段。也是在这时候，我和一个女孩恋爱了。她叫赵雅丽，是广州34中的，和我们一起开伙，现在是我的妻子。她后来告诉我：你以为你是怎样“沟”（粤语，“泡”的意思）到我的，还不是你的笛子吸引了我！

最初，大家都没有意识到互相有好感。开伙一年后，一天晚饭时，赵雅丽还没回来——她做赤脚医生，总会回来得较晚——另两人突然提出要分伙。这可把我吓坏了，我这个人生活自理能力特别差，不会做饭，更不会缝缝补补的，不知道接下来一个人该怎么过。吃完饭就跑出去接她。她安慰我说：煮饭没什么大不了的，我们一起煮！

不久，我们确定了恋爱关系。我每天都会在下间（厨房）烧热水等她回来冲凉用。而她回来后，就陪在我旁边聊天。聊着聊着，一锅水就烧干了。于是再往里添水。就这样，水烧干了一锅又一锅，感情也越来越深。那个灶、那锅水见证了我们的爱情。其实，当时也没什么山盟海誓，只说了一句：相聚在广州！

虽然感情上有了依托，生活依然非常艰苦。当时的政策是：谁养猪谁吃肉。农民养猪可以“卖六留四”，知青没猪养自然也没肉吃。偶尔会有好心的农民偷偷送我们五毛、一块的肉票，只能这样借机解解馋。最艰苦时，我劳动一年，只分到了7元钱。

来自彼岸花花世界的诱惑

梁广源日记摘录：

1971年

这些日子，思想很混乱，觉得没有奔头，不知到何年何月才能回到广州工作。看到不少朋友到工厂后生活过得十分有意义，想到自己的处境和前途，无言以对，吁天长叹。许多知青的思想都是不安心的，海南岛的战友也一样。希望调回广州工作，几乎成了我们最强烈最大最唯一的精神寄托。今天的我啊，较之三年前有了很大的变化。

从1971年开始，我们火热的信念开始动摇。尤其是陆续有人通过各种关系回城了，留下的人更感苦闷彷徨。一种叫"碟仙"的活动秘密流行起来。一帮人聚在黑屋子里，靠一个小碟子占卜自己的回城时间、落脚点等等。这种迷信活动如果被发现将是大罪，但大家还是乐此不疲。这反映出当时的心态：就如玻璃瓶中的苍蝇，看得到光明，找不到出路。

很多人开始把目光投向对岸。宝安毗邻香港，早在我们刚到时，组织上就经常宣扬抵制资本主义侵蚀，还掀起过"抵制八分钱"活动。所谓的"八分钱"就是指邮票（当时一张邮票价格为八分钱），就是不要和香港有通信联系，更不能接收来自香港的东西。

那时，香港在我们的概念里就是资本主义的花花世界、富人的天堂、穷人的地狱。但是，不论怎么宣传，事实最有说服力。偶尔有香港人回来探亲，他们吃的带的，什么威化饼、塑料雨衣等，都是我们从未见过的先进东西，差距实在太大了！

所以，我们还是常偷听香港电台。由于距离太近，内地的干扰也特别严重，但我们很有耐心，哪怕能断断续续地听到一点也好。香港的歌曲开始在知青中偷偷传唱，《蔓莉》、《往事只能回味》等。我至今还记得那旋律和歌词：时光一去永不回，往事只能回味；忆童年时光难倒回，两小无猜日夜相随；春风吹绿了花蕊，你已经添了新岁……

在长年八个样板戏的情况下，这些歌听来耳目一新，而且很符合我们当时彷徨忧郁的心态，所以，迅速传唱开来。

偷渡成风，失败者下场很惨

梁广源日记摘录：

1972 年 6 月 6 日

今晚，治保会找我开会，了解了一下高××、冯××剩下的物件，而且告诉我：他们偷渡被抓了。我似乎没什么感触，因为这早是意料之中的事了。从他们平常的言行表现，从我们长期以来的分歧来看，他们总是会逃走的。

终于，有人开始偷渡了。开始是零星的几个人，后来越来越多，有知青，也有本地农村青年。

偷渡的地点一般选在蛇口，这里距香港 4 公里。最近的一个下水点在海边公路 125 公里路标处。最适合的时间是每年 8 月和 9 月的初三到十八之间。根据海潮涨退规律，当地人总结出谚语：初三十八水顶流。就是在这段时间下水，会很顺水，不用太费力就能游到对面。否则，极费力不说，还可能被潮水给送回来。

△ 广州知青梁广源（中）、赵雅丽（左一，后来成为梁广源的妻子）在深圳宝安插队时与当地农民合影。

当时，边防军巡查得很严格，但总有人能想方设法蒙混过去。海边是大片的红树林，偷渡者往往会躲在林中，趁换岗的短暂时间迅速下水。当时中英以水为界，不论潮涨潮退，只要一下水，就出了中方地界，中方无权再管。

但是，偷渡是一件极冒风险的事情。边防军配有狼狗，嗅觉极灵敏，我们常常看到偷渡不成的知青被押送回来时，已经被狼狗撕咬得衣衫褴褛、伤痕累累。回来之后，自然不会有好结果。本地有关系的还好一些，外地知青就要被关押一两年。所以，偷渡者都抱着只许成功不许失败的信念。

不过，即便能够下水，也只是成功了一半。很多人突然体力不支或抽筋，就只能大声呼救，幸运的能够被渔船救下。

除游泳外，还有人选择坐船。泳圈、气枕等在当地都属于违禁品，根本不可能拿出来，所以，很多人拿乒乓球拍当桨，用被子当帆，下水后努力往对岸划。下水前一般都会准备好一些炒米饼当干粮，随身携带，以防发生不测，好歹有东西充饥。

那段时间，很多知青只要有机会回广州，就会苦练游泳。为对付边防军的狼狗，我们中间还悄悄流传着一种说法：狼狗怕老虎屎。偷渡时身上装几粒老虎屎就不会被狼狗发现。这种说法究竟有没有依据，我也不知道。但那时确实有人到动物园搜集老虎屎。

下水前夕，命运现转机

梁广源日记摘录：

1972 年 8 月

公社举办的中央 24 号、25 号文件学习班就要结束了。黄主任在讲话中布置了工作任务和方法。他还讲了一个重点联防外流偷渡的倾向。总结了我社今年 8 月以前外流偷渡的就有 70 多人，其中三分之二被抓，现在县里在龙岗公社新辟了一个“教养收容所”。那些抓到的和犯有外逃思想的人都要送到里面集训。

……那天在南头宣判的大多数都是青少年，共 6 个，最小的 18 岁，最大的 24 岁。一般偷渡的人要关半年到一年，重犯关一到两年。自带口粮和伙食费，直到被认为教育好了才放。看来，我队外逃被抓的那 3 个人得在收容所待几个月到半年。

偷渡的情况越来越严重。有段时间一度发展到早上一醒来，就发现身边几个知青已经不见了。我们那些知青中，至少一半都偷渡过。所以，中央甚至下了“清（理）边（防）”命令，要求所有深圳知青都迁移到海南。但不知道为什么，后来又不了了之了。

偷渡风潮开始很长时间，我都没动过念头。主要是我这个人特别传统，建国后的教育对我太根深蒂固了，觉得无论如何不能“叛国投敌”。而且，一些海外亲戚也来信告诫我，不要偷渡，因为他们见到很多人出去后过得也很艰难。

但是，到了1973年，实在厌倦了知青生活。当时，可能改变我前途的只有两个地方：广州和香港。能回广州自然最好，但眼看着回城知青越来越多，自己却毫无希望。所以，也萌发了去香港的念头。

有一个姓陈的同学也在宝安插队，和我关系很铁。1973年上半年，我俩开始筹划偷渡事宜。因为都亲眼看到过那么多被抓知青的惨状，所以定下目标：只能成功，不能失败！商量如何练游泳，在哪里下水，谋划着去彼岸寻找幸福。但是，就在这时，此事被他家人得知了。他父亲是干部，无论如何不让儿子冒这个险。他最终放弃了，对我说：你走吧，我会尽力帮你。

我想一想，还是要坚持。和女朋友一有机会回广州，就去练游泳。但她泳技太差，而且游泳没天分。我想只能这样了：我先游过去，让女友再找机会坐船过去。就这样，我们一边练，一边等待八九月的时机，同时还要寻找一个合适的人来配合我。

泳具在宝安属于违禁品，我偷偷在广州带了一个气枕。但是，知青到蛇口都要检查。而且，我们不论如何劳累暴晒、摸爬滚打，脸上依然写着：知青——形象气质和农民就是不一样，混都混不过去。

就在这时，终于找到一个合适的人选。我把想法给村里一个要好的农民讲了，他经常要到蛇口那边卖鸡鸭。我想把气枕放在他的船舱里，里面很多禽粪，臭气熏天，一般不会有人检查。不过，他帮我这样做将冒很大的风险，一旦被抓住，就会被冠以“引渡犯”的罪名。没想到，他竟然一口答应下来了——我至今都非常感谢他，能有这样的勇气，去帮助一个非亲非故的外地知青！

如果按照这个方向发展下去，在1973年八九月份，我很可能毅然下水，等待我的将会是被抓回批斗关押，或者到彼岸开始另一种生活。两种结果，两种命运。

但就在这时，形势又发生了变化。突然传来消息，广州要在知青中招一批工农兵学员。对我而言，这是一次转机。权衡之下，我决定再搏一把。

于是，请了长假，闭门专心复习，靠女朋友在医务室挣工分养我。功课丢了太久，很多都不会，遇到不懂之处，就踩半个小时单车到另一个大队去请教一个高中的师兄。考试结果公布，我居然被第一批录取。

1973年8月，我终于回到广州，在第一师范学校（暨南大学华文学院前身）读体育专业。偷渡，最终与我擦肩而过。

义无反顾挺过结婚风波

旁白：1975年，梁广源师范毕业，被分到东山区教育局，主管全区体育工作。但是，根据当时的政策，在农村从事教育、医疗、农技的知青还不能回城，因为农村缺乏这些人才。所以，他的女朋友还一直待在宝安，直到1976年底才回到广州。

1976年，国家更是动荡不安。天安门诗抄也在我们中间偷偷传递。感觉暴风雨即将来临，国家要有大转折。

我工作上还不错，还递交了入党申请书。我个人最大的愿望当然是女友能尽快调回，两人结婚稳定下来。

1976年下半年的一天，科长突然问我："小梁，你有没有女朋友？"我说："有。"他说："那你能不能在10月份结婚？"此言一出，吓了我一跳，哪有这样说话的？后来才知道，教育局新建了一批住房，一些老同志会搬进去，这样就有一批老房子空出来，分给已婚的年轻人。科长是为我好，希望我尽快结婚，占到一套房子。年底，女朋友终于调回广州。

自从确定婚期后，我开始动手做家具。

做木工的手艺，我是在宝安跟一个同学学的。当时结婚实行配够"48条腿"（衣柜、餐橱、茶几、大床等）。但是一个衣柜要108块钱，我一个月工资才35块，哪够钱买？（所有家具）统统是我一个人做的。白天上班晚上做。最快的时候，一星期做好了一个餐柜。

但是，就在我们憧憬着婚后幸福生活时，事情突然又起了变化。

一天，单位领导找到我，严肃地说："组织上认为你们不宜结婚！"

△ 1976年梁广源与赵雅丽顶住压力结婚。

原来，单位对我入党问题进行调查。结果发现，我的准岳父有国民党背景。因此，领导告诉我，结婚是公民的权利，但是，和这样的人结婚能否入党，甚至能否继续在单位工作都成问题，让我慎重考虑。

我马上去找女友。她在睡眼蒙眬中被我拉了出来。听我讲完，表情马上变得难以描述：愕然、恐慌交织在一起。那种眼神对我简直是一种审判和谴责。就在那一瞬间，我作出了决定：她就是我今生的另一半了，别人说什么，我也不管了！

1977年1月6日，我们结婚了。从此相濡以沫、包容扶持，走过了30年。我们并没太崇高的情操，一切都是基于当年在宝安茅草房中那句轻轻的承诺。回想那段岁月，虽然体力上和精神上都承受了很大的折磨，但也磨炼了意志，提高了生存能力。一年赚几块钱的日子都过了，还怕什么下岗之类的事吗？

曾有一段时间，广州、香港的同学聚会时，有同学笑我当年选错了，没有偷渡。当时和他们比起来，我也真有些无地自容。但随着改革开放后经济发展起来，我还是不后悔当初的选择。毕竟，我有喜欢的工作、幸福的家庭，以及衣食无忧的生活。

讲述背景

1968年，毛泽东发出指示：知识青年到农村去，接受贫下中农再教育，很有必要。

到1970年底，广东省上山下乡知青达40余万人。

据《广州市志》“大事记”记载：1976年12月22日，市委召开纪念毛泽东主席关于“知识青年到农村去”的指示发表8周年大会。8年来，广州市已有知识青年34万多人上山下乡。奔赴分布于全省（包括现在的海南省）的202个国营农、林、茶场及农村插队落户。

这样大规模的人口迁徙，在广东社会发展史上是罕见的。

广州市知青办原副主任杨丰：人人都巴结我们

■讲述人·杨　丰

81岁，1975年11月～1978年任广州市知青办副主任。

1976年，广州地区有8万多知识青年上山下乡，是“文革”十年中人数最多的一年。这主要是因为有行政命令，狠抓指标。

旁白：1972年12月20日，福建小学教师李庆霖上书毛泽东“告御状”，反映其下乡插队的孩子在生产、生活上的困窘境况。毛泽东于1973年4月25日复信李庆霖，并“寄上300元，聊补无米之炊”。给李庆霖复信后，毛泽东说要加强知青管理的工作，还批评广东在这方面做得不好。这下广东紧张了。

办“乡镇企业”安置知青

广州地区包括部队、中央、省、市各系统、单位的知青工作，全部都由广州市革命委员会知识青年上山下乡领导小组——市知青办来管。我刚到知青办的时候，压力很大，因为上头有硬性指标。

采取单位归口管理办法之前，动员组织知青下乡的工作，主要由街道来负责。有些家里不愿孩子下乡，一见街道大妈上门，就拿扫把把人家轰走。现在责任落到单位头上，这就关系到政绩问题。完不成任务，干部都当不成。

广东的知青以往多是去海南岛下乡。后来，省内有 20 多个县的农村定成“知青点”，包括番禺、从化、阳江、韶关、东莞等地。

当时有计划，什么系统、单位的知青要安置到什么农场去。不过，市知青办灵活一点，没有严格按照计划执行，反正只要有知青下去，完成指标就行。至于去哪里，我们不强制安排。

这样一来，各单位大显神通，都想把职工的子弟送到离家近一点、条件好一点的农场去。有物资的单位好办些，比如轻工业局、外贸局、机械厅，它们在农场办个分工厂，把机器搬到农村去，再把子弟安置到工厂去“下乡”，就像搞乡镇企业。这些单位也给当地农村提供一些物资支持，作为交换条件，当地就很欢迎知青过去。

一些条件差一点的单位的子弟只能安排到又远又穷的农村去插队落户，比如韶关。

“走后门”之风盛行

知青办是很“吃得开”的单位，权力很大。

广州市很少有装空调的地方，广交会的会场有空调。我们想借那里开会，起先那里的负责人不借。有人告诉那人：“你不借，知青办把你的子弟安排到最远的地方去，你怕不怕?”人家赶紧借给我们。

那时各个单位都想巴结我们，有什么就拿什么来，为的是希望知青办能给他们单位的子女方便，安排到好一点的地方。体委给足球票，新华书店给书票。当时物资供应紧张，但是我们从来不愁缺物资，很多东西都是通过内部购买。

来“走后门”的，除了希望安排孩子到好一点的知青点，还有一个，是希望能把孩子早点弄回城。

一些干部来找我开后门。我就说：“如果让我帮忙找地方的话，很难找。但是你们自己找好了地方，我开绿灯就是。”不过，对于领导开口的，市知青办一般都会照办。

省里某个厅的副厅长是江苏人。他儿子在“文革”中被迫弄到原籍，但他又想回广州。我安排他先到从化下乡，转个弯，去从化招工的时候，再招回广州来。

省、市知青上山下乡工作领导小组的主管领导倒是很自律。市里有个领导硬是把儿子送去下乡，结果那孩子想不通，疯了。

那时，政策上是“反走后门”。市知青办这样“睁一只眼、闭一只眼”，也没少挨过批评。有一次，省知青工作领导小组的领导批评我们，说省冶金厅给了从化民乐茶场好处，作为交换条件，茶场计划外接收了省冶金厅的知青。

省里一个领导教我们这样应付：“广州市是归省领导的，省冶金厅也是归省领导的，市知青办管不了他们。”就这样，把问题推掉了。

不少知青回城捡破烂为生

旁白：1975年，广东省革委会出新规：全民所有制单位可从农村插队知青中招工。此外，被推荐上大中专学校，参军或提拔为干部、老师；患病、伤残，或父母身体不好需人照顾；职工退休后吸收其下乡子女顶替等情况，都可以获批回城。

当时，知青想调回广州得有知青办的图章，省委、市委组织部的图章都不行。

在知青回城的几个条件中，有没有生病这一条，很关键。这样，医生成了那时最吃香的人物，他可以开证明啊，“小病”说成“大病”；还有，知青招工要先体检，“有病”就说成“没病”。

1976年，早期下乡的那一批知青开始回城了，其中也出了不少问题。

当时有一条：知青下乡结了婚的，对象如果是农村户口，不能回城。我听说，在韶关仁化县，有一对男女青年因为这条政策，一起跳崖自杀。这样的事情不止一例。很多在农村结婚的知青为了回城，只好和爱人离婚了。

当时一直号召要“扎根农村一辈子”。假如给知青们一个希望，下乡多少年就能回城，也许就不会造成这么多不幸。

市知青办卡得不严，只要符合条件回城的，都放人。

不少知青回城了没有工作，只能在广州靠捡破烂卖维持生计。

妥善安置未发生闹事

旁白：“四人帮”粉碎后，知青上山下乡运动并没有马上停止。1981 年，广东全省开始停止动员城镇知识青年上山下乡。到这年末，全省还在农村的知青有 2.84 万人，其中已结婚的 1.25 万人。至此，延续 20 多年的知青上山下乡运动无声地画上句号。

国家拨出专款作知青安置费，主要是解决知青吃、住、用、医等困难。我算了一下账，国家给一个知青的安置费大概是 700 块钱。其实，不光国家拨款，单位、家庭也要承受知青下乡的负担。

在上世纪 80 年代，市里领导开会总结知青工作。有人说，上山下乡耽误了一代人，劳民伤财；也有人认为，让孩子们到农村受到锻炼，这也是成绩。我的看法是：学生毕业后，到农村锻炼一两年，当作体验生活，这未尝不可，但没必要一辈子待在农村。总之要给孩子们一个希望——你可以选择待在农村，也可以选择回城。

讲述背景

1968年11月5日，何启珍、张思慧等知青们从广州出发去海南，成为华师附中开赴海南下乡的首批知青。当年，何20岁，张16岁。同去的人多是年龄在15～25岁之间的年轻人。到达海南后，她们被分到海南屯昌县晨星农场。

“洁净的猪栏，流水线式的喂食槽，自动化的清洁系统，姑娘们穿着白大褂，在树阴下轻快地推着饲料车……”这是一幅理想的图景。到海南不到两年，团部提议建养猪场。从每个连队抽调来的26名年轻姑娘和两名男工人组成了畜牧连。正当他们建好宿舍和养猪场准备大干一番时，海南却遭遇了几十年不遇的台风。

1970年10月17日凌晨。晨星农场养猪连遭遇了山洪袭击。全连28名成员中，22人被洪水吞噬，仅余6名幸存者。

广州知青的最痛：海南山洪冲走20姐妹

■讲述人·何启珍　张思慧

何启珍　1948年生，1968年就读华师附中高二时赴海南下乡，在海南屯昌县晨星农场当知青，1976年招工返城，后任华工大化工系计算机室管理员，目前已退休。

张思慧　1952年生，1968年就读华师附中68届初一时赴海南下乡，在海南屯昌县晨星农场当知青，1977年招工返城，就读于广州化工中专学校，并留校任教，后调往广东教育学院工作至今。

1970年10月17日凌晨。

海南屯昌县晨星农场畜牧连所在河谷。

狂风呼啸，豪雨倾盆。温顺小河，刹那露出狰狞面目。暴涨的河水混杂着沙泥碎石，枯枝落叶，将畜牧连26位花样年华的女知青和两位男青年团团围困。生死命悬一线，28人在黑暗中手挽着手紧靠一起。毛主席语录、《国际歌》在河谷中回荡。信仰并没有眷顾年轻的生命。17日凌晨，22人被洪水吞噬，仅余6名幸存者。何启珍、张思慧，亲历洪水的两名生还者，讲述起36年前海南屯昌那个惊心动魄的黑夜。

听说不能去海南，我哭了

1968年11月5日，何启珍、张思慧成为华师附中开赴海南下乡的首批知青，当年，何20岁，高二；张16岁，刚上初一。当时同去的人中还有其他8位女孩子，因为多是华师教师子弟，彼此熟识，后来一起被选到畜牧连劳动。在山洪中，有4个女孩子不幸丧生。

何启珍：1968年11月5日，我们从广州出发，乘“红卫轮”出发去海南，成了广东开赴海南的首批知青。

当时我挺高兴的，和大家一起过集体生活，多好啊。

之前学校宣读名单时，我一听到去海南的名单中没有我，就哭了。我们学校的学生大部分是去海南，小部分去东莞，班上只有我和另一个女同学分到东莞。干活累，到哪儿都是累，但我想过集体生活，所以哭着去找学校，要求分到海南。学校同意后，我自己跑去迁户口时，高兴得要命。（笑）直到出发时，我心里还乐着。

另外那个分到东莞的女同学也很高兴。后来我才知道，东莞离香港近，她的出身也不好，计划着逃去香港，后来也偷渡成功了。

当年我20岁，母亲在“四清运动”时被打成“漏网地主”，父亲又是“反动学术权威”。

张思慧：我才16岁。当时父母立案审查，对我说海南毕竟是农场，有人管着你，而且和大伙去，不用担心。但出发那天我还是有点想哭。

刚到农场时，干活还真是吃不消。虽说在学校也有种田劳动，但和当知青的劳动完全是两码事。

我和何启珍分在晨星农场。那时干活哪有什么优待女孩的好事，收割水稻、开荒、割橡胶都得干。刚到时，最怕的就是蚂蟥，后来就不怕了，手上都长了脓疮。下水田插秧时见到蚂蟥就抓到疮上，让它吸脓血。当年抡锄头的左手，30年后还留着厚茧。（说着摊开手来）

何启珍：刚到时，水土不服，因为海南多雾，上山时割破了脚，一直烂着。整天泡在水田，只能涂些紫药水。冬天盖被子，棉被都被染成紫色。

知青 7 点就得出工劳动，中午 11 点才休息。我当炊事员，清晨 5 点钟就得准备早餐。

张思慧：那时毛主席号召大家上山下乡。当时的舆论是“广阔天地，大有作为”，大家都想着要建设祖国边疆。谁敢说怕苦，那是很丢人的！（笑）

何启珍：我们还把那首歌改成“我为祖国献橡胶”，哈。苦当然是苦，可能因为年轻吧，大家都干劲十足。

河谷里建起养猪场

盲目选址埋下洪水隐患。

“洁净的猪栏，流水线式的喂食槽，自动化的清洁系统，姑娘们穿着白大褂，在树阴下轻快地推着饲料车……”在团部领导的动人描绘下，26 位女知青由连长、指导员领到屯昌一处河谷。平静小河潺潺流过谷地，姑娘们还没意识到，这将是条狰狞的索命河。

张思慧：到海南不到两年，团部提议建养猪场。从各个连队抽调来的 26 名年轻姑娘和两名男老工人组成了畜牧连。因为平日工作积极，我有幸成为其中一员。所谓“老工人”，其实就三十出头，担任连长和指导员。

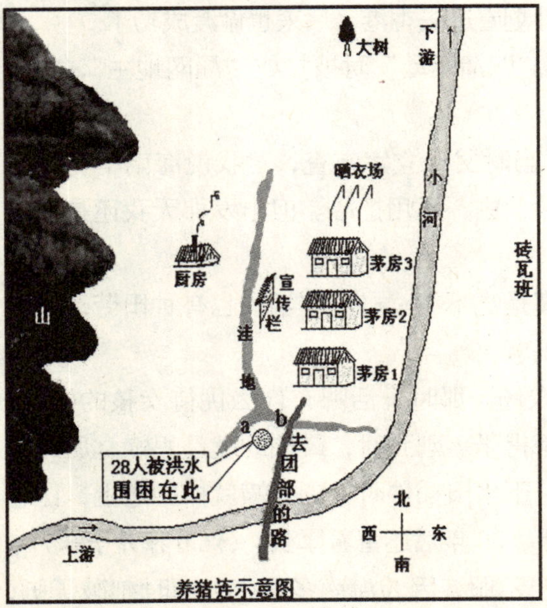

遇难地图。

算上后来加入的炊事员何启珍和一名卫生员，畜牧连也就 30 人。除连长、指导员是男同胞，清一色是来自广州、潮汕、海南的女知青，最小 16 岁，年纪最大也才23岁。

领导选了一块河谷地建养猪场，那是“依山傍水，难得的一块开阔地”。但老山民明白，那是块沙质地，后来挖井，沙土底下都是些腐烂的枝叶，其实就是发大水冲积成的。村民提醒过小河会发山洪，但大家开荒正在兴头上，哪有人听得进？

能进畜牧连面上很风光，其实很苦的。

建养猪场完全从零开始，比在农场苗圃班要苦上好几倍。团里只圈出一块空地，我们得亲手建草房，挖井。因为只有两个男同志，往日平整地面，挖桩树梁这些男人干的重活，现在都得让我们二十几位姑娘家亲力亲为。

3个月里，3座茅房及厨房陆续建成。直到洪水毁灭一切，养猪场还尚未动工，“连猪毛都没有”。

何启珍：成立畜牧连可是大事情。动员大会在团部召开，我特地跑去听。“这将是一个现代化的猪场：洁净的猪栏，流水线式的喂食槽，自动化的清洁系统，姑娘们穿着白大褂，在树阴下轻快地推着饲料车……”后勤处姜处长作动员报告，我当场就热血沸腾，恨不得马上成为该连一员。畜牧连搭起简易厨房，我被调去当炊事员，果真如愿以偿。（笑）

我刚到连队时，姑娘们正在建茅房。我看过《柳堡的故事》，里面解放军战士给老百姓建房的镜头印象深刻，姑娘们干活的场面和电影真是一模一样。那年“十一”国庆演出，姐妹们又是快板又是说唱，大家可都夸畜牧连的女孩能文能武。

文艺汇演那天，老天下了一场不小的雨，养猪场旁的河水“哗”一下涨了许多，傍晚我们去团部参加演出，要挽起裤脚才能蹚过河。当时觉得好玩，嘻嘻哈哈地过河，全然没想到这可是悲剧的征兆。唉！

洪水滔天来临之前

因为决策者选址的失误，悲剧不可避免地发生了，纵使畜牧连有天大的决心和无畏的勇气，也没能逃脱洪水的灭顶之灾。1970年10

幸存者合影。从左到右分别为：何启珍、陈淑娥、杨铭田、张思慧、黄淑娇（因回家探亲躲过一劫）。

月17日凌晨，悲壮的《国际歌》声成为了广州生产建设兵团六师二团畜牧连最后的绝唱。

何启珍：发洪水前，3栋草房刚刚建好，我们才搬进去住。1970年10月16日，正好是星期天休息日，畜牧连不少人都回到老连队探望朋友。我一直都待在养猪场里，13号台风当时迎面吹袭海南，下午就开始刮风下雨。老连队好些人都劝她们留下来，等风过了再回畜牧连，可大家心里想到的是纪律责任，最后全都在下午赶回了畜牧连，一起投入到抗风工作中。

张思慧：做防风工作，就是顶风冒雨抬来长长的圆木头，压在房顶上，以防台风把房顶的茅草掀翻。晚上7点，姜处长来查看抗风工作，还指示晚上要安排人员值班，要注意安全，小心房屋倒塌。大家整个心思都放在防风上，根本没意识到水患。姜处长检查完，和畜牧连卫生员一起回去团部。

何启珍：风越刮越猛，雨也越下越大。弄完防风工作，大家都很累，留下两名值班的姑娘，其余的人都疲劳地入睡了。17日凌晨3点左右，我是被一阵阵嘈杂声惊醒的。我住的第三栋茅屋的土墙塌了一块，变成一个大洞，风雨从洞口“呼呼”地灌进来。“这可怎么睡啊？”“报告连长、指导员吧。”那个小姑娘开门一看，马上就被眼前的一幕惊呆了。这时大家才发现，平时不起眼的小河沟，现在已变成了波涛汹涌的大河，眼看河水就要漫上来。

张思慧：那晚我一直睡不好，现在想起来原因有点不可思议。国庆演出时我刚好去探亲，听姐妹们说起那天小河涨水，大家都得蹚水过河，碰巧那天来台风，我就一直想看看发大水的景象。当时接到连长、指导员决定马上转移的传话，其实大家并不觉得害怕，因为压根就没想山洪暴发的恐怖后果。姑娘们简单地收拾了行装，我戴上斗笠穿着军用雨衣和大家集中到一起。

何启珍：我是炊事员，自然关心粮油的安全。我和司务长廖以玲齐心协力，把大米、生油尽量往高处堆。畜牧连 30 人，除了卫生员去了团部，一名队员回家探亲外，其余 28 人很快集中到了第一栋茅屋前。

洪水来临

念毛主席语录唱《国际歌》互相鼓励。

何启珍：向哪里转移？现在想起来，当时很盲目。既没有意识到洪水的严重与危险，也没有很好地分析当时的情况与地形。从畜牧连去团部要蹚过河，而小河现已变成了面目狰狞的大河，还能过得去吗？往西是山，但到山还有一片开阔地，此地还没开垦，杂草丛生，地形不熟，加上当时是晚上，更是难以穿越。往北同样是一片未开垦的开阔地。当时其实已是无路可走，最好的办法是上茅屋顶，也许可以逃过一劫。

可能是习惯使然，我们都自然地向着团部方向走去。从茅屋到团部要经过小河，此前还要经过一段洼地，平常洼地没有一点儿水，但此时河水上涨，洼地已灌满了河水，且沿着洼地急速地向北流去。能蹚过洼地吗？当时高个子的张惠自告奋勇当先锋探路，接着张思慧、黄珊健也争着要当探险队员。她们组成先锋队摸索着首先蹚水过了洼地，我们手牵手紧跟着也蹚过去了。当时大家来到了一片地势稍高还未被水淹的土包上，但再往前已是一片汪洋。往南走更不可能，往西上山行吗？但往西又要蹚过洼地，此时洼地的水更深，水流更急。连长从洼地试探着下水，瞬间就给冲走，大家都喊着连长的名字，只见连长在水中奋力拼搏，好不容易才爬了上来。返回去上屋顶吧，身后同样浊浪滔天。我们 28 人就这样被四周的洪水围困在孤岛之上。

张思慧：我们站在土包顶，风雨打在身上，河水逐渐没过了脚跟、没过了膝盖、没过了大腿，还在不断地上涨、上涨、上涨。我们28人在黑暗中只能手挽着手紧紧地靠在一起。连长、指导员和广州知青都自觉地站到最外层。

我记得当时有个年龄较小的潮汕姑娘哭了，大家就搂着她，安慰她，给她温暖。那时大家还抱着希望，互相鼓励："坚持啊，只要坚持到天亮就是胜利，就可以脱险！"当时满腔的革命热情，大家高声念起毛主席语录："下定决心，不怕牺牲，排除万难，去争取胜利！"黄珊健带头，大家还唱起了《国际歌》。悲壮的《国际歌》声随着风声、雨声，在夜空中回荡。

逃生

一根铁丝一棵树成了救命稻草。

何启珍：眼看水位越涨越高，已涨到腹部，人在急流中很难站稳。忽然我感到沙土在脚下迅速流失，整个人一下子就沉到了水底。我在水中拼命挣扎，才把头浮出了水面，但洪水一下子又将我冲得老远。

随着洪流，第一栋茅屋在眼前一晃而过。"要尽量靠近房子！"我清醒地命令自己，那时心里已没有半点恐惧，也容不得我多想。第二栋、第三栋茅屋紧接着飞驰而过。

突然，我的手触到一根细细的东西。抓住它！原来这是第三栋茅屋后边晒衣场上的一根铁丝。铁丝的两端绑在两根木桩上，北端的木桩已被冲走了，铁丝在洪水中飘来飘去，我抓住这根救命铁丝，奋力地游到另一端靠近茅屋的木桩上，死死地抱住它。但木桩已开始倾斜，随时有被冲走的危险，得尽快游到茅屋去。木桩离第三栋茅屋大约3米远，茅屋的泥土墙大部分还没被冲掉，水流也变得相对缓慢些。

"一定要赶在泥墙大面积倒塌前游过去！"我再次命令自己，向茅屋拼命游去，结果我一把抓住为防台风压在屋顶上的圆木，用力一拉，没想圆木并未固定，一用力便拉了下来，水流又把我冲回原来的木桩上。求生的信念迫使我再次向着茅屋冲去。这下我可放聪明了，抓住了茅屋的金字架，从泥墙与茅屋顶之间约30厘米的空隙钻进屋里，爬上了金字架。

我全身湿漉漉，一个人孤零零地坐在横梁上，看着脚下的一片汪洋，感到又冷又饿。我在想姐妹们："她们都在哪儿？只有我一人被冲走了吗？"天快亮，大概6点吧，逐渐听到嘈杂的喇叭声、人的呼喊声。但躲在屋顶里被挡住视线，我怎样也看不到远处的情况。后来知道，原来是河岸东边砖瓦班的人发现畜牧连情况不妙，连夜赶到团部报告，团领导和附近连队的人都赶来了。直到10点多钟，水位开始回落，一个男知青才发现我，把我带出来。

张思慧：我记不起是怎样被水冲走的。印象中大家是分成两批被洪水卷走，在我身前的5个女孩，手握着手，几乎是一瞬间就淹没在洪流里。"哇——"她们凄厉的惨叫声至今仍在我脑海里回响。我游泳技术并不差，但在湍急的河水里，根本没法游。我在最短的时间内脱掉了军用雨衣和鞋子，使劲挣扎把头浮上水面，转眼间我已经被冲得很远，结果幸运地冲到一棵大树上。我死命地抓住树枝，不让洪水给冲走。没多久，一个黑影被冲到树上，我喊了几声，原来是汕头知青陈淑娥。我俩就死死抱着树丫，一直泡在水里。那晚是又冷又累又饿，不知道哪个农场的死猪死牛，在身边一眨眼就冲走了。"支持住！顶住！"我俩挂在树上只能互相喊叫着鼓励。也不知道站了几个小时，直到水位回落，我们才站到露出水面的树枝上。

午后，营救人员陆续赶到。虽然水位逐渐下降，但是河水仍然很急。下水营救的男知青坐着充气轮胎，但一进河里立马就被洪水冲到下游，根本无法靠近我们。来回反复了好几次才够上大树。这时，我才知道，我们28人全被冲散了。

何启珍：当天下午我们生还者陆续在团部相聚，这时大家才知道28人仅我们6人幸存。劫后余生，谈起各自逃生的惊险，只能相拥而泣。原来三班班长杨铭田和潮汕知青陈惠兰是一起被冲到第一栋茅屋前。陈惠兰不懂水性，只能紧紧地抓住杨铭田，使得水性一般的杨铭田也难于浮出水面。杨铭田想到自己是班长，有责任保护她，于是拼命往上挣扎。正当快憋不住时，幸运地借助了一股水势，露出了水面，并且房子恰好就在旁边，于是她一把抓住房架，把陈惠兰艰难地推上了房顶后，自己再爬了上去。由于第一栋茅屋正面遭受洪水冲击，她俩上去后不久，房屋就被冲垮了，整个茅屋顶顺势漂到了第二栋茅屋前，于是她俩又爬到了第二栋茅屋的房顶上。

而黄珊健则被宣传栏救了一命。她被卷入水后，隐约看到六七米远的宣传栏，奋力游过去，一把抓住宣传栏的栏杆。趴在宣传栏上，黄珊建看到姐妹们一个个身影飞快地漂过，她赶紧把腿伸出去，拼命喊："抓住我！抓住我！"可惜没有一个人能抓住她。

悲剧后事

何启珍：被救起后我们住在团部。事发后的一个星期里，团部组

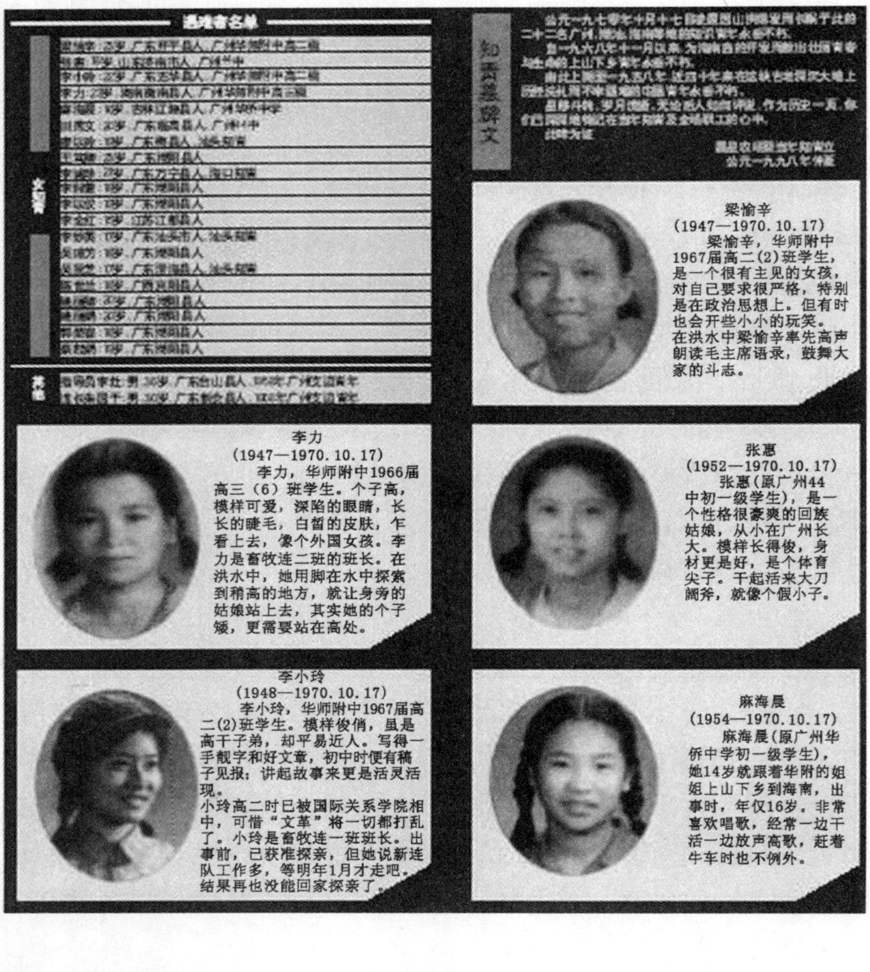

织专门队伍寻找遇难者，也有不少人自发加入。当时天气冷，搜寻者都要喝口烧酒才下得了水。22个遇难者大部分被沙土掩埋，有些露出手，有些只露出头发。

张思慧：刚躲过死神，我们又要面对同伴的尸体。几乎所有遇难者的尸体都是由我和何启珍辨认的。李力、李小玲、梁愉辛和另两位潮汕青年，她们5人是在一个水坑里同时找到的，发现时还手拉着手。由于被水浸泡，尸体都已浮肿，面目全非。人们让我前往辨认，当我第一眼看到时，简直惊呆了：昔日那么美丽、那么朝气蓬勃的姑娘，怎么就变得如此不堪入目……我实在不忍心描述她们当时的模样。我恨，恨老天不长眼，真是造孽啊！从外形已无法辨认她们，我们只好根据衣着，认真仔细地分辨。从小玲、愉辛身上找到了用塑料袋包裹得很好的《毛主席语录》，居然一点儿也没湿。小玲还留有一本日记。游泳健儿张惠，是在下游很远的三连找到的，她依然保持着奋力拼搏的姿势，可惜仍没能逃过厄运。

连长李灶，自始至终都未能找到他的尸体，他的墓穴是一个空穴。

何启珍：遇难者的尸体用棺木装起来，安放在离团部医院不远处的向阳坡上。22座坟墓分成两排，整齐地排列着。墓碑朝着东南方向的一条大路，这正是当年我们从广州来到这山沟的必经之路。在这以后的几年里，就在这向阳坡上，她们目送着一批批的知青又从此路返回了城市，然而她们自己却永远留在了海南，再也没能回来与亲人相聚。

当时全团召开了沉痛的追悼会。团政委在会上高度赞扬了遇难者团结战斗的精神，并为失去这些优秀的青年而痛心疾首。会上不少人为之落泪。大家都自然地把责任归咎于老天爷，从未想到过什么人应该负什么样的责任，仿佛这只是一个单纯的“人力所不及”的自然事故。

未经上级机关批准，就按部队的习惯定死难者为烈士。墓场上竖立了一块大碑，上面写着：防风抗洪烈士永垂不朽！但亲属们最终并没有拿到烈士证，听说有个别亲属为此闹了很久，最后还是不了了之。

何启珍：我当时可真是勇敢沉着，居然没有半点害怕，现在想起来都觉得不可思议。可事后，后怕是肯定的，这30年来，每逢台风天气刮风下雨，我常常会做被洪水追赶的噩梦。

她们成了“抗洪烈士”

何启珍：从1968年11月去海南到1976年3月返回广州，我在海南度过了20～28岁人生的黄金时代。那场洪水，给我留下了一辈子不可磨灭的一幕。直到现在，我还在想，当时如果我们不走而是立刻上了茅房顶，也许可以躲过这一劫。

在养猪连里，包括我和张思慧在内，有不少是华师大职工子弟，在那场山洪遇难的就有3个人。遇难者麻海晨的姐姐在看到妹妹的尸体被放到棺材时，猛扑过去，喊着要跟着去，当时在场的人无不动容。另一名遇难者李力，她妈妈过了很多年后，一说起她就哭，我们在她面前都不敢提起洪水，不敢提起海南。

那被洪水冲走的一个个人影

张思慧：我的水性并不好，当时被冲进河里，在巨浪里挣扎，要不是当年年纪轻，体力好，肯定会被洪水冲走。

“还有多少人活着？”这是我获救后问得最多的话。当我爬在树上看到一个个被洪水冲走的人影时，我知道肯定有人活不成了，但做梦都没想到会有22个牺牲者，这简直就是一场悲剧。现在，每当我看到报纸上有关洪水的报道，就会想到自己在水中挣扎时的情景。

■讲述人·杨铭田

广州知青，当年22岁。

我大喊“毛主席万岁！”

杨铭田：当时我们谁也不明白该往哪跑。连长说去哪儿，我们也只能跟去哪儿。来到屋前的一块空地上时，我发现我们已经毫无退路，周围已被洪水团团围住。

那时天还是黑糊糊的，茅屋一公里外，很多手电的灯光在前后晃动，我知道救援队伍肯定到了。“毛主席万岁！”我下意识地不断大喊。现在遇到这种情况肯定要喊“救命”，但当时最流行的话语就是“毛主席万岁！”那是根本不用思考就会脱口而出的。解放军和武装连的人陆续赶到后，我和陈惠兰坐上充气轮胎，被解放军送上岸。

当年在海南的广州知青，不少人最终魂断异乡，而我觉得自己能够活下来，除了勇气，更多的还是运气。

■讲述人·陈淑娥

汕头知青，当年19岁。

连长判断错误不敢一搏

陈淑娥：当时天气很冷，我们站在狂风骤雨中，但丝毫没有察觉死神正在步步紧逼。我赶到屋外，就听到有人在高呼毛主席语录：“下定决心，不怕牺牲，排除万难，去争取胜利！”如果当时大家爬到茅屋上，而不是撤走可能都不会死。但连长的一个错误决定和我们的无知，才造成如此惨痛的悲剧。

当时高地离茅屋也就20米，如果连长敢一搏，游到对岸放下绳索，大家还是有往回撤的机会。这时碰巧有人说喝到河水不舒服。连长不敢担当出人命的责任啊，大家只能抱在一块儿等水退去。

链接

遇难者名单

女知青

梁愉辛：23岁，广东开平县人，广州华师附中高二级

张惠：18岁，山东济南市人，广州44中

李小玲：22岁，广东五华县人，广州华师附中高二级

李力：23岁，湖南衡南县人，广州华师附中高三级

麻海晨：16岁，吉林辽源县人，广州华侨中学初一级

田燕文：20岁，广东临高县人，广州44中

廖以玲：19岁，广东梅县人，汕头知青

王笃卿：23 岁，广东潮阳县人

李诚珍：21 岁，广东万宁县人，海口知青

李佩萱：19 岁，广东潮阳县人

李以仪：19 岁，广东潮阳县人

李金红：15 岁，江苏江都县人

李妙英：17 岁，广东汕头市人，汕头知青

吴琼芳：18 岁，广东潮阳县人

吴贤芝：17 岁，广东澄海县人，汕头知青

陈世兰：18 岁，广西宾阳县人

姚丽卿：20 岁，广东潮阳县人

姚丽娟：20 岁，广东潮阳县人

郭楚容：18 岁，广东潮阳县人

蔡起娟：19 岁，广东潮阳县人

指导员李灶：男，36 岁，广东台山县人，1958 年广州支边青年

连长朱国干：男，30 岁，广东新会县人，1958 年广州支边青年

知青墓碑文

公元一九七零年十月十七日凌晨因山洪暴发而长眠于此的二十二名广州、潮汕、海南等地的知识青年永垂不朽。

自一九六八年十一月以来，为海南岛的开发而献出壮丽青春与生命的上山下乡青年永垂不朽。

由此上溯至一九五八年，近四十年来在这块古老深沉大地上历经洗礼而不幸遇难的屯垦青年永垂不朽。

星移斗转，岁月流逝。无论后人如何评说，作为历史一页，你们已深深地铭记在当年知青及全场职工的心中。

此碑为证。

晨星农场暨当年知青立

公元一九九八年仲夏

水瓶胆里珍藏"四五运动"底片

回城知青、武术和摄影爱好者安哥亲历并记录动荡中开始解封的年代

讲述背景

30年前，作为回城知青、一线工人、武术和摄影爱好者，安哥亲历了那个动荡中开始解封的时代，并开始尝试用平民的视角记录身边世事，为广州这座城市留下一抹独特的个人记忆。

■讲述人·安 哥

著名摄影家，1947年生于大连，1949年到北京。1968年去云南做知青，1975年到广州做工人，1979年4月入中国新闻社广东分社任摄影记者。曾出版摄影专著《生活在邓小平时代》。

旁白：安哥的故事听起来和他本人一样淡定从容。或许因了职业的缘故，这些故事又常常是充满了场景和色彩的。在一个潮湿多雨的午后，一个人和一代人青春的印迹，在淡淡的烟雾和黑白照片中一页页闪回。

1976年初，我已经在广州做了几个月的工人。此时，社会已经不像"文革"初期那么狂热和紧张，常有北京的朋友过来传些小道消息，人与人之间也开始有了横向联系。而在此前，单位领导、班主任，甚至入党积极分子，都在盯着你的言谈举止，等政治运动一来，都可能对你拥有生杀大权。

习武

10岁那年成了“家长”。

我关于这方面的可怕记忆从10岁时开始。那时我们全家还住在北京。一天晚上，我和弟弟打架，妈妈打我，我就气得跑出去，类似“离家出走”。天黑了，我听见妈妈到处找我。最终还是回去了，并做好了挨打的准备。但是，妈妈并没有打我，而是突然与父亲抱头痛哭，声音非常凄厉！我吓坏了，赶紧承认错误。但是，他们只是大哭，根本听不到我说什么。哭了好久，我妈说：不关你的事儿，快上床睡觉吧。然后，就擦着眼泪各自回房了。

没过多久，父母就被下放到海南一农场了。临走前，他们把我和弟弟从干部子弟学校转到了太保街小学。又找了一个老保姆。临走时，妈告诉我：“我们走了，你就是家长了。”

父母走后，我家也从门口有两个小石狮子的三间大北房搬到了一小间偏房。后墙外是个大煤堆。所以，墙上有大片湿黑的印迹。

有一天我去上学，经过机关大院的门口时见到贴在墙上的告示，我才知道：我妈被打成了“右派”，我爸被打成了“右倾”。

太保街小学与我原来就读的育才小学差距很大，是一所走读的平民小学，偏重扫盲性质。六年级的女同学就挺着怀孕的大肚子来上学的。我的班长叫刘玉兰，也是六年级毕业就嫁人了。我后来常见她一个人冒着漫天风雪，在胡同里拉板车。

我的行为习惯生活方式和他们差别挺大。我讲普通话，他们都讲最痞的北京话。那时，我大概长得也很帅，在育才小学时曾被选去给胡志明献过花。一些同学就经常戏弄我。一次放学，一群大孩子，跟在我身后唱电影《阿诗玛》的插曲——“阿哥阿妹情谊长……”，还把我往一个女孩身上推。我还手，就打起来，最后被从一个煤堆上摔倒再被踢下来……

因为老被欺负，我就想去学武。后来，在雍和宫附近，见到一个四合院门口挂着“中国国术社”的牌子，我探身进去，见一个老师傅，正在教武术，就拜他为师。每月交3块钱学费。我师傅叫陈子江，我后来才知道，他是当时中国武林的形意拳高手。

入团

掏遍东城所有胡同大粪。

上初中后，入团成了大问题。我父母都是老革命，我又是家中老大，当然要争取入团。初二时，我递了入团申请书。但团支部说我还没跟“右派”家庭划清界线。上高中时，学校组织学习时传祥，参加掏粪劳动。我为了改造思想、与“右派”家庭划清界线，乒乓球也不打了，武术也不练了，全心全意地掏大粪。不仅参与学校组织的，还利用节假日去东城区清洁队跟班干。每天一干就是八小时。

掏大粪也有规矩：走进一个院子，要把吊桶往门槛上顿一个屎印儿，告诉其他师傅：这院有人掏了。进厕所以前，先要咳一声，免得人家解手的大姑娘、小媳妇措手不及。走以前要把茅坑扫干净，免得住户有意见。背粪桶也很有讲究：粪桶里的屎尿很容易与步子频率产生共振。走得不好，它们就“轰”的一声冲上天空，“哗”的一下灌进脖领，然后顺着脊梁沟流到腰际，被裤带截住形成凉凉的一汪……

时间长了，我差不多掏遍了东城所有的胡同，一二百斤的大粪桶，我腿一别，腰一拧，就上肩了。一年后，掏粪队的师傅们给学校写了封信，说我劳动积极、改造思想很刻苦，够团员标准。团支部大会通过决定，吸收我入团。然后，学校团委书记找我谈话，劈头就是：“你不老实！还没把你母亲的“右派”言行交代清楚！”

回家后，我按组织要求，追问我妈，让她坦白反党、反社会主义、反毛泽东思想的言行……我妈哭了，我也哭了。

后来，我父母单位党委办公室给学校打了电话，我才入了团。

下放

到云南的首批北京知青。

那些日子里，我所感到的恐怖，永远是最可怕的。1966年，高三了，但是，我已放弃考大学了。因为，对学校里的这些政治气氛感到厌倦了。

不过，很快所有人都放弃高考了。因为“文革”开始了。学校里开始抓反革命，出身好的斗出身不好的，也开始斗老师。1966年8月18日，毛泽东在天安门城楼接见了红卫兵。没几天，班里开班会，一个少将的儿子骂我一个出身不好的朋友是“狗崽子”。我就和他拍着桌子对骂：“你是什么崽子?”几个要好的同学觉得我惹了大祸，继续待在学校太危险，就到学校开了证明，当晚，我们4人就坐火车离开北京，参加大串联去了。

1970年北京知青安哥饰演《智取威虎山》中的杨子荣。

先到天津，然后去南京、上海、南昌、武汉。坐火车免费，到各地都有人招待，对我们很客气。我们其实也没什么明确的目的，到各地看看玩玩，散发一页页写着“语录”、“造反”的传单，就算革命了。

串联回来后，学校里还是停课。我也无意“革命”，就接着到地坛练了一年的武。号召知识青年上山下乡后，我背着家人报了名，和其他知青一起共55人，成为首批下放到云南的北京知青。

批斗

裸体洗澡小伙看呆了。

1968年2月，到了昆明。当时《云南日报》发表文章，欢迎毛主席身边的红卫兵。为此，昆明的两个造反派还停止了武斗。即便如此，晚上的昆明还是到处枪声。

从昆明再坐三四天的车，到达目的地景洪市勐龙镇。真是漂亮！蓝天白云，大片的原始森林。恰逢甘蔗丰收，勐龙河上5米多高的大水车，“嘎吱嘎吱”地榨蔗糖，日夜不停。其时，各种政治运动还没到这里，少数民族还没户口，也不交公粮，对待我们更是热情友好。

我们的工作是烧山种田。把树木砍倒后，全队人坐在操场上，身边放着装满水的面盆和水桶，以防烧着我们的茅草房。顿时，整个山干柴爆裂，烈焰冲天，真是壮观……

日子很艰苦，但大家过得很高兴。但是，一年后，更多的知青，北京、上海、成都、重庆的，先后来到，政治运动也到这里了。农场开始分为两个派别，我们都被要求“站队划线”。

一次总场开批斗会，各生产队都把本队的“炮派”、“走资派”等集中起来，戴了高帽，挂了牌子，每人一个破盆敲着。由造反派带领我们喊着口号排队去大勐龙。走到桥上，一傣族小伙正在河里洗澡。见到我们的队伍，两腿一夹，赤身裸体站着看呆了。当时，傣族不论男女都是公开在外裸浴的。

我们55个北京知青也终于被戴上了“路线错误”的帽子，被要求分散到其他农场。分手时大家突然都哭起来。我也觉得喉咙很痒，但又觉得，我不是在哭，而是在嚎，像狼一样地嚎。那是我一生中最后一次哭。

1968年2月8日，安哥从北京火车站赴西双版纳上山下乡。图为当时欢送场面。

气氛越来越紧张，斗争越来越激烈。同来的北京知青中有一个叫凌瑜的同学，家里是“右派”，在这里又被加上“路线觉悟不高”的帽子，思想压力大，干活特拼命，终于病倒了，还坚持不下山。次日早上就昏迷了。我和同学步行10多公里，抬他到分场，再转拖拉机走10多公里，到总场治疗。但没过几天就死了。

生活更加艰苦。200多人的农场，每顿炒菜只放一酒盅的油。只有到国庆、春节，每人才能吃上一碗猪肉。但次日一早，厕所前开始排长队，男厕女厕拉稀声此起彼伏……肠胃不适应了。

一晃就是好几年。一帮远离家乡的男男女女——尤其是我们之后过来的那一批，很多都没怎么读过书，脑子也很单纯，闹出的故事越来越多。常常听说某某打胎了，某某又在厕所看见死孩子了。前几年大热的一部电视剧《孽债》，讲的就是我们那时候的事。

回城

和街道老太太过组织生活。

1974 年，我父亲从江西“五七”干校被派到广州搞侨务工作。根据当时的政策，身边没子女的可以申请一个回城。1975 年 1 月，我终于离开了生活 7 年的西双版纳。到昆明后，行李、自行车等全不要了，买了一张机票直飞广州。实在是一天都不想再待了！

我对广州的印象很好。城市干净整洁。农林下路两侧都是高大的白玉兰。开花时，满大街都是清香。那些西关人家，虽都是小门小户，但个顶个的整洁。清洁工洗马路，都是用刷子刷。虽然“文革”还没结束，但这里已经有了人与人之间的横向联系，不再是靠组织一层一层地单向领导了。

父亲长期在汕头蹲点，家里就我一个人。我没有工作，没事就和一帮街道老太太过组织生活，帮她们整理点资料。还委托父亲战友的孩子帮我从中山大学借书，巴尔扎克、雨果等大家写的世界名著，都能借来偷偷地看。

还有机会和朋友去越秀山体育场看足球赛，尤其是有容志行、古广明、何佳的比赛，我们都去看。他们的球踢得既聪明又漂亮，比现在的好看。我记得好像是 1975 年，刚在前一年拿了世界杯冠军的德国队来，被广东队赢了，让广州的球迷“疯”了好长时间。

1975 年下半年，我被分到南石头一家研究所的工厂做修理工。不久，被办公室抽调去宣传“批邓”。经过这么多年折腾，我已经有了独立意识，就在墙报上将邓小平的言论与“四人帮”的一一对比列出来。很多人看见都冲我笑，知道我“不怀好意”。但也没人说什么。

会友

水瓶胆里藏“四五运动”底片。

到了1976年，广州的高压政治空气更淡了。常有朋友从北京过来，转道去香港或云南，总能带来一些小道消息。“四五运动”，我们都听说了，但广州没见什么动静。两个月后，两位北京的朋友先后来访，先是薛永康，他是著名摄影家薛子江的儿子，我们小时候在一个大院玩。后来又有粘伟强，是印尼归侨子弟。他们当时来广州探亲。他们就把一包底片交给我，全是关于“四五运动”的。北京查得很紧，他们说，偷偷把底片藏在暖水瓶胆里才保存下来。正好我在家里装了一个3平方米多的暗房。他们走后，我就在家偷偷冲洗，有几十张，记录了天安门广场悼念周总理的情况。我看了并没觉得害怕。当时想，时代潮流改变是阻挡不了了！后来，薛、粘两人将照片取走。1978年，在香港的杂志上发表了一期专刊。

这一年，我还跟着朋友去拜访了蔡俊三。他也是著名摄影家，当时快90岁了。在他家里，可以翻看很多香港的摄影杂志。这在当时的内地，是不可想象的。那时，国内报纸上的照片都是“假、大、空”“为政治服务”的。看到陈复礼、简庆福等香港沙龙摄影家们的作品，真是耳目一新。

练武

四处找同道中人比试。

广州和香港有一种天然的联系。1976年，还有很多人偷渡去香港。珠江上，到处是拿着（篮）球胆练游泳的人，都是打着响应毛主席“到大江大河里去”的口号。但大家都知道，其中很多人是为了练习偷渡到香港。

除游泳外，也有很多人练习搏击。我由于早年练过武，就通过父亲战友的孩子，找到一个叫袁百旺的师傅，学习搏击。我们一般在越秀山、荔湾湖练，也到过新滘乡下。一帮人对打，后来嫌不过瘾，就去找别的圈子比试。那时大家纯粹是以武会友，并没有聚众打架。

△ 1976年安哥抓拍的一张武术爱好者在荔湾湖公园搏击的照片。

一次，我们这帮人约了另外一帮人，在荔湾湖比试，都是单打独斗，完全没护具的。我就在旁边拍照，打得很激烈，其中一个鼻子被打出血了，衣服都撕破了。我就抓拍了一张照片。刚拍完，就有人喊："警察来了！""呼啦"一下，我们全散了。跑到公共汽车站，两个交手的还边抹鼻血边握手："下次再打！"

我们这边还好，对方那个圈子里就有很多人偷渡到香港，还听说有些人偷渡不成被抓了。我拍的那张照片，成为那个特殊年代的一种记忆。现在回头看，那时有那么多年轻人练武，一方面固然是想强身健体，偷渡去香港，同时，也是因为日益厌倦了高压的政治氛围。

半年知青，十年黑户

靠卖早餐闻名全国的个体户容志仁讲述当年逃离知青点的日子

■讲述人·容志仁

今年58岁。1968年夏，从广州到阳江乡下插队务农，半年后即返回广州，开始了十年“黑户”生活。1979年初，申领个体执照，在西华路开起容光小吃店，卖起全城最便宜的学生餐，逐渐成为了中国第一代个体户中的成功人士，并受到了中央领导的接见。现在广州经营一家文化传播公司。

“文革”开始的时候，我在广东师范学院读中文系，才读到大一，就没书读了。

1968年夏天，我从广州到阳江农村插队落户。待了半年，我熬不住，返回广州，成了一个“黑户”，过起没有固定住所、没有固定收入的流浪生活。

1976年，三大领导人去世，唐山大地震，发生这些大事，我和几个同学研究起“玄学”。当时，我没有预测到这之后3年，我告别了“黑户”的身份，干起了个体，从此翻身了。

大学生被迫下乡

我出生在一个封建家庭，我的曾祖父是一名进

讲述背景

“文革”开始后，知识青年都要到农村去接受再教育，很多人被迫下乡。他们不适应农村的艰苦生活，怎么办？有人想到了“逃跑”。

在阳江当了半年知青后，容志仁跑回广州，没有地方住，没有户口，成了黑户，这一流浪就是10年。

截至1979年，大概有40多万的知青回到广州。政府没办法安排他们都就业。

容志仁在街坊的帮助下干起卖早餐的个体户。他因此成名，不仅仅在经济上翻了身，还受到胡耀邦的接见。

接受记者采访时，他首次公开了自己只当了半年知青的“不光彩”经历。

作为早期广州个体协会会长，容志仁估计，40万名回广州的知青中，搞个体的起码有一半。1983年，广州有超过14万的个体户。

士。以前，家里有点资产，我的父亲是地道的东山少爷。一解放，他跑到香港去了，根本不管家里。

那个时候，我读书非常努力，总想凭自己的努力干一番事业。但是，“文革”开始，我才读到大一，学校就停课了。接着，全国发起上山下乡运动，城市里的知识青年都要到农村去接受再教育。

家庭成分不好的人，假如不下乡，在城里就会受到很多不公正的对待，又抓又斗，我是被迫下乡的。我母亲和妹妹也先后下乡，都是在阳江。

1968 年夏天，和我同一批到阳江的，有 200 多个知青。我们先是由各街道、政府组织，到了阳江再分配到各公社。出发时，每人胸前戴着一朵大红花，一到当地，人家还敲锣打鼓地欢迎我们。

我只带了一个挎包，装着一两套内衣。身上就一件衬衣，晚上洗了，第二天还穿着它。

我被安排到阳江很靠山、很穷的一个地方，叫大八公社周亨大队。分到一起的共有 9 个知青。

当了半年知青后逃离

上头组织知青去农村务农，但问题是，农村本来就穷，而我们这些知青不会干活，非但没有提高收成，还分薄了村里的口粮，农民不喜欢啊。而且我们吃不饱，还偷农民的花生、地瓜。

我们在山上劳动，把杉木用肩膀扛回来，扛 10 条才算一个劳动日，得 1 毛钱。我扛到第三条已经扛不动了，只能挣 3 分钱，根本没法生活。那时，我身体很瘦弱，只有 90 多斤。

还好，我有点文化，经常给农友们讲古今中外的故事，什么《三国演义》、《水浒传》。我还拉二胡，用自己的一点才艺，骗人家帮我干活。女农友为了听我唱歌，还帮我洗衣服。（笑）

我在阳江乡下待了只有半年，实在熬不住了，花了 4 块 6 毛钱，买了一张车票回了广州。

流浪街头无家可归

1969 年，回到广州，我一无所有。

我去阳江插队，户口迁到那儿去了。回到广州，我就成“黑人”、“黑户”了。如果被抓到，就会把我送回阳江去。像我这样的情况，那时候的叫法是“倒流城市”，带有贬义的。

自从我们全家人都去了阳江后，我家的房子就被收走了。我没有投奔亲戚家，他们的日子也不好过。我成分不好，他们不可能收留我。

我住在关系很好的同学和朋友家里。一听到晚上要查户口，我只好躲起来，在珠江岸边走到天亮。那时候，我看着悠悠的江水，一轮明月，想到自己没有任何的罪过，很努力地学习，为什么无家可归？难道在我的祖国，真是无我立足之地吗？（作诗般地感慨起来）

我在街头流浪的时候，与巡逻队员面对面的，我大大方方迎上去。他们看见我穿着整齐，一点也不猥琐，不会抓我。我还算走运哦。（笑）

那个年代，有户口的年轻人都很难找到工作，更何况我这个“黑户”。我只能利用自己的本事在广州生存，我画画，当家庭教师，教语文、拉小提琴、打太极拳……可能因为我的样子不是很让人讨厌，所以，还是有人请我。

但是，收入是不固定的，熬过一天算一天。我试过两天没饭吃，也没有地方住。

四次偷渡香港均不成功

我连续几年去偷渡，想到香港去发展，试过4次，命运捉弄，一次也没成功。

我和几个也想偷渡的知青，平时经常在珠江里“练兵”，从珠江游到广州郊区的石门，正好6000多米。

我们从广州出发到惠州。到惠州后，白天躲在山洞里，晚上翻山越岭，差不多到海边距离香港海有6000米的地方，就游过去。

一次是游得支持不住了，自己返回来；一次是计算错了海潮的时间，没游多久，浪把我们打回来了；还有两次，还没有到那个下水的地方，中途一看形势不对，站岗的民兵、边防兵很多，我们就撤了。

有一次，我们5个人去偷渡。最笨的那个游过去了；最聪明的那个被淹死了；我，还有另外两个人回来了，这就是命啊。

留在广州，生存艰难，又偷渡不成，但我没有绝望。

现在想起来，我都感到莫名其妙。那十年，我怎么熬得过来呢？我怎么没死？我怎么能那么顽强？

看书写作精神充实

那十年，我也过得很精彩，拼命地学习，看书、写作，精神上很充实。那时我们喜欢读书的人，最反感交白卷的“英雄”张铁生——你懒得不得了，不想读书才交白卷，怎么当英雄？拿张铁生这样的人来打击文化人，这样的社会，是不恒久的社会。

1976 年，政局的变动对我的影响非常大。粉碎“四人帮”后，我觉得，中国有光明的前景了，我受苦受难的日子要过去了。

1978 年 11 月，十一届三中全会后，国家落实各种政策，知青可以回城了。4 个月后，我把户口从阳江正式迁回广州，结束了“黑户”的身份。

我在广州流浪那十年，阳江那边没有要求我回去继续务农，因为那时像我这样擅自回城的知青不少。

同一批去的 200 多个知青，最早回城的是我，他们后来陆陆续续回来了。

搞个体卖早餐闻名全国

1977 年后全国恢复高考。此时，我的户口已迁回广州，我首先想到的是生存。

有人介绍我到自行车厂去当工人，但我不懂搞机械，拒绝了。再说，我一直认为自己出身不好，不能进政府机关、事业单位，干脆还是领个执照搞个体经营吧。

截至 1979 年，大概有 40 多万的知青回到广州。政府没办法安排我们都就业，就鼓励知青自谋出路。社会上也需要服务行业来补充国营的不足。

我的街坊建议我，西华路这里吃早餐难，你干脆搞一个早餐店吧。

我其实不会做早餐，靠街坊们教我。1979 年 3 月，我拿了全部家当100元和借来的一口大锅、几把椅子，在西华路上开了只有几平方米的容光小吃店。听了一个小女孩的建议，我推出了“一角一份，有粥有粉”的学生餐。这是当时全城最便宜的早餐。

开早餐店，我第一天赚3块7毛钱，第二天赚10来块钱。后来一下子跳到40多块，我很满意。当时人们的工资一个月也就几十块，我一个早上就赚到了。

1981年8月，广东省委书记任仲夷接见广州市个体户代表，我在会上主动发言。任仲夷一拍桌子说：“这是个有独特经营思想的年轻人，我们的社会就需要这种人，报纸要报道。”第二天，所有的报纸都报道我。这下，档口的生意更旺了，我很快就成了“万元户”。那时候，1万元可是一个天文数字。

从此，我翻身了。

中国搞个体经济的最初几年，个体户被当作“街边仔”，地位低微，我上街也要戴个口罩。想不到，我搞个体在全国还出了名。

1984年，我作为个体户代表，进京受到胡耀邦的接见，他对我说：“当个体户，也是做光彩的人，走光彩的路。”

我以前从来没有公开说过，我在广州当过十年“黑户”的经历，人家还以为我在阳江做了11年知青。我估计，40万名回广州的知青中，搞个体的起码有一半。1983年，广州有超过14万的个体户。

1984年，我作为广州个体协会会长，和很多知名人士一起去香港。坐在火车上，一到香港的地界，心里有种满足感——我曾经想偷渡来这个地方，差点连小命都送了。现在我堂堂正正地来，不是偷着来的。我还和当年一起下乡的20多个知青一起到阳江那个村里去看看，捐了一些钱物。

现在，我就住在珠江边。有时，在江边散步时还会想起那段不想当知青务农、在广州流浪的日子。

讲述背景

对于广州红卫兵队伍的最早发起组建人之一杨小村来说，1976 年恰如一个杠杆的支点，它连接的是跌宕起伏、大开大阖的人生：前半段是充满激情、荒唐和辛酸的青春岁月；后半段是财富故事、商场传奇。

在广州一个夏日的午后，白云山脚杨氏旗下的一家酒楼内，竹林深处，水雾氤氲，儒雅的杨小村点上一支烟，缓缓忆起当年旧事。

杨小村：我组织广州红卫兵赴京

■讲述人·杨小村

商人，1947 年生于香港。读高中时是当时广东仅有的两名中学生党员之一。“文革”开始后，是广州红卫兵队伍的最早发起组建人之一，并带头赴京串联，受到毛泽东、周恩来、江青等人的接见。其后，父母被关进“牛棚”，本人也成为知青到海南岛劳动 7 年。后回城做工人，读大学，在机关当干部，上世纪 80 年代末期，弃政从商，见证和亲历了香港政治经济风云，以及 90 年代南中国的房地产热潮。

1976 年，我 29 岁，是文冲船厂的一名工人。前一年，我刚刚结束了 7 年的知青生涯回到广州，可以说是个一无所有的大龄青年。好在在工作中认识了现在的太太，两人恋爱、结婚，生活相对宁静。但是，我们也不可能超脱于那个时代。对于“四人帮”被打倒，心中是欣慰与迷茫交加。同时，对过去 10 年也有了更多的反思。

“文革”前夕被内定为留学生

命运轨迹的突然改变发生在我高考前夕。1966

年，我在华师附中（时叫华南师范学院附属中学）读高三，属于各方面都比较优秀的学生，被挑中入读仅有的两个尖子班，校长王屏山（上世纪80年代曾任广东省副省长）还兼任过我们的数学老师。当年4月3日，被发展入党，成为全广东仅有的两名中学生党员之一。那年我刚满18岁。

在当年高考之前，学校特意选了几个同学提前参加考试，说是要选派优秀学生出国留学。最后，只有我一个人通过。录取通知上说，让我6月初到省委组织部招待所去见中央招生办的某某人。我如约前往，却发现没人了。问服务员，说都走了。原来中央招生办已经接到通知，出国留学不搞了。在广东的驻点也被紧急撤回。一直到大约10年前，我才听当年的老师说，当时原本是打算派我到英国留学的。

对广东第一张大字报组织反击

旁白：1966年5月27日，华师附中出现了全广东第一张大字报。在其后的一份《广东省东方红学校（原华师附中）大字报选》中，就收集了这份大字报，题目为“学校的‘教育’”，作者署名为“高三(2)李重明”，将矛头直接指向了校长王屏山。当天紧跟其后的，是署名为“高二(4)李八莫”的反击。

“五一六”通知下发不久，5月27日下午，学校里贴出了第一张大字报，矛头直指校长王屏山。这也是全广东的第一张大字报。我看到后，马上组织一个叫李八莫的同学贴出大字报，进行反击。这两份针锋相对的大字报一贴出，马上在全校掀起一股辩论风暴。当晚，校园内大字报铺天盖地，全校秩序混乱，学生分成两派展开了大辩论。到了28日，自动停课。

可以说，这两张大字报的出现，掀开了广州“文革”的序幕。其实，最初写大字报的同学，也仅仅是因为对学校管理有意见。这部分同学我很了解，他们多是从八一中学初中部升过来的。八一中学是部队子弟学校，很多学生都是高干子弟，学校管理不严，伙食也好。而华附的管理则非常严格，生活条件也差一点。这部分子弟在家能接触到一些内部文件。

6月2日，省委派出工作队，代省长林李明还亲自到学校，对两派学生进行调解。但是，谁也听不进去。其实，那时大家虽然分成了两派，但都没有什么个人政治目的，一心想的就是保卫毛主席，保卫党中央，捍卫红色政权。

带领红卫兵直奔华侨新村

旁白：1966年8月1日，毛泽东写信给清华附中红卫兵，认为他们的行动“说明对反动派造反有理”。5日，毛泽东又写了《炮打司令部——我的一张大字报》。

这时，北京传来消息，说成立了红卫兵组织。8月11日，广州成立了第一个红卫兵组织。我们这边则马上推选我为头，也组织了一支红卫兵。8月下旬开始，广州到处都是戴着红袖章的红卫兵，虽然派别不同，但都开始响应党中央的号召，忙着“破四旧、立四新”。

我当时首先拉着队伍到了华侨新村。当时想的是，华侨旧东西多，海外关系多，“封、资、修”东西也一定多。省军区政委陈德的夫人李伟阿姨，在广州市侨办工作，很关心此事，多次找我，耐心向我讲党的华侨政策。后来，她还打通了周总理办公室的电话，让总理身边的工作人员亲自给我讲，说华侨的主流是爱国的，在我们党最困难的时候，作出很大的贡献，一定要注意政策等等。所以，我们虽然也去“破四旧”了，但是，我要求大家必须遵守“三大纪律八项注意”。

那时，黄洁、邓文钊、红线女、秦牧等领导或文化界名人，都住在华侨新村。我们按当时同学的人数定为一个营，我和另外3个同学分别担任正副营长和教导员。

其实，当时的派出所也希望利用红卫兵的力量，把一些出身不好的、没有户口的人赶走。在当时的政治气氛下，他们担心这些人会成为阶级敌人，随时可能搞破坏。所以，经常通知我们，晚上几点几分去某某家，让我们去抄家、赶人。因为“工作需要”，我们几个就从抄来的手表中，每人拿了一块，然后写了借条。

回到家，我父亲询问表是哪里来的。我如实说了，结果被他狠狠骂了一顿。然后，他把自己一块很旧的罗马表给了我。回去后，我对几个同伴说，立即把手表放回去。后来我们也确实抄没了一些我们认为反动的书籍，以及钱财、珠宝、手表、摩托车等，但我们都逐一进行了登记，送到省里的“破四旧”办公室。

因为我事先得到过很多教导，又加上父亲的管教，所以，我们这帮红卫兵总体上还算文雅，还是比较讲政策的。晚上还组织巡逻，怕别的红卫兵胡来。

不过，有一天晚上，可能是巡逻疏忽了，某中学一帮初中的红卫兵偷偷溜进黄洁（时任副省长、著名爱国华侨）家。当时，黄洁的儿子在工厂做工，老伴身体不好，他就亲自出来开门。门一开，那些红卫兵都拿着皮带、单车链条，抬手就抽。老人吓得一下就倒在地上，心脏病发作，当晚就死了。红线女在华侨新村的家我们也去了。但是，她被剃阴阳头是在东山另外一处家中，是别的红卫兵干的。这种情况持续了一个多月。

组织广州红卫兵入住中南海

旁白：1966 年 8 月 18 日，毛泽东在天安门广场第一次接见了红卫兵。9 月 5 日，中共中央、国务院发出通知，规定来京师生“一律免费乘坐火车”，“生活补助费和交通费由国家财政开支”。到 11 月下旬为止，毛泽东先后 8 次接见红卫兵和学校师生达 1100 多万人。1966 年 9 月底，杨小村组织广州的红卫兵大规模北上，入住中南海。10 月 1 日，更在天安门城楼上与毛泽东近距离接触，亲历了中国历史上最狂热的一页。

毛主席接见红卫兵的消息传出后，我们都很兴奋。我就跟省委候补书记张根生（当时主管红卫兵接待工作）说我们要进京接受毛主席的检阅。他果真给我们批了一列专列。我就组织广州地区的红卫兵，浩浩荡荡开往北京。

到北京后，我先住在人民大学。突然，中央有人找我谈话，问我个人情况和家庭背景。然后，就通知我，邀请我作为各地红卫兵的代表住到中南海，10 月 1 日当天可以上天安门城楼接受毛主席的检阅。

1966 年，“长征队”出发前在向秀丽墓前宣誓并合影，后排右为杨小村。

我当时听了兴奋极了。

9 月 30 日下午，我们先到先农坛体育馆集中，分班后从北门进入中南海，到了毛主席住的地方，大家都很激动。

握总理手说“周伯伯好！”

当晚我们被安排住在总理办公大楼，把办公桌移开，几百人打地铺。很多北方同学写完日记就准备睡觉了。我是南方人，写完日记，就拿着毛巾牙刷，打算到位于走廊中部的洗漱室去。

一出门，“哗”地迎面来了一群解放军，一人把守住一个门口，还有很多记者拿着相机，闪光灯“哗哗”地闪。还没等我反应过来，定睛一看：周总理进来了！我刚好被夹在中间，走不了，也回不去，与总理打了个正对面！我赶紧上前，握住总理的手说：“周伯伯好！”总理很亲切地问我从哪里来，说一路辛苦了。然后，我就被解放军拉开了。周总理走进去，挨个房间看了一遍。他是专门来看望这些革命小将的。

上天安门接受毛主席检阅

第二天上午，就上了天安门。此时，广场上已聚了上百万红卫兵。我们被安排在城楼上，我就站在天安门西角。不久，不知谁喊了一声："毛主席来了！"人群立即沸腾起来。我个子矮，看不见，急得就往城墙上的旗杆上爬。警卫叫我下来，可是人太多，他根本挤不过来。结果大家都学我往旗杆上爬。毛主席往下面挥了挥手，人群愈发狂热，上百万人齐声高喊："毛主席万岁！"场面真是非常壮观！

"文革"中毛泽东身着军装挥手的那张经典照片，就是在天安门城楼西边的栏杆边拍摄的。当时，我的心里充满了幸福的满足感。

没多久，组织者安排我们从城门两侧向东行走，以便接受毛主席和其他领导人的检阅。但是，带队的人事先说明：不准和毛主席握手，因为主席的手都被握肿了。我们排着队从他面前走过，相隔一两米远。

游行结束后，我们下到城楼下，广场上举花摆字的几十万红卫兵还在高喊着："毛主席万岁！""我们要见毛主席！""哗"一下都拥到金水桥前。我向城楼正门走去时，正好看见毛主席从门洞缓步出来，看样子是想走到广场上，去满足红卫兵们的要求。我被人拦在金水桥中间。然后，看见总理从后面跑出来，边跑边喊："主席！主席！"毛主席停下来，然后就被解放军簇拥着离开了。

重走长征路上了井冈山

从北京回来，兴奋之后，我们又有点茫然了："破四旧、立四新"，见了毛主席，接下来还闹什么呢？不久，传来消息，大连海运学院的红卫兵组织步行串联，从大连走到了北京。

广州地区红卫兵讨论斗争大方向的大会上，我第一个跳上中山纪念堂的讲台，号召大家走出去，到大风大浪中经风雨、见世面去。回到学校，我就组织了一支长征队，有 20 多人，最大的十八九岁，最小的十三四岁。

1966 年 11 月 13 日，我们举行了庄严的宣誓仪式，然后向北行进。设计的路线是先到井冈山，然后从瑞金出发，走完二万五千里长征路。出发时，我们还带了猎枪、帐篷、绑腿等——因为要爬雪山、

△ 1966年，井冈山黄洋界，广州长征队合影，后排右二为杨小村。

过草地嘛。不过，行到韶关后，这些东西就被一个同学的家长派人带回去了。

元旦前夕，我们到达井冈山，住在茨坪。正逢天降大雪，山路结冰，外面的物资运不进来。一时间，吃、住成了严重的问题。而且，突然又暴发了流行性脑膜炎，几天中就夺去不少小将的生命。在我们打地铺睡的房间里，几乎每天都有人被担架抬出去。

据说，此事惊动了周总理。他就派空军空投药物、食品等物资。1月3日下午，一架直升机降落在茨坪中央的稻田上。听说毛主席派中央领导来看望大家，我们对领袖充满了无限感激和敬仰，上万名红卫兵高呼着“毛主席万岁”向飞机拥去。没想到，就在此时，可怕的事情发生了。我亲眼看见，一名胸前戴着“浙江农业学院”校徽的红卫兵，不顾阻挡，想从直升机尾部绕过去，结果，被还在旋转的尾翼击中，当场被削去半个脑袋。

沦为“党内最小候补走资派”

离开井冈山后，长征队兵分三路：一路乘火车赶回广州，一路到韶山做社会调查，一路由我带队，直奔上海取经。从上海回到广州后，听说广东省委的大权已经被中大的造反派夺走。

很快，灾难也降临到我们家：父亲（在省委工作）与母亲双双被打倒，关进了“牛棚”。我迷惑了：父母都是参与了打江山的，对党对国家绝对忠诚，他们怎么可能是反革命？但是，没人能说清。只是天天能看到一张张批我父母的大字报，别的红卫兵也开始来抄我们家。我本人也被批为“党内最小候补走资派”。

后来，我哥哥从东北哈军工回来，说要见父母。我就带他找到关押处。见到父亲后，哥哥要父亲解释解放前做地下工作的那段历史，并且，对于父亲的答复很不满意，结果那次谈话不欢而散。哥哥走后，父亲哭了。

七年知青汗洒海岛

旁白：1968年秋，毛泽东发出“知识青年到农村去”的号召，和杨小村同时代的许多广州青年都积极响应，他们高唱着战歌，高呼着“战场上见”的口号，满怀着豪情奔赴海南、东莞等地。

我们是广州第一批下乡知青。1968年11月5日，省革委会为我们开了欢送会。地址就在文化公园，省领导亲自致辞，30万市民夹道欢送，人群一直排到洲头咀码头。我们登上了“红卫四号”开往海南岛。同行的有五六百人。我被分到了屯昌县黄岭农场八队。很快，农场改称为“广州军区生产建设兵团”。这一待，就是整整7年。

海南岛阳光雨水充足，种什么长什么。建设兵团展开了史无前例的大开荒运动。老工人看到非常心痛，说不能这样做，“第一年开荒，第二年丢荒，第三年就得带着老婆孩子去逃荒”。我们开始还不以为然，觉得他们太保守了。于是，没日没夜地砍树开荒，放火烧山，点炮炸石，种植橡胶树。一个连队总共才几十个劳动力，仅仅数月竟然开垦出1300多亩的橡胶园。

但是，前面刚种上树苗，几场大雨后，杂草就把树苗覆盖了。果真应了老工人的话，开荒越多，丢荒越多。最后，海南岛西线一带竟出现了沙漠，而且不断扩大。

我们干活都很拼命，顶着烈日开荒，冒着生命危险连续点炮炸穴。我曾经三天两夜不休息。很多同学都患上了风湿病、胃病、肝炎等。不过，最难忍受的还是精神折磨。因为父母的问题，我预备党员的身份迟迟无法转正。

慢慢地，对于我们所做的一切，对于还在进行的“文化大革命”，我们这些曾经最狂热的老红卫兵，都开始有所反思了。尤其是林彪事件，对大家触动更大，我们逐渐有了独立思考能力。

跨过罗湖桥做了商人

1973年，在经过五六年的海岛生涯后，政策出现松动。知青们“扎根海南、献身宝岛”的誓言也开始动摇。有本事的，陆续变成“工农兵学员”或被“外贸系统”招工回城了。

我父母的问题一直没有解决。直到1975年5月，我才通过正常的招工途径回到广州，进入文冲船厂，成为一名产业工人。那一年，我已经28岁。

这一年年底，中国又开始了“批邓、反击右倾翻案风”。经历了十年大起大落、激情又荒唐的岁月后，我们很多人都厌倦了政治运动。对“批邓”之类的活动，都不积极。

这时我的生活变得平凡朴实起来。在工厂里，我认识了现在的爱人，两个人恋爱、结婚。我则做了一回真正的产业工人，在船厂里修门吊、抡大锤、钻“马肚”（船舶柴油机的缸体），天天一身油污，从头黑到脚。

“四五运动”时，我们传抄天安门诗作，我还到广州东较场看一些人自发敬献花圈。9月，毛泽东去世时，感觉挺迷茫的，不知道何去何从，但同时也隐约意识到，中国要进入一个新阶段了。

在工厂做了5年后，我因偶然的机会进入省公安厅。1985年，又被借调到新华社香港分社，亲身经历了香港回归前的过渡期。1988年，我从公安厅辞职，怀揣多年积蓄兑换的1万元港币跨过了罗湖桥。

对我的弃政从商，很多人非常不解。现在，又有很多人说我是成功人士。其实我有太多艰辛不为人知。我能坚持下来，想一想，也多亏30年前的那些经历。从优秀学生、红卫兵、知青，到工人，大起大落，跌宕起伏。一会儿天上，一会儿地下，人生中最宝贵的10年青春就这样折腾过去了。但从另一个角度看，这些经历不论从身体上还是从意志上，都给了我极大的锻炼，让我独立思考，不去盲从，有了更强的社会责任感。

长堤枪战，为战友抬尸游行

■讲述人·林锡根

1947年生于上海，1958年随父母移居广州。1960～1966年就读于广州六中。

“文革”爆发后，作为广州最早的一批红卫兵，林锡根赴京串联，与全国各地红卫兵一起在天安门广场受到毛泽东接见。在红卫兵组织的派性斗争中，曾目睹了长堤枪战，参与了同学的抬尸游行。后又作为知青下乡8年。现为广船国际股份有限公司财务中心顾问。

1976年，整个国家大起大落，大悲大喜。但我个人总体上过得还不错，结了婚，回了城，又生了孩子。不过，回首此前整整十年，有狂热、有荒唐、有辛酸、有温馨，还是让人感慨万分！

致信主席“取消高考”

1966年，我在广州六中读高三，马上面临高考。但是，形势突然就变了。

6月初，中山大学开始贴出很多大字报。我们学校离中大很近，我就和同学跑去看。中大校园里

讲述背景

1976年，在国家动荡不安的大背景下，林锡根个人的命运却在好转。作为29岁的大龄青年，他先是在年初结了婚，9月又得以顺利回城，年底又当了父亲。

对此前十年狂热迷茫、悲喜交集的青春，他总结道：“我们做过很多荒唐事、傻事，也经受了很多挫折，大好的时光被浪费了。但是，从另外一个角度来看，对我们的成长也有好处。40年前恋爱时的信件，我至今都还收藏着。而且，其中一封信上还有一张全国山河一片红的邮票，据说现在很值钱了。每看到这张邮票，我就想到一个词：血色浪漫。”

的大字报很多，矛头当时还是指向“三家村”。我们一直看到了半夜，大家都很激动，回到学校，也开始写大字报。

过了几天，中大大字报的矛头开始指向本校教授，最先被揪出的就是陈寅恪等人。他们批教授，我们就批老师咯。其实，我们以前对吴晗等人都是很敬重的，我们的老师也都非常好。但是，当时年龄小，特别单纯，党叫干啥就干啥，搞“文化大革命”肯定也要全身心投入。另外，当时正处青春期，都有逆反心理，对上课、考试比较反感。突然之间停课闹革命，都觉得很有激情。

旁白：1966年6月6日，林锡根所在的高三乙班以全体同学名义给党中央和毛主席写了一封信，要求取消高考制度。信中称：“一场具有伟大历史意义的、波澜壮阔的社会主义文化大革命开始了……在这场惊心动魄的阶级斗争中，我们实在是一刻也坐不下去了！可是，却有一些老师，要我们坐下来静心复习，准备高考。斗争正在剧烈进行，工农兵在奋勇战斗，敌人在张牙舞爪、负隅顽抗……我们能脱离这火热的现实，能脱离这尖锐的阶级斗争吗?”他们称高考制度是封建科举的变相，是与毛泽东思想对立的大黑线。

批斗恩师，至今内疚

形势发展得很快。中大的学生把老师们拉出来，戴上高帽子，开批斗会。其实，我们这些中学生批斗老师的理由很简单。我记得有个老师上课讲：“千万不要忘记勾股定理!”后来这句话就成了罪证：毛主席讲“千万不要忘记阶级斗争”，你讲“千万不要忘记勾股定理”，这不是讽刺毛主席吗?

我们批斗的是同学们一向非常尊重的班主任周行成老师。周老师爱听音乐，家里收集了很多唱片，以前常邀请我们到他家里听。这也成了他的罪证：资产阶级作风。他家里的唱片都被搜走，他还要被拉出来挨批。我们知道周老师手很巧，就让他自己用报纸裁一件“衣服”穿在身上，上面写着“我是牛鬼蛇神”。

现在回想起来，我们定的那些罪名都是“莫须有”的，很荒唐，

林锡根所在的广州六中成立了自己的红卫兵组织——广州六中东方红革命委员会。

觉得很对不起老师。“文革”后，我们都主动去找了当年的老师们。前些年还凑在一起给周老师过了七十大寿。老师们不再提这些往事，都原谅我们了。

林锡根日记摘录：

1966 年 6 月 16 日　星期四　晴

看完表演……突然丙班找我班去，原来是斗争陈启圣。真好极了。我们立刻去他们教室……陈启圣在民兵押送下走进会场。开始，他就检讨，可是总讲些鸡毛蒜皮的东西，根本不接触实际，不接触他自己反党反社会主义的本质。所以，同学们立刻阻止了他的发言，要他自己坦白反党言论。

问题开始只是围绕他的资产阶级黄色思想言行。这家伙脸皮厚，这些问题倒谈得很起劲。不一会，我校工作组组长愤怒地说：“你老实坦白你是怎样诬蔑党、诬蔑伟大的人民解放军的！你快讲！”

真没想到，他竟把我们伟大的人民解放军诬蔑成同国民党一样，酗酒、上级打下级、拿人民生命开玩笑等，真叫人气愤极了。在场的同学都十分愤怒，高呼“打倒陈启圣”。由于事实俱在、人证俱在，不由得他不承认……他只好对着麦克风说“陈启圣是反革命分子”。他刚说完，同学们就高呼："打倒反革命分子！"

接着，核心小组卢克同学讲话，决定：立刻扣押起来，从明天开始监督劳动。这就是说，他已被列入"五类分子"。这真是大快人心，全场掌声雷动。陈启圣这家伙不知羞，同学们高呼"毛主席万岁"，他也呼。同学们气极了，不准他喊，说："毛主席是我们的，不是你们反革命分子的。"

这样的批斗持续了两个月，后来就去冲击省委了。在越秀山，批判省委领导的大会我也参加了。不久，我们也成立了红卫兵组织。因为我们当中部分人出身不是"红五类"，所以，名称上不能直接叫红卫兵，叫"广州六中东方红革命委员会"，隶属于"广州红色造反司令部"，我们每个人都发了一个战士证。但其实是有组织，无纪律。

这段时间做的工作主要是"破四旧"。冲到街上，去砸商店，店里摆设不"革命"的，有什么招贴画的，统统砸掉。或者有敢销售什么柴可夫斯基、三四十年代电影歌曲唱片的，统统毁掉。我们还自己制作了很多传单，写上毛主席语录，或者转载清华红卫兵的文章，到处散发。有时还到公交车上，大声诵读。售票员不敢要钱，乘客们也都不敢说话，只能安静地坐着听我们读。

林锡根日记摘录：

1966年8月13日　星期五　晴

怎样才能把我激动的心情描写出来呢？我太恨自己的文笔了。今天开始，我们造反了！

毛主席说过：马克思主义的道理千条万绪，归根结底，就是一句话：造反有理。

昨晚8时许，我班征得学代会同意，全班去中山大学看大字报。中大有些巨幅标语，上书"造反有理，革命无罪"、"无产阶级革命的造反精神万岁！"这些标语具有极大的鼓动性，真叫人激动极了。我班同学多么渴望我校也能这样干起来啊！大家下了决心，回去闯，去造反！

赴京串联，见到主席

我们那时成天热血沸腾。8月18日，传来消息，毛主席在北京第一次接见红卫兵。那时，社会上还没有开始大串联。但是，我们几个同学商量后决定自己买车票去北京。结果成了可能是广东最早被毛主席接见的红卫兵。

8 月 24 日，我与几个同学一起乘车北上。我们买的是慢车票。车到武汉时，我们下车，找到湖北省委闹，要求给我们换上快车票，果真奏效了。到达北京后，第一天我们住在火车站。第二天，就被接待组织安排到了东大桥附近一个新建的空房子里。窝头咸菜，管吃饱。我们晚上回来住，白天就出去逛。

那时，开始陆续有外地红卫兵进京了。北京街头到处都是大标语：革命串联的欢迎，游山逛水的滚蛋。所以，我们也不敢去玩，就到处看大字报。清华、北大、中国文联、八一电影制片厂，还有团中央等。有一次，在团中央，我还看到了揪斗胡耀邦。在大院里，他戴着高帽子，胸前挂着牌子，被大批红卫兵批斗。在中国文联，还看到了批斗周扬。我也跟着喊口号。那时，根本没有去认真思考过是非，想当然地站在红卫兵这一边，认为当权的都是坏人。

8 月 31 日，接待站告诉我们，下午有首长接见。当时无论如何也不敢想是毛主席接见。我们就从住宿地步行到天安门。广场上人很多，估计有 50 万左右，挤得要命。我的位置就在靠近纪念碑的地方，离天安门城楼还很远。但是，一队解放军过来在我们中间拦了一条路出来，我刚好就成了第一排了。而首长们上天安门就一定要经过这里的。

这些袖章见证了主人林锡根那段狂热迷茫的青春岁月。

林锡根日记摘录：

1966 年 8 月 31 日

幸福的时刻终于来临了！

下午5点45分，一辆汽车从通道穿过。接着，一辆敞篷小汽车开来了。多么叫人激动啊！毛主席穿着整齐的军装，同他亲密的战友林彪副主席就坐在这辆车上！车慢慢驶来，我终于清楚地看见了我们最最敬爱的领袖、伟大的统帅、英明的舵手——毛主席！他老人家多健康呀！满面红光，真叫我们感到说不出的幸福和欢乐！林副主席也是那样健康，这是全军和全国人民的幸福呀！

大会在6时多开始了。毛主席夫人江青同志主持大会。江青同志说："同志们，同学们，你们好！我代表中央文化革命小组全体同志向你们问好，我们热烈地欢迎你们，向你们致敬！"江青同志的讲话引起全场暴风雨般的掌声。接着由林彪副主席讲话。他说："我们热烈支持你们，你们的革命行动好得很！我们向你们致敬！"

接着由周总理讲话。他代表中央宣布：全国的大学生和一些中学生代表将组织分期分批来文化革命的中心——北京。这真是好消息。事实越发证明，来北京是革命的行动！

我们当时都是血气方刚，真是太激动了，只能不停喊："毛主席万岁！"嗓子都喊哑了。散会后，广场上的人都拥到西单电报大楼，纷纷发电报回老家。开始还收钱，但红卫兵就闹，最后只好全部免费。但是人太多，我们一直排到次日凌晨才发完。

旁白：这份电报原稿至今被林锡根保存着，上面写着：三十一日晚，我们非常清楚地看见了毛主席、林副主席、周总理。首长们非常健康。毛主席万岁！时间为9月1日3时50分。

长堤武斗，抬尸游行

又在北京逗留十来天后，我们回到广州。此时，广州已经出现派性斗争，并开始揪斗省委领导。不过，那些高干子弟红卫兵才有资格斗省里高级干部。只有大型批斗会，我们才去参加。

1967年，全国开始武斗。广州也出现这种情况。我那时已经不在家住，改住中大图书馆。大家都有任务，经常会批斗或轮流监视"反革命分子"。那时，社会秩序已经非常混乱。有造反派直接冲击广州警备司令部，抢夺枪支弹药。我们也有同学参与。

8月的一天，我们这些红卫兵与另一派发生冲突，都要拿下省总工会大楼，结果发生枪战。由于我是高度近视，所以，向来给我的分工都是写标语、写文章等，不直接参加武斗。但是，那天晚上，我和几个同学就躲在现在海印缤缤广场那个位置的十楼，披着毛毯，拿着几颗手榴弹，看下面打成一片，子弹“嗖嗖”的，就这样真枪实弹地打了一个多小时。

旁白：林锡根回忆的此次武斗，《广州大事记》有记载：1967年8月18日深夜，两派群众组织在省总工会大楼枪战达4小时，双方死亡3人，伤33人。19日零时，周恩来总理来电指示：立即停止武斗，撤出攻打省总工会的队伍。

不久，又发生一次保卫西村水厂事件。两派都说自己是毛泽东思想执行者，都要占领水厂，结果发生武斗。我有两个同学在此事中丧生。红卫兵都感到非常悲愤，认为这两名同学是为革命献出了生命，决定抬尸游行，四名同学抬着一具尸体，从省财厅一直游行到海珠广场。整个队伍浩浩荡荡。在财厅前，还向两位同学的父母举行了授枪仪式，意思是要将两位死难者的遗志进行到底。两个同学的父母也都真的将他们的孩子看成了烈士，还发表了慷慨激昂的演说。很多人在现场热泪盈眶，气氛非常悲壮。现在看来，这些行为很荒唐，有些可笑，但当时大家从内心深处，都觉得很崇高。

我们从1967年下半年开始办一份刊物，叫《六中东方红》。当年9月1日，我们还组织撰写了稿件，叫《献给你，不屈的战友》。9月12日，又出了一期《纪念八三一死难烈士特刊》。我们后来拿这些小报出去卖，每份两分钱，没想到销量还很好。

知青岁月，鸿雁传情

到了1968年，开始复课闹革命，社会秩序好了很多。我们已经高三毕业，无课可上，无聊了很长一段时间。1968年下半年，广州首批知青下乡。其实，很多人不想去，但是身不由己，尤其是那些出身不好的。我是“红五类”，所以第一批就没去。

我记得在送同学们走时，上船前大家还有说有笑，但是，汽笛一响，岸上船上就哭成一片了。工人纠察队在现场维持秩序，用水火棍拦着，不准再上船下船。现场气氛非常凄惨。

到了1968年底，我也必须去了，否则，就要给家长办学习班。我被分到了博罗，这一去就是八年。

这8年中，我身体上倒没有受太多苦。1969年4月，中共九大召开。两报一刊（即《人民日报》、《解放军报》和《红旗》杂志）经常发表毛主席最新指示、最高指示，并要求贯彻最高指示不过夜。各个大队必须以最快的速度将这些记下来，公布给社员。因为我是高中生，而且能写会画，就被调来专门做这项工作。

收听广播时，为了避免干扰，房间里只有我和一个公社领导。当时，为了方便全国各地记录，播音员会按照记录速度播音。我边听边刻蜡板，刻好马上印传单，广为张贴。

后来，我又被调去帮公社编小报、放电影。其实，那时的电影放来放去就是几个样板戏，至多加上毛主席接见外宾的纪录片。不过，因为文化生活实在太单调，农民们看电影的热情还是很高。对我也很热情，每到一个村子，不是杀鸡宰鹅就是到塘里捞鱼给我们吃。我那段时间，真是吃百家饭，睡百家床。后来，我又被调到公社供销社。

林锡根至今收藏着当年的各种红卫兵袖章。

“文革”进行了好几年，大家的激情渐渐消退。尤其是在1971年以后，大家对“文革”、对毛主席都有了动摇和怀疑：是不是过火了？

记得我们几个在博罗的知青，傍晚没事时常常在东江边散步，聊时局，聊未来。大家都开始有了沉思。也经常偷听（我国）香港、日本、英国的广播，然后偷偷交流。但大部分时候，交流的结果都是悲哀、失望。

那时我们和外地的同学也都还保持着通信联系，经常在信里倾诉心情，谈理想和抱负。我就是这时和我太太恋爱上的。她当时在番禺插队，我们俩在信中很谈得来，信就越来越多。不约而同地，我们都在对方的信件上做了编号，一封一封都保存了起来。

越聊越投机，信越来越多。我在供销社工作，没事就往邮局跑，看有没有她的来信。后来，我想了一个办法，买了很多颜色鲜艳的信封给她寄去，这样，以后她再来信时，在邮局大堆的信件中，我一眼就能分辨出来。

那时大家的感情都很压抑，虽说通信多，但谈论的都是工作和理想，绝对不敢说什么悄悄话的。“恋爱”两个字统统用“××”代替。虽然压抑、艰苦，那种甜蜜恐怕不是现在的年轻人能感受得到的。

结婚生子，命运转折

我们的恋爱持续了六七年时间，一直没法结婚，因为我回不了城。

从1973年开始，眼看着身边的知青一个又一个陆续回到广州，我很失落。就在此时，上级又通知我调到党的基本路线宣传工作队。这一调，更不知何时能回城了。我虽不愿意也只好去县城报到。谁知，在县里召开的万人大会上，县委书记点名批评了我，说我资产阶级作风。我的压力空前巨大，情绪非常低落。

好在生活上总算出现转机。1976年1月，我终于结婚了。酒席是在我岳母家办的，因为她家是华侨，条件比较好。我买了一件蓝色的确良上衣，4个口袋的，当作新郎服，花了18块钱。这在当时已经很奢侈了，我那时一个月的工资是26块。

周总理去世时，我还在农村，不像城市里限制得那么严，我还编了一份小报，油印了一期专刊。

1976年9月，我终于回到了广州。但是，还没有找到接收单位，只能赋闲在家。毛主席去世时，我是一个人在家里对着画像默哀。心里的感觉很复杂。

不久，“四人帮”被打倒，我也有了工作。到了年底，我们的孩子出生了。这一年，对我个人来说，过得还算不错。一切都成了过去，新的生活又开始了。

徒步99天赴京串联

40年前红卫兵崔干行与同学组成东方红长征队从广州出发

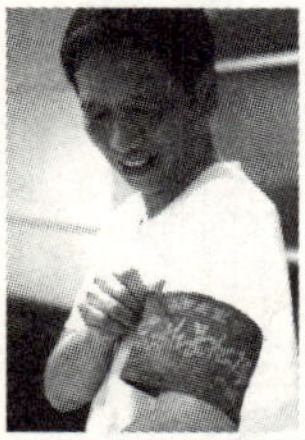

■讲述人·崔干行

男，59岁，“老三届”学生，68届知青，广州大学人文学院中文系副教授，硕士研究生导师，曾任广州师范学院中文系主任。

讲述背景

“我当时是不是更像个虔诚的教徒，让肉体感受痛苦以达到精神的解脱?”

40年过去了，回忆起当年做红卫兵小将时的热情，崔干行这样问自己。

1966年11月7日，19岁的崔干行和两名同学在广州越秀公园北面的立交桥会合，向着北京，出发了！他们要响应《人民日报》社论号召“徒步行军进行大串联”。历经99天，他们到达北京，但没能见到毛主席。抵达北京后第5天，1967年2月18日，专门用于接待全国串联小将的北京市委接待站被撤销，崔干行的串联和全国的串联同时宣告结束。

崔干行说，他从来没有研究过这样的串联有什么意义。不过，“在和平环境下，这样一种艰苦的串联活动让我得到了磨炼，以后，再怎样困难都不在话下了”。

没资格坐火车去北京

《人民日报》社论激发徒步行军豪情。

1966年8月18日，毛泽东主席在天安门广场接见了第一批红卫兵，各地自此兴起了红卫兵大串联运动，把到北京接受伟大领袖检阅作为每个红卫兵的最大荣誉。当时，19岁的我是广州市第二中学高二(4)班的学生。从第二批，也就是“八三一”(当年8月31日，毛主席接见了第二批红卫兵——笔者注）开始，我们学校也有不少同学在学校的组织下分批免费坐车到北京，他们都是“红五类”，我却没有这样的资格。

我出身颇复杂。父亲是解放前的政府公务员，按照当时的划分，属于“职员”这一类，虽然不

"黑"，但也不"红"。因为跟同学关系好，"文革"期间我没有受到什么冲击，但在当时是没有坐车到北京的待遇的。这个现实让一向要求进步的我感到无奈。在中学阶段，我一直受到"出身不好"的困扰，虽然是班里的班长，却在每次入团审批时都被刷了下来。

正当我为不能去北京沮丧时，北方某省有个学校的10来个学生，步行串联到了北京，《人民日报》发表社论《红卫兵不怕远征难》，说"徒步行军进行大串联"，是"一个很有意义的创举"。于是全国好多地方的学生开始步行去北京，或者延安、韶山、井冈山等革命圣地。

一天晚上，我和同学翟广雄在二中礼堂里聊天，谈起到北京串联的事，我的脑子里突然闪过"步行"的念头，当下就说："没有资格坐火车，我们就走去。"没想到，我的提议立即得到了翟广雄的赞同。过了两天，同班的刘坚知道了我们的打算，也加入了我们的队伍。

说走就走，我们在学校开了一张串联的证明，再从"广东省人委外地革命师生接待站"得到了一张"徒步行军路线示意图"。这幅地图上绘制了从广州到北京的铁路路线，还有一段毛主席语录"大风大浪也不可怕。人类社会就是从大风大浪中发展起来的"以及毛泽东诗词"红军不怕远征难，万水千山只等闲"。这张图纸，成为我们远征的指南，我一直把它保存到今天。

现在想想，走路去北京其实是不得已的。也许我们当时的潜意识里，是以为可以通过走路到北京，改变自己的命运吧。

出岭南走了7天

第二天最难熬，体力不支脚又磨出血泡。

11月7日上午，我们3人出发了。我已经不记得当时家里给了我多少钱。只记得行李很简单，几件衣服打了一个军用背包，还有水壶、闹钟和一把小刀。

因为怕迷路，我们从一开始就制定了沿着铁路走的方针。为了迎接全国各地蜂拥而起的串联大军，火车站旁一般都设立了"红卫兵接待站"，为串联的各地"革命师生员工"提供简单的食宿。第一天中午12点，我们到达了白云区的江村接待站。下午3点出发，5点多到了花县接待站。这一天的行程共 32 公里。

我有一个红色的笔记本，每天步行后，我都要在本子上写下当天的出发地和到达地，计算行走的路程，还写下沿途的所见所闻。这个本子上记录着，一到花县，就有火车司机叫我们上车。当时要是上车了，也就没有后来的艰辛，不过我们已经打定步行的主意，回绝了司机的好意。

回想起来，最艰难的一天是第二天。经过头一天的长途跋涉，我们逐渐感觉体力不支，脚也被磨出了血泡。不过，第二天我们依然坚持走了 8 个小时，到达了清远的源潭。

第 7 天上午，我们从马坝走了 15 公里后，到达了韶关。这里是粤北了，我们在此进行了第一次为期一天的休整。这天，我们到“中共韶关地委文化革命小组接待室”开具了一个“介绍函”，这张“文革介字第 4 号”的“函”写着“兹介绍广州东方红战校崔干行等三位长征同学步行至韶山、北京，请沿途有关部门给予协助为荷”。直到现在我还保存着这张千疮百孔的“文物”，上面清楚地记载着沿途接待站对我们的接济。你看，“广东驻武汉接待站‘借棉衣二件，借绒裤一条，胶鞋三双，宣传费六元，药费一元五角，补助费六元’，这些借的东西都不用还，那些棉衣绒裤最后我也忘了放到哪儿去了”，“语录证章在衡阳市已取”，“安阳市食宿已办”，“北京站 3 人票已发”。在韶关这天，我们还印了红袖章，把我们这支队伍命名为“毛泽东思想东方红长征队”。

徒步行军路线示意图是崔干行当年长征的指南。

收编从化长征队

为赶路闹钟拨快两个小时，最高纪录日行65公里。

在韶关休整一天后，我们继续沿京广线北上。途中，遇到不久前在韶关结识的从化小红军长征队，他们一行共有8男2女，目标是湖南韶山。大家都是广州人，我们决定一起走。在粤北重镇坪石，我们开始学习印传单。这也是红卫兵串联的一个重要任务，对各地的群众进行宣传，我记得当时我们印的是周总理在各地长征队云集北京时的一个讲话。传单印好后拿在手里，碰到人就向他们派发。

当时已经到了冬天，我们一路向北，天气越来越冷。因为没有在野外露宿的条件，每天的行程都要有个预算，以便能“准确地”到达接待站。一般来说，我们每天步行七八个小时，行程30多公里。其中的最高纪录是第17天，我们从欧阳海牺牲的耒阳到交通要道衡阳，整整走了65公里。为了提高队员的心理承受能力，身为队长的我头一天把闹钟拨快了两个小时。本来早上按常规应该是5点钟叫队员起床，那天我们3点多起来，不到4点就出发了。以往走不久天就会亮的，但那天一直走了两个多小时天才亮，队员们心里都犯嘀咕，一直走了24公里，我们才吃早饭。这时，我才把“秘密”告诉大家。那天晚上7点多我们抵达衡阳接待站，被分配到铁道工程学校住宿，这时才感到脚真的抬不起来了。在衡阳，我们休整了两天。

12月1日，在毛主席的故乡韶山待了两天后，我们决定先到长沙。刘坚和小红军长征队选择坐火车，而我和翟广雄还是步行。韶山到湘潭是柏油路，比较好走，早上7点零5分出发，晚上6点多就到达了湘潭市“文革”接待站，分配到湘潭市二中住宿。湘潭此时已经显现出湖南“文革”的特点，工人积极投身到运动中，各方面意见争论激烈，我看到一间商店外面贴着“红保军是湖南省委资产阶级反动路线的产物”的标语。

12月3日，我们抵达此次长征中的第一个省会城市——湖南长沙。在这里，我们和之前分别的从化同学会合，在“不能只步行不串联”的思想指导下，我们在长沙活动了7天。每天我们都到湖南大学等高等院校观看大字报。那几天贴出了不少关于刘少奇、陈毅的大字报，尽管当时没有现在的觉悟，我还是在日记中记下这样的感受：“这样贴大字报不好，把党内的问题公开了”，陈毅同志“讲话是直率的、正确的，不像一些人说的那样违反了《十六条》，语气较重，但对青年一代是无限关怀”，“封湖南日报不是一件小事，必须经大多数协商而行；若封后也必须采取积极办法，不能就此了事”。在观看大字报之余，我们也去参观了爱晚亭、清水塘等毛主席当年生活和活动的地方。

此后，我们每到一个省城，就住5～7天，到各个大学去看大字报，看看别的地方红卫兵运动怎么搞，搜集信息。同时也参观一些革命遗迹，行程安排也算丰富多彩。

目睹火车撞人恐怖一瞬

串联至湖北武昌的河南女教师命丧铁轨。

离开长沙时，刘坚正式退出了我们的队伍，而小红军长征队的黄星则和我们一起继续沿着京广线北上。

12月13日清晨，我们到达了汨罗江大桥。守桥的解放军为了安全起见，不让我们过桥。摆在我们面前有两种选择，一种是坐木船过去，一种是绕一段路从另外一座桥走过去。只有我一个人选择了绕路。我80岁高龄的母亲前几天回忆40年前这段往事，还笑着说：“广雄回广州后

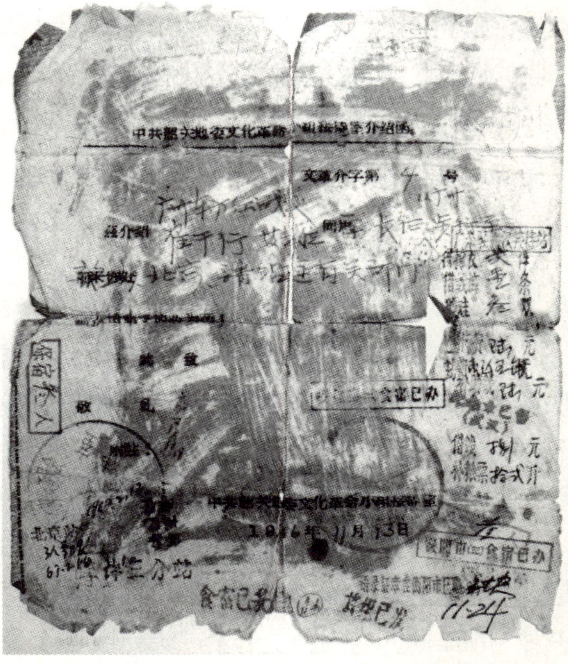
中共韶关地委文化革命小组接待室介绍函

11月13日

中共韶关地委文化革命小组接待室的介绍函。

还对我说，你这个人就是古板，有船都不坐。”现在做点反思，我当时是不是更像个虔诚的教徒，让肉体感受痛苦以达到精神的解脱?

12 月 20 日，我们到达了湖北武昌。在这里，我们又停留了 7 天，到武汉大学看大字报，拜谒了施洋烈士墓。作为一个南方人，我还第一次看到了雪。

在继续北上的路途中，我们也遇到了一次颇为惊险的经历。一路上我们都是沿着铁路走的。在湖北境内的一天，北风很大。我正低头沿铁轨旁窄窄的小道走着，前面出现了一个插在路基上的小木桩。正当我跨过小木桩时，一辆由南往北的火车紧挨着我擦身而过。我抬起头，惊讶地看见前面十来二十米的地方，有一个青年女子迎着我们站在铁轨正中，她显然没有看到这列呼啸而来的火车，此时躲避已经来不及了，她本能地伸出双手，想要拦住火车。当然，她被撞倒了。这是发生在一秒钟以内的事。出事后，火车渐渐停了下来，司机也灰头土脸地下车来处理事故。几个更年轻的女孩子围了上来，在死者身旁哭泣。原来，被撞死的女子是河南的一个小学教师，另外几位是她的学生，她们也是出来串联的。此处是两条铁轨，女教师可能看到了另一侧的火车，却没有注意到迎面而来的这一列。

此后几天，我们 3 人心有余悸，几次试图改走公路，因为不习惯，最后还是走铁路，但却比以前更加小心了。

过黄河“被迫”乘火车

抵达北京却没见到毛主席，5 天后串联活动结束。

1967 年元旦，我们历尽艰辛到达了河南省境内的大别山区，在信阳看到了元旦社论《把无产阶级文化大革命进行到底》，这篇文章有一个令我们十分兴奋的亮点：批判了“老子英雄儿好汉，老子反动儿混蛋”的口号。把我们逼上长征路的，不正是这种观点吗?

随后几天，我们遭遇到此行路上最糟糕的天气和粮食问题。信阳是灾区，吃的是高粱和红薯，这对体力是一个很大的影响。后来，中央对外地串联的人出台了一个“统一规定”，对粮食定量有了限制，这对我们“老老实实走路”的人来说，又增加了相当的困难。

▲ 崔干行（左一）一行三人在北京天安门广场留影。

走到第 68 天，我们到达河南省会郑州。休整 7 天后，我们出发来到了黄河南岸接待站，因为黄河大桥不准行人经过，附近也没有别的渡河方式，我们只能在午饭后坐火车经过黄河，到达北岸后再步行。这是我长征路上唯一的一次坐车，其他路段，我都是一步一个脚印走出来的。

1968 年 2 月 8 日，在步行 94 天之后，我们到达了当时河北的省会保定。当天正好是大年夜，尽管国务院已经通知了春节不放假，但街上还是比较热闹。不过，此时中央已经下了通知，要求各地在外串联的“革命师生”15 天内要回到本单位进行“斗、批、改”，这多少打乱了我们的计划。本来我们打算先到天津，现在只能直接去北京，要不然就没有机会了。令我们失望的是，有消息传来，说毛主席“今冬明春”不再接见红卫兵了。

1967 年 2 月 13 日，我们早上从长辛店出发，11 点 45 分到达位于虎坊桥劳动保护展览馆的北京市委接待站，接待站发给我们每人一张回广州的火车票，并把我们安排到北京外贸学院住宿。5 天后，2 月 18 日，这个接待站被撤销，我的串联和全国的串联同时结束了。

到达北京后，我们第一件事就是去剃了个光头。经过长途跋涉，一路上卫生条件极其糟糕，我们身上都长了跳蚤。我们在北京天安门手握红宝书拍了照片。虽然见不到毛主席，但总算完成了这将近 5000 里的长途跋涉，充满青春活力的我，还是很为自己的勇气感到自豪。

当时步行串联的人很多，但我不知道是否还有别的人能像我们这样真的从广州一步一步走到北京的（如果有，希望能和我联系）。在和平环境下，这样一种艰苦的串联活动让我得到了磨炼，以后，再怎样困难都不在话下了。

在我的日记里，记载了很多沿途关心和帮助过我的人，民主街的铁路工人、李家寨的青年接待员、广水的老工人……40 年后的今天，往事仍然历历在目。可惜的是，自从从北京回来后，我和黄星同学就失去了联系，翟广雄同学最近也联系不上了，不然，我们三人一起再来回忆当时的壮举，该是多么感慨！

（本书图片除资料图片外，均为记者许冰、李向新、范舟波、徐文阁、严明、卢汉欣等，实习生程永强、曹景荣、陈旭鸿、陈君成、杨群、王子荣等摄影提供）